Kohlhammer

Die Autorin

PD Dr. Margarete Bolten ist Leitende Psychologin an der Klinik für Kinder und Jugendliche der Universitären Psychiatrischen Kliniken Basel (UPKKJ) und am Universitätskinderspital Beider Basel (UKBB) im Bereich der Säuglings- und Kleinkindpsychosomatik und Elternbegleitung. Neben der Weiterbildung in kognitiver Verhaltenstherapie und systemischer Therapie mit den Schwerpunkten Schwangerschaft, Übergang zur Elternschaft, Säuglinge, Klein- und Vorschulkinder hat sie Zusatzqualifikationen in kognitiv-behavioraler Paartherapie und Paartherapie mit sexualtherapeutischem Schwerpunkt.

Margarete Bolten

Eltern in Krisen begleiten

Globale und individuelle Herausforderungen in der Psychotherapie

Verlag W. Kohlhammer

Dieses Werk einschließlich aller seiner Teile ist urheberrechtlich geschützt. Jede Verwendung außerhalb der engen Grenzen des Urheberrechts ist ohne Zustimmung des Verlags unzulässig und strafbar. Das gilt insbesondere für Vervielfältigungen, Übersetzungen, Mikroverfilmungen und für die Einspeicherung und Verarbeitung in elektronischen Systemen.

Pharmakologische Daten, d. h. u. a. Angaben von Medikamenten, ihren Dosierungen und Applikationen, verändern sich fortlaufend durch klinische Erfahrung, pharmakologische Forschung und Änderung von Produktionsverfahren. Verlag und Autoren haben große Sorgfalt darauf gelegt, dass alle in diesem Buch gemachten Angaben dem derzeitigen Wissensstand entsprechen. Da jedoch die Medizin als Wissenschaft ständig im Fluss ist, da menschliche Irrtümer und Druckfehler nie völlig auszuschließen sind, können Verlag und Autoren hierfür jedoch keine Gewähr und Haftung übernehmen. Jeder Benutzer ist daher dringend angehalten, die gemachten Angaben, insbesondere in Hinsicht auf Arzneimittelnamen, enthaltene Wirkstoffe, spezifische Anwendungsbereiche und Dosierungen anhand des Medikamentenbeipackzettels und der entsprechenden Fachinformationen zu überprüfen und in eigener Verantwortung im Bereich der Patientenversorgung zu handeln. Aufgrund der Auswahl häufig angewendeter Arzneimittel besteht kein Anspruch auf Vollständigkeit.

Die Wiedergabe von Warenbezeichnungen, Handelsnamen und sonstigen Kennzeichen in diesem Buch berechtigt nicht zu der Annahme, dass diese von jedermann frei benutzt werden dürfen. Vielmehr kann es sich auch dann um eingetragene Warenzeichen oder sonstige geschützte Kennzeichen handeln, wenn sie nicht eigens als solche gekennzeichnet sind.

Es konnten nicht alle Rechtsinhaber von Abbildungen ermittelt werden. Sollte dem Verlag gegenüber der Nachweis der Rechtsinhaberschaft geführt werden, wird das branchenübliche Honorar nachträglich gezahlt.

Dieses Werk enthält Hinweise/Links zu externen Websites Dritter, auf deren Inhalt der Verlag keinen Einfluss hat und die der Haftung der jeweiligen Seitenanbieter oder -betreiber unterliegen. Zum Zeitpunkt der Verlinkung wurden die externen Websites auf mögliche Rechtsverstöße überprüft und dabei keine Rechtsverletzung festgestellt. Ohne konkrete Hinweise auf eine solche Rechtsverletzung ist eine permanente inhaltliche Kontrolle der verlinkten Seiten nicht zumutbar. Sollten jedoch Rechtsverletzungen bekannt werden, werden die betroffenen externen Links soweit möglich unverzüglich entfernt.

1. Auflage 2024

Alle Rechte vorbehalten
© W. Kohlhammer GmbH, Stuttgart
Gesamtherstellung: W. Kohlhammer GmbH, Stuttgart

Print:
ISBN 978-3-17-043090-7

E-Book-Formate:
pdf: ISBN 978-3-17-043091-4
epub: ISBN 978-3-17-043092-1

Inhalt

Vorwort 11

1 Zum Begriff der Krise 13

2 Historische, soziologische und philosophische Betrachtungen von Familie und Elternschaft 15
   2.1   Zum Begriff der Elternschaft und der Familie 15
   2.2   Familien und Elternschaft im gesellschaftlichen Wandel 19
   2.3   Elternschaft in 21. Jahrhundert............................. 21
   2.4   Elternschaft im Spiegel kultureller Normen 23
   2.5   Elternschaft und Lebenszufriedenheit 25
   2.6   Die Entwicklung der elterlichen Identität 28
   2.7   Zusammenfassung 30

Teil I: Globale Krisen

3 Krieg, Flucht und Vertreibung 35
   3.1   Fallbeispiele 35
   3.2   Zusammenfassung des wissenschaftlichen Kenntnisstandes .. 36
         3.2.1   Hintergründe und Zahlen 36
         3.2.2   Traumata und Belastungsfaktoren bei geflüchteten Eltern 36
         3.2.3   Die Lebenssituation und Stressfaktoren geflüchteter Eltern 37
         3.2.4   Psychische Probleme und Erkrankungen bei geflüchteten Eltern 37
         3.2.5   Strukturelle Veränderungen im Gehirn 38
         3.2.6   Folgen der Traumatisierungen auf das Familiensystem 39
         3.2.7   Rollenkonflikte und neue Erziehungsnormen 39
         3.2.8   Schutzfaktoren 41
         3.2.9   Therapeutische Ansätze zur Förderung der psychischen Gesundheit geflüchteter Eltern 42
   3.3   Zusammenfassung 43

	3.4	»Therapeutischer Werkzeugkoffer«	43
		3.4.1 Grundsätzliches	43
		3.4.2 Schlafhygieneregeln	47
		3.4.3 Imaginations- und Atemübungen	48
		3.4.4 Kinderbücher zum Thema Krieg und Flucht	53
		3.4.5 Kinderbücher zum Thema Trauma	54
4	**COVID-19 und andere Pandemien**		**55**
	4.1	Fallbeispiele	55
	4.2	Zusammenfassung des wissenschaftlichen Kenntnisstandes	56
		4.2.1 Hintergründe und Zahlen	56
		4.2.2 Soziale Sensoren in der COVID-19-Pandemie	57
		4.2.3 COVID-19 und elterlicher Stress	57
		4.2.4 Auswirkung elterlicher Belastungen auf die Eltern-Kind-Beziehung	59
		4.2.5 Kita- und Schulschließungen als besondere Belastungen für Eltern	60
		4.2.6 Geschlechts- und soziale Unterschiede	61
	4.3	Zusammenfassung	63
	4.4	»Therapeutischer Werkzeugkoffer«	63
		4.4.1 Grundsätzliches	63
		4.4.2 Dem Kind bei der Stressbewältigung helfen	63
		4.4.3 Psychoedukative Webseiten für Familien	65
5	**Umweltzerstörung und Klimawandel**		**66**
	5.1	Fallbeispiele	66
	5.2	Zusammenfassung des wissenschaftlichen Kenntnisstandes	67
		5.2.1 Hintergründe und Zahlen	67
		5.2.2 Öko-Angst (Eco-Anxiety)	67
		5.2.3 Bewältigungsversuche	68
		5.2.4 Klimaaktivismus vs. Tatenlosigkeit	69
		5.2.5 Lösungsorientierung vs. Katastrophisieren	70
		5.2.6 Externalisierung des Problems	71
		5.2.7 Menschliche Fehleinschätzungen	72
		5.2.8 Auswirkungen der Umweltzerstörung auf die Elternschaft	73
		5.2.9 Innerfamiliäre Kommunikation	74
	5.3	Zusammenfassung	75
	5.4	»Therapeutischer Werkzeugkoffer«	76
		5.4.1 Grundsätzliches	76
		5.4.2 Kinderbücher zum Thema Umweltzerstörung und Klimawandel	76

Teil II: Persönliche Krisen

6   Frühgeburt eines Kindes **81**
    6.1   Fallbeispiele 81
    6.2   Zusammenfassung des wissenschaftlichen Kenntnisstandes .. 82
        6.2.1   Hintergründe und Zahlen 82
        6.2.2   Frühgeburtlichkeit und intensivmedizinische
               Behandlung als Entwicklungsrisiken 83
        6.2.3   Stresserfahrungen von Frühgeborenen 84
        6.2.4   Neurologische Folgen der Frühgeburtlichkeit 85
        6.2.5   Multisensorische Integration von Frühgeborenen 86
        6.2.6   Verhaltensprobleme von Frühgeborenen 87
        6.2.7   Häufige somatische Erkrankungen bei
               Frühgeborenen 88
        6.2.8   Die Psychische Situation von Eltern nach einer
               Frühgeburt 88
        6.2.9   Eltern-Kind-Interaktionen und Bindungsentwicklung   91
        6.2.10 Betreuung von Familien nach einer Frühgeburt 93
    6.3   Zusammenfassung 93
    6.4   Therapeutischer Werkzeugkoffer 94
        6.4.1   Emotionale Unterstützung von Eltern nach einer
               Frühgeburt 94
        6.4.2   Übungen 95

**7   Kinder mit komplexen Bedürfnissen (chronische
     Gesundheitsprobleme und Behinderungen)** **97**
    7.1   Fallbeispiele 97
    7.2   Zusammenfassung des wissenschaftlichen Kenntnisstandes .. 98
        7.2.1   »Guter Hoffnung sein« 98
        7.2.2   Diagnoseverarbeitung durch die Eltern 99
        7.2.3   Psychische, emotionale und soziale
               Herausforderungen für Eltern 102
        7.2.4   Psychische Belastung von Eltern 103
        7.2.5   Unterstützung für Eltern 105
        7.2.6   Positive Aspekte der Erziehung eines Kindes mit
               komplexen Bedürfnissen 106
        7.2.7   Beziehungsaufbau, Bindung und
               Eltern-Kind-Interaktionen bei Kindern mit
               komplexen Bedürfnissen 106
        7.2.8   Partnerschaft 108
        7.2.9   Eltern und das Helfersystem 109
        7.2.10 Eltern und die Gesellschaft......................... 111
    7.3   Zusammenfassung 111
    7.4   »Therapeutischer Werkzeugkoffer« 112
        7.4.1   Grundsätzliches 112

		7.4.2	Adaptiertes SPIKES-Protokoll zur Übermittlung der kindlichen Diagnose an die Eltern	113
		7.4.3	Unterstützung der Verarbeitung der kindlichen Diagnose	116
		7.4.4	Nützliche Webseiten für Eltern	117

8 Tod eines Kindes 121
8.1 Fallbeispiele 121
8.2 Zusammenfassung des wissenschaftlichen Kenntnisstandes .. 122
- 8.2.1 Der Tod von Kindern und Jugendlichen als Extremereignis 122
- 8.2.2 Trauer als emotionale Reaktion auf einen Verlust 123
- 8.2.3 Theoretische Trauermodelle 125
- 8.2.4 Der Trauerprozess und Trauerbewältigung der Eltern nach Verlust ihres Kindes 127
- 8.2.5 Einflussfaktoren auf die Trauerbewältigung 129
- 8.2.6 Positive Veränderungen im Trauerprozess 131
- 8.2.7 Trauerbegleitung in pädiatrischen Kontexten 132
- 8.2.8 Gesellschaftliche Aspekte der Trauer um ein verstorbenes Kind 134

8.3 Zusammenfassung 134
8.4 »Therapeutischer Werkzeugkoffer« 135
- 8.4.1 Grundsätzliches 135
- 8.4.2 Kreative Methoden für die Trauerarbeit mit Eltern ... 136
- 8.4.3 Empfehlungen für die Trauerbegleitung von Eltern von Neugeborenen 138
- 8.4.4 Empfehlungen zur informellen Unterstützung von trauernden Eltern nach Schoonover et al. (2022) 139
- 8.4.5 Hauptelemente der Behandlung komplizierter Trauer bei Eltern 140

9 Psychische Erkrankungen und Suizid in der Familie 141
9.1 Fallbeispiele 141
9.2 Zusammenfassung des wissenschaftlichen Kenntnisstandes .. 142
- 9.2.1 Epidemiologie und Prävalenzen 142
- 9.2.2 Psychische Störungen von Eltern als Risikofaktor für die kindliche Entwicklung 143
- 9.2.3 Belastungsfaktoren für die Kinder 146
- 9.2.4 Gefährdung des Kindeswohls 147
- 9.2.5 Präventive Maßnahmen 150

9.3 Zusammenfassung 154
9.4 »Therapeutischer Werkzeugkoffer« 154
- 9.4.1 Grundsätzliches 154
- 9.4.2 Kinderbücher über Psychische Erkrankungen und Suizid 159

	9.4.3	Hilfreiche Formulierungen für das Gespräch über Tod und Suizid für Eltern	160
10	**Trennung und Scheidung**		**162**
	10.1	Fallbeispiele	162
	10.2	Zusammenfassung des wissenschaftlichen Kenntnisstandes	164
		10.2.1 Hintergründe und Zahlen	164
		10.2.2 Einelternfamilien	165
		10.2.3 Betreuungsmodelle nach einer Trennung oder Scheidung	165
		10.2.4 Scheidung und Trennung als Stressfaktor für Eltern	170
		10.2.5 Gesundheitliche Folgen einer Trennung für Eltern	172
		10.2.6 Psychologische Risiko- und Schutzfaktoren bei der Bewältigung einer Trennung	172
	10.3	Zusammenfassung	175
	10.4	»Therapeutischer Werkzeugkoffer«	176
		10.4.1 Grundsätzliches	176
		10.4.2 10 Leitsätze für Eltern während und nach einer Trennung	178
		10.4.3 Kinder über die Trennung informieren	180
		10.4.4 Elternratgeber zum Thema Scheidung und Trennung	182
		10.4.5 Kinderbücher zum Thema Scheidung und Trennung	182

Verzeichnisse

Literatur	**187**
Stichworte	**213**

Vorwort

Moderne Menschen planen ihren Alltag, den nächsten Urlaub, die Familiengründung, ihr Leben. Das Ziel klar vor Augen fühlen sich Menschen auf sicherem Boden und für die Zukunft gerüstet. Doch manchmal kommt alles ganz anders: Der Verlust des Arbeitsplatzes, eine Krankheit, eine Aufgabe, die uns überfordert, eine Trennung aus heiterem Himmel, ein Unfall oder der Verlust eines nahestehenden Menschen. Im Leben eines jeden Menschen gibt es Krisen, also Situationen, in denen sich das Leben unerwartet verändert und nicht mehr wie gehabt verläuft. Individuelle Krisen können betreffen eine einzelne Person und ihr Umfeld. Jedoch erleben wir aktuell eine Vielzahl globaler Krisen, die für einen großen Anteil der Menschheit bedrohlich sind und gemeinsame Lösungen erfordern.

Das vorliegende Buch versucht sich der Thematik elterlicher Krisen sehr praxisnah unter Einbezug des aktuellen Stands wissenschaftlicher Forschung zu nähern. Dabei soll vor allem auch auf die Chancen, welche Krisen bieten können, Bezug genommen werden. Über Krisen in der Kindheitsentwicklung gibt es eine Vielzahl von Untersuchungen und Publikationen. Das Wissen um die Bedeutung von elterlichen Krisen für die Entwicklung von Kindern und Jugendlichen ist dagegen begrenzt. Trotzdem befasst sich dieser praxisorientierte Leitfaden mit den Herausforderungen und Krisen, denen Eltern begegnen und beleuchtet diese aus psychotherapeutischer Sicht. Dabei nehmen die Texte auch auf entwicklungspsychologische, soziologische und gesellschaftspolitische Aspekte Rücksicht. Neben den individuellen Handlungsmöglichkeiten wird außerdem dargestellt welche gesellschaftlichen Rahmenbedingungen besonders relevant sind. Ausschließlich zum Zweck der besseren Lesbarkeit wird auf eine geschlechtsspezifische Schreibweise verzichtet. Im vorliegenden Buch wird das generische Maskulinum verwendet. Alle personenbezogenen Bezeichnungen verstehen sich jedoch für alle Geschlechter.

Zur Zielgruppe des Buches gehören neben Psychotherapeuten auch Kinderärzte, pädagogische und pflegerische Fachkräfte, sowie Fachkräfte der Familien-, Kinder und Jugendhilfe. Ihnen soll das Buch ermöglichen, den Blick auf Familien in herausfordernden und krisenhaften Situationen zu erweitern, indem wichtige Themen beleuchtet werden, die die Elternschaft nachhaltig aus dem Gleichgewicht bringen können. Am Ende jedes Kapitels werden alltagsnahe Lösungsansätze und Interventionsmöglichkeiten für Eltern dargestellt. Aufgrund der Vielfältigkeit der Themen, kann dieses Buch nur schlaglichtartig einzelne Aspekte dieser Krisen im Zusammenhang mit dem Elternsein beleuchten. Zur Vertiefung der verschiedenen Themenfelder empfehle ich weiterführende Fachliteratur.

Nach einer kurzen Begriffsbestimmung der »Krise« (▶ Kap. 1) erfolgt in einem Grundlagenkapitel (▶ Kap. 2) eine historische, soziologische und philosophische

Betrachtung der Konstrukte Familie und Elternschaft, um den familialen Wandel und seine Herausforderungen in einen Gesamtkontext zu stellen. In den Folgekapiteln dieses Buches werden unterschiedliche globale (▶ Teil I) und individuelle (▶ Teil II) Krisen sowie ihre Bedeutung für Eltern bzw. elterliches Handeln dargestellt. Jedes Kapitel beginnt mit zwei Fallbespielen, um die Thematik zu illustrieren, und endet mit therapeutischen Handlungsempfehlungen zum Umgang mit der jeweiligen Krisenart.

Basel, Juni 2024   Margarete Bolten

1 Zum Begriff der Krise

Auch wenn wir aktuell den Eindruck haben, Krisen nehmen zu und die Lage wird immer bedrohlicher, sollten wir nicht aus den Augen verlieren, dass Menschen schon immer Krisen bewältigen mussten. Die Generation meiner Großmutter erlebte zwei Weltkriege, die Nazidiktatur und den Wiederaufbau nach dem Krieg. Die Generation meiner Mutter lebte erneut in einer Diktatur, um nach dem Sturz des SED[1]-Regimes mit einer Vielzahl von Unsicherheiten und Herausforderungen zurechtkommen zu müssen. In Wirklichkeit geht es den meisten Menschen so, dass sie ihren Lebensweg gehen, auch wenn das Leben nicht in geregelten Bahnen verläuft.

In lexikalischen Definitionsversuchen (vgl. Duden 2020) wird die Krise meist als Wendepunkt beschrieben, als Höhepunkt oder Tiefpunkt einer Entwicklung in einem System psychischer, sozialer oder natürlicher Art. Aber auch als Moment der Ungewissheit, also der Gefahr, aber auch der Chance, die weitreichende positive oder negative Konsequenzen für die weitere Entwicklung des betreffenden Systems haben. Die Krise unterbricht bisherige Routinen eines Systems und leitet eine Transformation desselben ein. Manche Expertinnen (Gómez & Gasper, 2022; Von Uexküll, 1995) gehen sogar so weit zu behaupten, dass menschliche Entwicklung nur im Rahmen von Krisen stattfindet. Krisen synchronisieren und individualisieren uns zugleich und sind Treiber von Veränderung und Fortschritt.

Das Wort Krise wird seit dem 16. Jahrhundert in der medizinischen Fachsprache verwendet und stammt vom lateinischen »crisis« als entscheidende Wendung bei Krankheiten, gleichbedeutend mit dem griechischen Verb κρίνειν, was so viel wie scheiden oder trennen bedeutet (Gemoll & Vretska, 2006). Eine Krise evoziert existenzielle Entscheidungen. In einer Krise geraten Selbstverständlichkeiten unserer Wirklichkeit ins Wanken, der existenzielle Boden unter unseren Füßen wird zweifelhaft, brüchig oder entrinnt gar. Søren Kierkegaard sieht in der Krise einen Strudel aus Möglichkeit, Offenheit, Freiheit und Angst. Doch zu den Paradoxien der Krisenerfahrung gehört eben auch das Gegenteil des Erstarrens und der Lähmung, der Einengung und Auswegslosigkeit, der Trauer, der Wut und der Verzweiflung. Eine Krise ist also ein Wendepunkt im Leben, die uns vor Herausforderungen stellt und Gefühle der Überforderung, Angst oder Hilflosigkeit hervorrufen kann. Eine Krise ist also ein janusköpfiger Begriff, der eine Vielzahl semantisch synonymer bzw. verwandter Begriffe hat: Problemsituation, Scheidepunkt, Misere, Bredouille oder Notlage. Typologisch lassen sich erwartete, etwa zyklisch wiederkehrende oder für bestimmte Entwicklungsphasen des Menschen typische Krisen (z. B. Pubertätskrise),

---

1 Sozialistische Einheitspartei Deutschlands (SED)

von unerwarteten, überraschend hereinbrechenden Krisen unterscheiden. Des Weiteren lassen sich kurze, eher ereignishafte, akute von chronischen Krisen differenzieren. Außerdem gilt es endogene, also die aus der Eigenentwicklung eines Systems entstehenden, von exogenen, d. h. von außen verursachten Krisen, und eng damit verwandt, selbst produzierte von passiv widerfahrenden Krisen zu unterscheiden. Schließlich können Krisen, welche ohne zu große Veränderungen vorübergehen von Krisen, welche zu tiefen Transformationen bis hin zum terminalen Systemkollaps führen, abgegrenzt werden.

In der Psychotherapie ist die Krise auf vielfältige Weise von grundlegender Bedeutung. Am offensichtlichsten ist dies bei psychischen und existenziellen Krisen von Patienten, denn meist sind sie der Auslöser, warum sich Patienten Hilfe holen. Derlei Krisen können vielgestaltig sein, etwa als Krisen durch eine psychische Erkrankung, als Beziehungs- oder Familienkrisen, Tod eines Familienmitglieds oder Krisen, die durch äußere Ereignisse wie politische, soziale, kulturelle und ökonomische Ereignisse hervorgerufen werden. Dabei ist diesen Krisen meist eigen, dass sie der betroffenen Person Leiden bereiten und zugleich ihre Bewältigungsmöglichkeiten überschreiten, so dass das psychische System und das Lebenssystem des jeweiligen Menschen aus dem Gleichgewicht geraten. Die Aufgabe der therapeutischen Arbeit wird es sodann, den Menschen durch diese Krise hin zu einem neuen Gleichgewicht zu begleiten und dabei Lösungen und Veränderungsschritte heranreifen zu lassen.

2 Historische, soziologische und philosophische Betrachtungen von Familie und Elternschaft

2.1 Zum Begriff der Elternschaft und der Familie

Elternschaft und Familie sind normativ aufgeladene Konstrukte. Damit verbundene Vorstellungen sind im gesellschaftlichen und damit auch in allen psychosozialen Bereichen extrem wirksam. Idealisierte und ideologisch geprägte Vorstellungen von Elternschaft, welche mit gesellschaftlichen und alltäglichen Normalitätsvorstellungen interagieren, beeinflussen auch die psychotherapeutische Praxis. Schlagworte wie »Helikoptereltern« oder »Latte-Macchiato-Mütter« stehen symbolhaft für Diskurse rund um Elternschaft. Anthropologische Perspektiven der Elternschaft sehen die kulturelle Variabilität als historisch und sozial situiert. Babys werden geboren und benötigen Wärme, Nahrung, Schutz und eine Einführung in soziale Sitten und Systeme. Die Art und Weise, wie diese grundlegenden Aufgaben erfüllt werden, ist jedoch sehr unterschiedlich. Die Überblicksarbeit von Franco (2000) als auch die Zusammenfassung von Furedi und Füredi (2002) deuten darauf hin, dass sich die Rolle und Bedeutung der Elternschaft in letzter Zeit verändert hat und die Kindererziehung ein wachsendes Spektrum an Verantwortlichkeiten und Aktivitäten umfasst, die früher nicht als Dimensionen der Elternschaft angesehen wurden. Die zeitgenössische Elternschaft der westlichen Mittelschicht unterliegt einem ständigen Wandel, bei dem die traditionellen verwandtschaftlichen Rollen in den Hintergrund treten und die akademischen Leistungen der Kinder sowie außerschulische und soziale Aktivitäten in den Vordergrund rücken.

Kleinkinder haben universale biologische Bedürfnisse und müssen die gleichen Entwicklungsaufgaben bewältigen. Eltern helfen ihnen, erste soziale Bindungen aufzubauen, Emotionen auszudrücken und zu verstehen und die physische Welt zu begreifen. Der Umfang der Interaktion zwischen Eltern und Kindern ist im Säuglings- und Kleinkindalter am größten, einer Zeit, in der Menschen für die Einflüsse von Erfahrungen, d. h. Kultur, Sprache und Traumata, besonders anfällig sind (Bornstein, Putnick, Park, Suwalsky & Haynes, 2017). Nahezu das gesamte Weltwissen, aber auch soziale Kompetenzen, erwerben Kinder in dieser Lebensphase durch Interaktionserfahrungen mit ihren Eltern. (Gadaire, Henrich & Finn-Stevenson, 2017). Grusec und Davidov (2010) gehen in ihrer Sozialisierungstheorie davon aus, dass Elternsein in fünf verschiedene Domänen eingeteilt werden kann: Schutz, Reziprozität, Kontrolle, anleitendes Lernen und Teilhabe an einer Gruppe. Gemäß den Autoren birgt jede dieser Domänen spezifische Aufgaben und verlangt Eltern spezifische Verhaltensweisen ab. Eltern erleben immer dann vermehrte Belastungen und Stress, wenn sie nicht über die nötigen Ressourcen verfügen, um den verschiedenen elterlichen Anforderungen gerecht zu werden. Dabei kann das Belastungserleben zum einen auf spezifische Charakteristika der Familienmitglieder (z. B. Persönlichkeit, Temperament), auf Beziehungsdynamiken zwischen Eltern und Kind, aber auch auf externe Stressoren zurückzuführen sein. Ein hohes Belastungsniveau wiederum kann sich negativ auf das Erziehungsverhalten auswirken, was wiederum negative Folgen für das kindliche Wohlbefinden und die psychische Gesundheit von Kindern haben kann (Dillmann, Sensoy & Schwarzer, 2022).

Die Familie ist ein Sozialgebilde und steht entsprechend in Wechselwirkung mit gesellschaftlichen Rahmenbedingungen und normativen Leitbildern. Folglich wirken sich soziale und kulturelle Veränderungen auch auf die Elternschaft bzw. die Gestaltung von Familie aus. Dem Begriff der Familie als soziales Phänomen kann man sich aus unterschiedlichen Perspektiven annähern.

Definition der Familie gemäß dem statistischen Bundesamt in Deutschland (destatis, 2022)

Die Familie umfasst alle Eltern-Kind-Gemeinschaften, das heißt Ehepaare, nichteheliche (gemischt geschlechtliche) und gleich geschlechtliche Lebensgemeinschaften sowie Alleinerziehende mit Kindern im Haushalt. Einbezogen sind – neben leiblichen Kindern – auch Stief-, Pflege- und Adoptivkinder ohne Altersbegrenzung. Damit besteht eine Familie immer aus zwei Generationen: Eltern/-teile und im Haushalt lebende Kinder.

Definition der Familie nach Nave-Herz (2015)

Das zentrale Merkmal von Familien ist ihre »biologisch-soziale Doppelnatur«, die aus der Reproduktionsfunktion einerseits und Sozialisationsfunktion andererseits folgt. Weiterhin ist »ein besonderes Kooperations- und Solidaritätsverhältnis« der Familienmitglieder zu beobachten und es müsse immer eine »Generationsdifferenzierung« im Sinne eines Eltern-Kind-Verhältnisses vorliegen.

Elternschaft kann nach Vaskovics (2011) in vier Segmente unterteilt werden: die biologische, die genetische, die soziale und die rechtliche Elternschaft. Eine Differenzierung in biologische und genetische Elternschaft ist erst durch moderne reproduktionsmedizinische Verfahren wie Eizell- und Embryonenspende möglich geworden. In den Fällen von Eizell- und Embryonenspende sowie von Leihmutterschaft kommt es zu einer Trennung zwischen biologischer, genetischer und sozialer Mutterschaft. Durch verschiedene krisenhafte Lebensereignisse wie Tod, Trennung oder Scheidung können Mütter und Väter unterschiedliche Aspekte der Elternschaft, temporär oder langfristig, erfüllen.

Giesel (2007) fasst unter dem Begriff »Leitbild« die sozial geteilten Vorstellungen von einer erwünschten bzw. wünschenswerten und prinzipiell erreichbaren Zukunft zusammen, die durch entsprechendes Handeln realisiert werden soll. Die Leitbildforschung definiert ein Leitbild als ein Verbund kollektiv geteilter Vorstellungen des »Normalen«, das heißt von etwas Erstrebenswertem, sozial Erwünschtem und/oder mutmaßlich weit Verbreitetem, also Selbstverständlichem« (Lück & Diabaté, 2015). Leitbilder basieren entsprechend auf der Verbindung unterschiedlicher Facetten von Normen und Werten. Leitbilder sind komplexe Visualisierungen, die Menschen und auch Organisationen zur Orientierung dienen. Zentral ist, dass Familienleitbilder intersubjektiv geteilt werden und für unterschiedliche Kollektive jeweils charakteristisch beschaffen sind. Sie sind spezifisch für sozial und regional diversifizierte Milieus und können dort jeweils einen hohen Grad an Homogenität erreichen. Insgesamt betrachtet sind kulturelle Familienleitbilder nicht die Summe aller individuellen Leitbilder. Vielmehr gewinnen sie durch ihre Institutionalisierung und alltägliche soziale Reproduktion eine eigenständige Realität (Lück, Diabaté & Ruckdeschel, 2017). Leitbilder können Vorstellungen zu normativen Umständen beinhalten (z. B. Kinderzahl) oder »richtigen« Abläufen beinhalten (z. B. Alter bei der Familiengründung). Familienleitbilder stehen immer in Wechselwirkung mit dem individuell Erlebten und situativen Lebensumständen. Bisweilen werden Umstände angeglichen, etwa um kognitive Dissonanzen zu vermeiden, oder aber es wird an ihnen festgehalten, weil sie Orientierung und Sicherheit vermitteln. Auch auf gesellschaftlicher Ebene bewegen sich Leitbilder zwischen Stabilität und Wandel. Während manche Leitbilder in Teilen der Gesellschaft vergleichsweise stabil bleiben, etwa das Leitbild des männlichen Ernährers, haben sich andere wie das der komplementären Paarbeziehung stark gewandelt.

Individuelle und gesellschaftliche Leitbilder beeinflussen sich gegenseitig: So werden persönliche Leitbilder in der zwischenmenschlichen Interaktion ausgetauscht, woraus gesellschaftliche Leitbilder hervorgehen können. Insofern entstehen gesellschaftliche Leitbilder auch über die Häufigkeit ähnlich figurierter individueller Leitbilder. Gleichzeitig prägen kulturelle Leitbilder individuelle Leitbilder, in dem sie adaptiert oder in der Sozialisation gezielt vermittelt werden. Ihren Ursprung haben Familienleitbilder vornehmlich in der Herkunftsfamilie und im unmittelbaren sozialen Umfeld. Die Werte, Normen und daraus resultierendes Verhalten, welche regelmäßig beobachtet werden, erscheinen den Familienmitgliedern zunehmend selbstverständlich und es kann die Vorstellung entstehen, dass es ›alle so machen‹ und man es auch so machen sollte. Neben der Herkunftsfamilie, spielen auch die Medien eine große Rolle. Social Media, Fernsehserien, Filme und Werbung etwa vermitteln ein Bild, wie Familienleben normalerweise funktioniert.

Das Familienleben selbst unterliegt ebenfalls einem erheblichen Wandel. Das, in vielen westlichen Industrienationen lange Zeit verbreitete Ernährermodell, bei dem der Mann die finanzielle Grundlage der Familie mit außer familiärer Erwerbsarbeit sichert und die Frau für den Haushalt und die Versorgung der Kinder verantwortlich ist, wird zunehmend seltener. Mütter sind in wachsendem Maße durch berufliche Erwerbstätigkeit finanziell unabhängig. Aber auch die Vaterrolle ist im Wandel. Väter engagieren sich heute wesentlich mehr in der Erziehung und der Fürsorge ihrer Kinder als es in der Generation ihrer Väter der Fall war. Allerdings wird die sogenannte Care-Arbeit[2] überdurchschnittlich oft von Frauen geleistet.

---

2 Care-Arbeit oder Sorgearbeit umfasst alle Tätigkeiten des Sorgens und Kümmerns. Darunter fallen u. a. die Betreuung von Kindern oder alten Menschen, aber auch familiäre Unter-

2 Historische, soziologische und philosophische Betrachtungen

Kulturhistorisch betrachtet wurden Eltern in unserer Gesellschaft lange vor allem als jene Personen definiert, die ein Kind zeugten und aufzogen (Schülein, 2002). Die Pluralisierung von Lebens- und Familienentwürfen beinhaltet auch Abweichungen von eher normativen Vorstellungen der biologisch-sozialen Doppelnatur der Familie in unserer Gesellschaft (Nave-Herz, 2015). Die modernen technischen und gesellschaftlichen Entwicklungen bringen deshalb neben einer Vielfalt an Möglichkeiten, das eigene Familienleben zu gestalten, auch neue Fragen und Herausforderungen für Eltern mit sich. Gesellschaftlichen und sozialen Erwartungen an die Elternrolle stehen die eigenen Überzeugungen, Erfahrungen, Wünsche und Werte gegenüber. Aus kultursoziologischer Perspektive spielen die De-Institutionalisierung der Ehe, die sich wandelnden Geschlechterverhältnisse sowie der Wandel der sozialen Konstruktion von Elternschaft und Kindheit die größte Rolle in Bezug auf ihren Einfluss auf die gesellschaftlichen Leitbilder von Familie. Neu entstandene normative Konstrukte, etwa das der »verantworteten Elternschaft«[3] (Kaufmann, 1990) haben die »Kosten« von Elternschaft deutlich erhöht. Von heutigen Eltern wird intensiver denn je erwartet, dass sie ganz für ihre Kinder da sind und ihre eigenen Bedürfnisse hinter die der Kinder zurückstellen. Im Zuge der immer stärker in den Vordergrund getretenen Norm der verantworteten Elternschaft wird häufig von Müttern erwartet, dass sie möglichst viel Zeit mit ihren Kindern verbringen, was wiederum eine Reduktion der beruflichen Erwerbstätigkeit impliziert. Gesellschaftliche Veränderungen und Leitbilder beeinflussen das Handeln und Denken von Menschen, indem sich diese daran orientieren und dabei zu Habitualisierungen tendieren und entsprechend gewohnheitsmäßig agieren. Statt eine bewusste und rationale Abwägung von Kosten und Nutzen anzustellen, können Mitglieder einer Gruppe oder Gesellschaft auch auf unreflektiert ablaufende Handlungsroutinen zurückgreifen. Schwierigkeiten entstehen häufig dann, wenn widersprüchliche gesellschaftliche Erwartungen bestehen. Beispielsweise sollen Väter sich einerseits mehr in der Erziehung und Fürsorge ihrer Kinder engagieren und Elternzeit nehmen und andererseits wird oft selbstverständlich erwartet, dass sie das finanzielle Auskommen der Familie sichern (Diabaté et al., 2017). Aber auch die individuellen Erwartungen von Eltern an die Familie als ein Ort des Glücks und der Sinnerfüllung können zu hohe Anforderungen an sich und die Familienmitglieder stellen (Jurczyk, 2014). Demnach stehen Familien vor großen Herausforderungen, die sich durch gleichzeitige, aber nicht aufeinander abgestimmte Veränderungen der individuellen Entwicklungspfade, der Familienformen, der Geschlechterverhältnisse und der Erwerbsbedingungen ergeben und aktuell noch nicht ausreichend durch gesellschaftliche Rahmenbedingungen aufgefangen werden. Die Folge kann eine strukturelle Überforderung von Familien sein, die teilweise nur durch individuelle Lösungen aufgefangen werden kann (Jurczyk, 2014).

---

stützung und häusliche Pflege. Diese Arbeiten werden oft finanziell nur sehr schlecht entlohnt oder als unbezahlte Hausarbeit geleistet.
3 »Verantwortete Elternschaft« bezeichnet im sozial- und geisteswissenschaftlichen Fachdiskurs ein normatives Gefüge zum Eltern-Kind-Verhältnis. Das Leitbild beinhaltet nicht nur die Vorstellung hinsichtlich des richtigen Weges in die Familiengründung, sondern auch zum »richtigen Verhalten« der Eltern gegenüber ihrem Kind«.

2.2 Familien und Elternschaft im gesellschaftlichen Wandel

Elternschaft hat sich in den vergangenen Dekaden fundamental verändert. So hatten Kinder in der vorindustriellen Zeit mehrere Bezugspersonen, denn es gab keine räumliche Differenzierung zwischen Arbeit und Wohnen (Nave-Herz, 2014). Die Bauern- oder Handwerkerfamilie lebte häufig mit ihren Knechten, Gesellen oder Mägden und weiteren Familienmitgliedern unter einem Dach zusammen. Familien waren in erster Linie Zweckgemeinschaften mit dem Ziel der Sicherung der ökonomischen Lebensgrundlagen. Die Liebesheirat als heutiges Ideal in westlichen Industrienationen existierte noch nicht. Auch die komplementäre Aufgabenverteilung zwischen beruflicher Erwerbstätigkeit außerhalb des Hauses und familialer Sorgearbeit wurde nicht praktiziert. Erst im Zuge der Industrialisierung setzte sich die bis heute übliche Trennung der außerfamilialen Erwerbsarbeit von der Hausarbeit und Kinderbetreuung als Norm durch.

Besser verstehen lässt sich also der Wandel innerhalb von Familien vor dem Hintergrund allgemeiner gesellschaftlicher Veränderungen. Die Rahmenbedingungen für die Gestaltung von Elternschaft und des Familienlebens sind in den letzten Jahrzehnten komplexer geworden. Hill und Kopp betonen die Bedeutung der zunehmenden Erwerbstätigkeit von Frauen, aber auch insgesamt die gesamtwirtschaftliche Entwicklung, welche bei einer Mehrheit der Bevölkerung in westlichen Nationen zu einer verbesserten ökonomischen Situation der Haushalte führte (Hill & Kopp, 2013). Durch verbesserte finanzielle Möglichkeiten reduziert sich der ökonomische Druck als wichtiges Kriterium für das Eingehen und den Erhalt einer Ehe als Grundlage für die Familie. Vielmehr zeichnet sich die bürgerliche Kernfamilie heute dadurch aus, dass nicht mehr der praktische Nutzen und ökonomische Zwänge das Zusammenleben begründen, sondern die romantische Liebe und geteilte Emotionen wichtige bestimmende Merkmale sind (Peuckert, 2012). Die Familie ist heute weniger eine soziale Institution als eine freiwillige Lebensform, in der den individuellen Bedürfnissen und Emotionen der Partner eine wichtige Bedeutung zukommt. Gleichzeitig werden sehr hohe emotionale Erwartungen an die Partnerschaft und die Familie gestellt. Die Individualisierung, Mobilität, Enttraditionalisierung und der Wandel hin zur postfordistischen Gesellschaft[4] haben dazu beigetragen, dass die Familiengründung, das familiäre Alltagsleben und die Kontinuität von Familien nicht mehr als selbstverständlich betrachtet werden. Aktuell leben wir in einer »Multioptionsgesellschaft« in der die »endlose und kompetitive Ausfaltung neuer Möglichkeiten« omnipräsent ist (Gross, 1994). Diese Entfaltung

---

4 Unter Postfordismus wird die Wirtschaftsform, welche in den westlichen Industrienationen den Fordismus ablöste, verstanden. Der Postfordismus zeichnet sich durch das Leitmotiv der Mobilität und das Postulat der Selbstorganisation und Selbstaktivierung sowie der Deinstitutionalisierung aus. Dies geht einher mit einem Abbau sozial- und arbeitsrechtlicher Sicherungssysteme und eine konsequente Privatisierung der sozialen Absicherung, was wiederum zur zunehmenden Individualisierung aller Bereiche der Lebensorganisation führt.

neuer Möglichkeiten betrifft nicht nur Auswahl stehenden Produkte des Handels (stationär und online) und das Dienstleistungsangebot, sondern auch die individuellen Entwicklungs- und Entfaltungsmöglichkeiten (Ausbildung, Wohnort, Partnerwahl etc.). In nahezu jedem Aspekt des Lebens und der Gesellschaft bieten sich verschiedenste Optionen zur Auswahl. Das dahinterliegende Phänomen ist das tief in der Gesellschaft verankerte Streben zur Steigerung, und zum Wachstum. Abels (2000) schreibt dazu: »hinter allem gibt es ein Mehr und ein Besseres, jedes Mehr und Bessere wartet darauf, realisiert zu werden, und jeder hat das Recht, dieses Mehr und Bessere zu fordern.« Ein solches Leitmotiv kann jedoch auch überfordernd sein, denn die wachsende Auswahl erschwert die Wahl und kann zu psychischem Druck führen. Wie ein Mensch sein Leben in der Gesellschaft gestaltet, scheint vermeintlich stark von der Nutzung der sich ihm bietender Optionen abzuhängen (Gross, 1994). Es gilt die Herausforderungen anzunehmen und bewusst verantwortlich für die eigene Person, die Familie, die Mitmenschen und die Umwelt zwischen den Optionen zu wählen. Während lange Zeit die Lebenswege von Menschen klar vorgezeichnet waren, beispielsweise Eheschließungen arrangiert oder der Beruf des Vaters übernommen wurden, sind heute Entwicklungspfade durch deutlich weniger Determinanz und Sicherheiten geprägt. Menschen müssen Flexibilität entwickeln, Chancen und Risiken abzuwägen und Entscheidungen treffen, ohne ständig in Selbstzweifel zu geraten. Eine »Nebenwirkung« dieser Entwicklungsaufgabe ist die Problematik, dass sich Menschen getrieben fühlen, alles neu, anders und besser zu gestalten, ohne die Akzeptanz aufzubringen, sich mit den eigenen Entscheidungen zufriedenzugeben und das Mögliche für die eigene Lebensgestaltung anzuerkennen (Gross, 2007).

Heirat und Familiengründung werden heute seltener und später im Lebensverlauf vollzogen, zudem treten »typische« Abfolgen von Übergängen, wie beispielsweise Heirat und anschließender Familiengründung, nicht mehr so häufig auf. Andere Ereignisse dagegen, wie Scheidungen und Trennungen sind hingegen ein häufigeres Ereignis geworden (Kreyenfeld & Konietzka, 2015). Auch gibt es immer mehr Menschen, die in ihrem Leben nie eine Ehe eingehen oder die Eheschließung im Lebensverlauf aufschieben. So ist das Erstheiratsalter der Frauen in Ostdeutschland zwischen 1960 und 2014 um 8,5 Jahre (mittleres Heiratsalter 31.1 Jahre) und bei den Männern um 9,7 Jahre (mittleres Heiratsalter 33.6 Jahre) gestiegen, in Westdeutschland lag der Anstieg bei den Frauen bei 5,2 Jahren (mittleres Heiratsalter 29.9 Jahre) und bei den Männern bei 6,3 Jahren (mittleres Heiratsalter 32.2 Jahre) (Bundesinstitut für Bevölkerungsforschung, 2016). Der Anstieg des Erstheiratsalters lässt sich als Hinweis auf eine zunehmende Entkopplung von Ehe und Reproduktion deuten. Familiengründungen sind heute also nicht mehr primär an eine Eheschließung gebunden und beides findet häufiger unabhängig voneinander statt. Entsprechend werden immer mehr Kinder in nichtehelichen Partnerschaften geboren.

Die gesellschaftlichen Veränderungen haben auch einen Einfluss auf die Anzahl der in Partnerschaften geborenen Kinder. Ab etwa 1965 bis in die 1970er Jahre ging die Geburtenzahl in beiden Teilen Deutschlands gleichermaßen zurück. Der Geburtenrückgang hat sich auch in allen anderen europäischen Ländern vollzogen, so dass heute in ganz Europa die Geburtenrate unter dem Bestandserhaltungsniveau von 2,1 Kindern liegt (Eurostat, 2021). Trotz des allgemeinen Trends (aktuelle Geburtenziffer pro Frau in Europa: 1,5 Kinder) zeigen sich zwischen den Ländern deutliche Unterschiede. Die Fertilität ist in den nordeuropäischen Ländern ist vergleichsweise hoch, während die deutschsprachigen Länder Deutschland, Österreich und die Schweiz zu den Ländern mit der niedrigsten Geburtenziffer zählen

In den 1960er Jahre dominierte die Kernfamilie aus Mutter, Vater und Kindern sowohl in normativer als auch in quantitativer Hinsicht, weshalb sie auch heute immer noch als »Normfamilie« wahrgenommen wird. Jedoch gibt es seit den 1970er Jahren aufgrund der gesteigerten Individualisierung und Mobilität, aber auch der zunehmenden Erwerbsbeteiligung und rechtliche Gleichstellung und damit Unabhängigkeit der Frauen auch einen Anstieg des Heiratsalters und eine höhere Instabilität von Ehen. In den vergangenen Jahrzehnten kam es zu einer Pluralisierung der Lebensformen, indem neben die klassische Kernfamilie zunehmend auch Alleinerziehende, nichteheliche Lebensgemeinschaften und Stieffamilien traten. Peuckert (2012) konstatiert in diesem Zusammenhang, dass die »biologische und soziale Elternschaft immer häufiger auseinanderfallen«, es also zu einer Erosion der bio-sozialen Doppelnatur der Familie kommt. Immer mehr Eltern sind also mit den Minderjährigen, welche mit Ihnen im gleichen Haushalt leben biologisch nicht mehr verwandt. Immer häufiger haben Kinder biologische und soziale Mütter und Väter. Dies trifft auf Stief-, Pflege- und Adoptivfamilien, aber auch auf die durch reproduktionsmedizinische Fortschritte möglich gewordenen heterologen Inseminationsfamilien zu. Zusammenfassen kann man also, dass unser Normalitätsverständnis von Familie ein biologisches ist, dieses aber in der Realität oftmals davon abweicht.

2.3 Elternschaft in 21. Jahrhundert

Eltern prägen das Leben und die täglichen Erfahrungen von Kindern grundlegend. Sie haben einen fundamentalen Einfluss auf die Gesundheit und das Wohlbefinden, aber auch die kognitive und sozio-emotionale Entwicklung von Kindern (Bornstein, 2019). Elternschaft ist heute wie damals eine Herausforderung und anspruchsvoll. Im letzten halben Jahrhundert hat sich die Welt jedoch grundlegend verändert, wodurch sich die Erwartungen und Erfahrungen in Bezug auf die Art und Weise, wie Eltern ihre Kinder erziehen, verschoben haben (Faircloth, 2023). In den letzten zwei Jahrzehnten sind die Geburten- und Heiratsraten gesunken, während die Scheidungsraten und die Zahl der Alleinerziehenden-Haushalte gestiegen sind (OECD, 2011). Die Familienformen und Lebensformen haben sich diversifiziert: die Zahl der unverheirateten oder geschiedenen Familien, der Alleinerziehenden und der gleichgeschlechtlichen Eltern hat zugenommen. Eltern sind heute häufig älter, besser ausgebildet und haben tendenziell weniger Kinder (Bongaarts, Mensch & Blanc, 2017). Mehr Mütter arbeiten, während sie ihre Kinder erziehen (Miho & Thévenon, 2020). Darüber hinaus hat die Migration in vielen Gesellschaften zu einer noch nie dagewesenen ethnischen, kulturellen und religiösen Vielfalt geführt. In modernen Gesellschaften fühlen sich viele Familien deutlich seltener in ihren Nachbarschaften und Gemeinschaften tief verwurzelt und abhängig (OECD, 2022), was gleichzeitig zu einer Schwächung der informellen sozialen Unterstützung und des Sicherheitsnetzes führte, so dass immer mehr Familien die volle Verantwortung für das Wohlergehen ihrer Kinder übernehmen müssen, anstatt sich bei der Beaufsichtigung, dem Schutz und der Erziehung der Kinder auf die Großfamilie und die Gemeinschaft als Ganzes verlassen zu können (Pimentel, 2016). Diese Lücke wird in vielen Gesellschaften durch staatliche bzw. öffentliche Unterstützungsangebote geschlossen. In vielen Ländern der OECD haben Schulen und frühkindliche Bildungs- und Betreuungseinrichtungen ihr Angebot ausgeweitet. Häufig erhalten Familien nicht nur finanzielle Unterstützung, sondern werden auch durch verschiedene Initiativen und Elternprogramme mit Informationen und praktischer Unterstützung versorgt (Daly et al., 2015).

Das Familienleben hat sich im Laufe der Jahre verändert, was neue Herausforderungen für Eltern mit sich bringt und die Frage aufwirft, ob sich auch die Art der Kindererziehung ändern sollte (Burns & Gottschalk, 2019). Es überrascht nicht, dass viele Eltern unsicher sind, wie sie die Herausforderung der Elternschaft meistern können (Dworkin, Connell & Doty, 2013). Heute wird eine Vielzahl von Informationen und Unterstützungsdiensten für Eltern angeboten (digitale Plattformen, Blogs, Kampagnen, Elternprogramme und andere Dienste). Viele Eltern wenden sich dem Internet oder Erziehungsbüchern zu und können sich angesichts der schier endlosen Zahl von Erziehungsansätzen, die befürwortet oder vor denen gewarnt wird, verlieren und ratlos zurückbleiben, denn ein Blick in die verfügbaren Informationen offenbart ein verwirrendes Spektrum an angepriesenen Erziehungsansätzen mit wenig oder gar keiner Evidenz auf der einen Seite und gut etablierten und erforschten Ansätzen auf der anderen Seite (Burns & Gottschalk, 2019).

Die Globalisierung und der technologische Fortschritt wirken sich auch auf das Familienleben und die Elternschaft aus. Digitale Technologien haben das Familienleben auf der ganzen Welt spürbar verändert. Im digitalen Zeitalter können Eltern leichter denn je Unterstützung und Informationen finden und austauschen. Viele Eltern scheinen es heute vorzuziehen, das Internet und die sozialen Medien zu konsultieren, bevor sie offline einen Fachmann aufsuchen, Familienmitglieder oder Freunde befragen (Setyastuti, Suminar, Hadisiwi & Zubair, 2019). Da sich jedoch immer mehr Eltern digitalen Plattformen, Chatgruppen und anderen weniger regulierten Kanälen als primären Informations- und Unterstützungsquellen zuwenden, ergeben sich neue Herausforderungen. So überrascht es nicht, dass Eltern berichten, unter dieser Informationsflut zu leiden (Özgür, 2016). Zudem müssen Eltern die Bildschirmzeit ihrer Kinder überwachen, die Sicherheit der Kinder gewährleisten und ihr eigenes Online-Verhalten regulieren (Burns & Gottschalk, 2019). Elterliche Erziehungsdimensionen und -stile werden offline wie auch online angewandt (Padilla-Walker, Coyne, Fraser, Dyer & Yorgason, 2012), jedoch hängt der konkrete Erziehungsansatz oft von den digitalen Kenntnissen und Fähigkeiten der Eltern sowie von deren Einstellung zur Nutzung digitaler Technologien ab (Livingstone et al., 2017). Eltern nutzen Technologien auch, um sie bei der Kindererziehung Unterstützung zu suchen (Plantin & Daneback, 2009). Neue Überwachungstechnologien erleichtern die Kontrolle von Kindern und können die Überbehütung von Kindern verstärken. Neue Kommunikationstechnologien ermöglichen es Eltern, mit ihren Kindern in engem Kontakt zu bleiben und Wärme und Zuneigung zu zeigen, wenn sie nicht anwesend sind (Muñoz, Ploderer & Brereton, 2018). Gleichzeitig können digitale Technologien die Erziehung beeinflussen (Burns & Gottschalk, 2019). So versteht man unter »Phubbing« die Angewohnheit, jemanden zugunsten eines Mobiltelefons zu ignorieren. Die häufige Nutzung von Smartphones stört im Kontext der Elternschaft die Interaktion mit den Kindern und kann sich negativ auf die Eltern-Kind-Beziehung auswirken, da sich Kinder in ihrem psychologischen Bedürfnis nach Verbundenheit ignoriert und frustriert fühlen können (McDaniel & Coyne, 2019). Beim »Sharenting« geben Eltern viele Informationen über ihre Kinder in sozialen Medien preis, wodurch ihnen die Autonomie über ihre digitale Identität genommen wird (Ouvrein & Verswijvel, 2019).

In einer Überblicksstudie untersuchten Sandberg und Hofferth (2001), wie sich die Zeit, die amerikanische Kinder zwischen 1981 und 1997 mit ihren Eltern verbracht haben, verändert hat und welchen Beitrag dabei die sich verändernden Muster der weiblichen Erwerbsbeteiligung, der Familienstruktur und der elterlichen Bildung geleistet haben. Im Allgemeinen hat sich die Zeit, die Kinder mit ihren Eltern verbringen, in diesem Zeitraum nicht verringert. In Familien mit zwei Elternteilen hat sie sogar erheblich zugenommen. US-amerikanische Eltern verbringen also heute mehr Zeit mit ihren Kindern, obwohl die Frauenerwerbsquote seither deutlich gestiegen ist. Dotti Sani und Judith Treas (2016) werteten Daten aus elf westlichen Ländern (USA, Kanada, Dänemark, Frankreich und Deutschland) mit mehr als 122.300 Eltern mit mindestens einem Kind unter 13 Jahren, welche zwischen von 1965 und 2012 aufgezeichnet wurden, aus. Die teilnehmenden Mütter und Väter hatten dazu in Tagebüchern ihre täglichen Aktivitäten dokumentiert. Eines der zentralen Ergebnisse der Studie: Besser gebildete Eltern widmen ihren Kindern die meiste Zeit. Mütter mit Uni-Abschluss verbringen demnach 123 Minuten pro Tag mit ihrem Nachwuchs, weniger gebildete Mütter 94 Minuten. Akademiker-Väter kommen im Schnitt auf 74, weniger gebildete Väter auf 50 Minuten.

2.4 Elternschaft im Spiegel kultureller Normen

Eltern sind im Allgemeinen bestrebt, ihre Kinder dabei zu unterstützen, kompetente Mitglieder der Gemeinschaft zu werden, in der sie aufwachsen und aller Voraussicht nach als erwachsene Mitglieder leben werden. Sie interpretieren daher das Verhalten ihres Kindes in Bezug auf die bestehenden soziokulturellen Normen dieser Gesellschaft. Entsprechend fördern sie Verhaltensweisen, die ihnen angemessen erscheinen, reglementieren Verhaltensweisen ab, die für ein angemessenes Funktionieren innerhalb der Gesellschaft schädlich erscheinen. Die Auswirkungen kultureller Normen auf Erziehungsansätze sind in einer Fülle von Studien dokumentiert

(Bornstein, 2012). So ist beispielsweise eine autoritäre Erziehung in nicht-westlichen Kulturen und unter ethnischen Minderheiten in westlichen Ländern weit verbreitet (Smetana, 2017). In kollektivistischen Gesellschaften, in denen die Entwicklung der Gruppe und die Interdependenz stärker betont wird als die persönliche Freiheit und Entwicklung, sind eher autoritäre Erziehungsnormen vorzufinden (Davids, Roman & Leach, 2015). In vielen asiatischen Kulturen werden beispielsweise familiäre Verpflichtungen und akademische Leistungen häufig als Mittel zum Erlangen von Ehre für die Familie propagiert. Eltern asiatischer Herkunft werden deshalb auch oft als strenger und kontrollierender beschrieben, jedoch mit dem Ziel, die Kinder zu schützen und nicht zu hemmen (Doan et al., 2017). Die Überzeugungen und Praktiken der Elternschaft variieren mit den Rollen, familiären Beziehungen und Erwartungen, die durch politische, soziale, kulturelle, wirtschaftliche, religiöse und gemeinschaftliche Situationen beeinflusst werden. »Wissenschaftliche« Definitionen von Elternschaft können sich von denen erfahrener Eltern mit generationenübergreifenden Kenntnissen und Fähigkeiten unterscheiden. In der westlichen Welt hat die Bedeutung von Expertenempfehlungen für Erziehungspraktiken im letzten Jahrhundert zugenommen (Lee, 2014). So wurde beispielsweise in den 1930er Jahren in Fernsehsendungen und Werbespots die »fachkundige« Mutterschaft als eine methodische Tätigkeit propagiert, die erlernt werden sollte, während frühere Generationen neuer Mütter ihre Erziehungsfähigkeiten durch informelle Netzwerke innerhalb der Gemeinschaft und durch Familienmitglieder erlernten. Obwohl der gegenwärtige Erziehungsdiskurs Experten hervorhebt, die die Erziehungspraxis vorschreiben, müssen wir diese Vorstellung von »Expertise« ohne kontextuelle und kulturelle Überlegungen kritisch hinterfragen (Bornstein, 2012; Mousavi, Low & Hashim, 2016).

Wie bereits erwähnt (▶ Kap. 2.2, ▶ Kap. 2.3), verändert sich Elternschaft durch technologische, sozioökonomische und politische Einflüsse. Doepke und Zilibotti (2014) gehen z. B. davon aus, dass Eltern in Gesellschaften, in denen Bildung und Anstrengung hoch belohnt werden und die Möglichkeiten ohne ausreichende Bildung begrenzt sind, ihre Kinder stärker fördern als Eltern in Gesellschaften mit einer geringen Bedeutung der formalen Bildung. Die Autoren fanden mit Hilfe von Daten des World Value Survey (WVS), dass Länder wie Schweden und Norwegen mit geringer Einkommensungleichheit, großzügigen Transferleistungen und einem relativ geringen finanziellen Einsatz für Bildung einen höheren Anteil an permissiven Eltern aufweisen. In Ländern mit größeren Ungleichheiten im Bildungssektor und dem Arbeitsmarkt, wie z. B. den Vereinigten Staaten, scheinen Eltern autoritäre Erziehungsmethoden zu bevorzugen. Gemäß Doepke und Zilibotti (2014) treiben die zunehmende Einkommensungleichheit und die höheren Bildungsrenditen der letzten 30 Jahre den Trend zur Überbehütung voran, wobei die Eltern ihre Anstrengungen verstärken, um den Erfolg ihrer Kinder sicherzustellen. Faktoren wie ein stark segmentierter Arbeitsmarkt oder strenge Zulassungskriterien für prestigeträchtige Schulen oder Universitäten tragen zu diesem Effekt bei (Kwon, Yoo & Bingham, 2015). Wirtschaftliche Faktoren bringen gemäß den Autoren eine »intensive Erziehungskultur« hervor. Eltern versuchen dabei die wahrgenommene Zunahme von Risiken, Unsicherheit und Verantwortung zu bewältigen. Die Modernisierung eine Kultur veranlasst also Eltern, Formen intensiver Elternschaft zu übernehmen. Gefühlte Unsicherheiten im modernen Leben tragen zur Entwicklung einer Risikogesellschaft bei, in der Eltern risikoscheu geworden sind (Pimentel, 2016). Obwohl Kinder in modernen Gesellschaften in deutlich größerer Sicherheit aufwachsen, nehmen viele Eltern heute mehr physische und sozio-emotionale Risiken war (Faircloth, 2023). Sensationsmeldungen in den Medien tragen u. a. dazu bei, indem sie den Blick der Eltern für potenzielle Gefahren lenken und ihr Bedürfnis verstärken, Risiken in allen Lebensbereichen der Kinder zu managen (Garst & Gagnon, 2015). Gemäß Faircloth (2023) fühlen sich viele Eltern zur »Identitätsarbeit« verpflichtet. Folglich hängt der wahrgenommene Lebenserfolg der Kinder von ihnen ab, was Eltern zum Teil stark unter Druck setzen kann. Rutherford (2011) stellt zudem eine stärkere Individualisierung der elterlichen Verantwortung fest, die sich aus der sozialen Abkopplung des Individuums von der Großfamilie und Gemeinschaften ergibt. Gleichzeitig nehmen die Eltern eine Reduktion der Kontrolle und ihres Einflusses auf ihre Kinder war. Dies wiederum kann zu Besorgnis unter den Eltern führt, ob sie in der Lage sind, das Wohlergehen und den Erfolg ihrer Kinder in der Zukunft zu gewährleisten.

Auch die Gesetzgebung beeinflusst die Elternschaft. 1979 war Schweden das erste Land der Welt, das jegliche körperliche Züchtigung von Kindern verbot. Das Hauptziel dieses Verbots bestand darin, die Einstellung der Öffentlichkeit zu ändern und Kinder als eigenständige Individuen anzuerkennen (Durrant & Smith, 2010). Wie die Autoren betonen, lag der Schwerpunkt dieser Gesetzesänderung im schwedischen Kontext auf der Aufklärung der Eltern über die Bedeutung von Erziehungsmethoden. Zu diesem Zweck wurde der Reformprozess von einer groß angelegten öffentlichen Aufklärungskampagne begleitet. Seit 1979 ist die Zahl der Länder mit einer Gesetzgebung gegen den Einsatz körperlicher Bestrafung in der Erziehung kontinuierlich auf 54 im Jahr 2018 gestiegen. Man darf also davon ausgehen, dass Veränderungen der Gesetzgebung den Erziehungsstil beeinflusst und zu einem Rückgang autoritärer Erziehung beigetragen haben könnte (OECD, 2022).

2.5 Elternschaft und Lebenszufriedenheit

Immer wieder wurde der Frage nach dem Einfluss von Kindern auf das empfundene persönliche Glück bzw. die Lebenszufriedenheit von Eltern gestellt. Die Forschung zum elterlichen Glück ist im Vergleich zu anderen wissenschaftlichen Themen seltener, da Eltern negative Gefühle im Zusammenhang mit ihren Kindern meist nicht offen thematisieren. Darum verwenden neuere Studien zum Thema Längsschnittdaten, um das individuelle Wohlbefinden im Verlauf der Zeit zu analysieren und so einen Großteil der Selektionsprobleme zu überwinden, die in Querschnittsstudien auftreten, wie etwa die potenzielle Selektion zur Elternschaft durch das vorherige Niveau des subjektiven Wohlbefindens (Clark & Georgellis, 2013). Anhand des

Deutschen Sozio-ökonomischen Panels (SOEP)[5] analysierten Clark et al. (2008) das Muster des Glücks vor und nach wichtigen Lebensereignissen, u. a. die Geburt eines Kindes. Sie fanden heraus, dass innerhalb eines 10-Jahres-Fensters, mit der Geburt eines Kindes in der Mitte, das Glück sowohl von Männern als auch von Frauen vor und bis zum Zeitpunkt der Geburt tendenziell zunimmt und dann auf das Niveau vor der Geburt zurückgeht. Frijters und Kollegen (2011) analysierten australische Daten und stellten ebenfalls fest, dass das Glücksempfinden um den Zeitpunkt der Geburt herum zwar zunimmt, aber nach einigen Jahren wieder auf das Ausgangsniveau zurückgeht. Clark und Georgellis (2013) untersuchten anhand der British Household Panel Survey (BHPS), ob sich das Glück neuer Eltern an ihre neuen Lebensumstände anpasst. Beide Studien konzentrierten sich auf die kurzfristige Anpassung, berücksichtigten aber keine langfristigen Verläufe oder Unterschiede nach Geburtsreihenfolge oder sozioökonomischem Status (SES). Myrskylä und Margolis (2014) bauten auf diesen Vorbefunden auf, indem sie untersuchten, wie der Glücksverlauf von Eltern je nach Alter bei der Elternschaft, Sozioökonomischem Status (SES) gemessen an Bildung, Geschlecht, Parität, Familienstand und Kontext variiert. Die Autoren konnten zeigen, dass Eltern durch die Geburt ihres ersten Kindes zunächst unglücklicher werden. Im Durchschnitt gaben Mütter und Väter an, im ersten Jahr ihrer Elternschaft um 1,4 Einheiten weniger glücklicher zu sein als während der zwei Jahre davor. Nur knapp 30 % der Studienteilnehmer beschrieben gar keinen Verlust an Zufriedenheit. Bei einigen der befragten Eltern war die Unzufriedenheit im Jahr nach der ersten Geburt sogar stärker ausgeprägt als etwa bei Arbeitslosigkeit, Scheidung oder dem Tod des Partners. Ausgesprochen bedeutsam in diesem Zusammenhang ist aber auch der Befund, dass der glücksreduzierende Effekt von Kindern primär auf jüngere Eltern, mit weniger stabilen ökonomischen Verhältnissen zutrifft. Der Glücksverlauf vor und nach der Geburt des ersten Kindes, aufgeschlüsselt nach dem Alter der Eltern (15–22 Jahre, 23–34 Jahre, 35–49 Jahre) ergab sowohl in der deutschen (SOEP) als auch in der britischen (BHPS) Stichprobe den Effekt, dass das Glücksniveau im Mittel bei allen drei Gruppen in den ersten zwei Jahren nach der Geburt absank. Dieser Verlauf setzte sich nach dem 2. Lebensjahr der Kinder jedoch nur in der jüngsten Gruppe der 15–22-Jährigen fort. In der mittleren Gruppe der 23–34-Jährigen stieg das Glücksniveau auf den Zustand wie er 5 Jahre vor der Geburt war und bei der älteren Gruppe der 35–49-Jährigen stieg er sogar auf das Niveau von kurz vor der Geburt. Bei genauer Betrachtung der Daten müssen also die die unmittelbaren Glückseinbußen im ersten Elternjahr etwas relativiert werden, denn bei allen untersuchten Eltern stiegen die Vorfreude, und damit die angegebene Zufriedenheit in den 5 Jahren vor der Geburt des ersten Kindes deutlich über das langjährige Niveau an.

---

5 Das Sozio-ökonomische Panel (SOEP) ist die größte und am längsten laufende multidisziplinäre Langzeitstudie in Deutschland. Das SOEP ist am Deutsche Institut für Wirtschaftsforschung (DIW) angesiedelt und wird unter dem Dach der Leibniz-Gemeinschaft (WGL) vom Bundesministerium für Bildung und Forschung (BMBF) und den Ländern gefördert. Das SOEP läuft seit 1984. Aktuell werden jedes Jahr rund 30.000 Befragte in etwa 15.000 Haushalten vom Umfrageinstitut infas Institut für angewandte Sozialforschung befragt.

Außerdem fanden Margolis und Myrskylä (2015), dass die Erfahrungen beim Übergang zur Elternschaft eine wichtige Determinante für die weitere Fertilität von Elternpaaren sind. Ein Rückgang des Wohlbefindens rund um die erste Geburt ging mit einer geringeren Wahrscheinlichkeit, ein weiteres Kind zu bekommen, einher. Bei Eltern, die ein Minus von drei oder mehr Glückseinheiten berichteten, bekamen 58 % innerhalb von 10 Jahren ein zweites Kind. Empfanden die Eltern nach Geburt des ersten Kindes dagegen keine Reduktion ihres wahrgenommenen Glücks, kam es bei 66 % erneut zu einer Schwangerschaft. Dieser Effekt war besonders stark bei älteren Eltern und Eltern mit höherer Bildung ausgeprägt (Margolis & Myrskylä, 2015). Die häufigsten Ursachen für den Rückgang der Zufriedenheit nach der Geburt eines Kindes sind Schlafmangel, Schwierigkeiten in der Partnerschaft und der Verlust von Freiheit und Kontrolle über das eigene Leben. Zudem nehmen die finanziellen, persönliche Freiheiten und Zeitressourcen ab, die Hausarbeit nimmt zu und soziale Rollen bzw. das soziale Netzwerk verändert sich. Dabei spiele auch die weiterhin schwierige Vereinbarkeit von Beruf und Familie eine Rolle. Ebenfalls wichtig könnten auch negative Erfahrungen direkt bei der Entbindung sein. Der Effekt, dass sich ein Rückgang des wahrgenommenen Glücks bei älteren Eltern besonders negativ auf deren Fertilität auswirkte, muss jedoch kritisch betrachtet werden, denn die Wahrscheinlichkeit ein weiteres Kind zu bekommen, reduziert sich auch aus rein biologischen Gründen mit steigendem Alter.

Auch Schröder (2020) analysierte Daten einer Langzeitbefragung von ca. 85.000 Deutschen und kommt zum Schluss, dass Eltern nicht zufriedener sind als Menschen oder Kinder. Hierfür verglich er ebenfalls ein und dieselbe Person mit sich selbst, ob diese in den Jahren mit Kindern glücklicher ist als in der Zeit, in der keine Kinder im gleichen Haushalt lebten. Selbst unter den Teilnehmer*innen der Befragung, die angaben, dass ihnen Kinder sehr wichtig sind, findet sich kein positiver Effekt der Kinder auf die Lebenszufriedenheit. Eine mögliche Erklärung für diesen Effekt ist laut Schröder die Tatsache, dass Kinder zu finanziellen Einbußen führen. Verfügten Eltern jedoch über die gleichen finanziellen Mittel wie vor der Geburt der Kinder, steige die Zufriedenheit tatsächlich an. Diese Befunde decken sich wiederum mit den Ergebnissen der Studien von Clark und Georgellis (2013) und Myrskylä und Margolis (2014).

Forscher der Universität Heidelberg untersuchten den Einfluss von Kindern auf das langfristige Glück von Eltern und stellten fest, dass sich dieses bei den Befragten oft erst nach deren Auszug aus der elterlichen Wohnung einstellte. Die Wissenschaftler analysierten die Einträge von ca. 55.000 Menschen über 50 Jahren aus 16 europäischen Ländern (Survey of Health, Ageing and Retirement in Europe SHARE)[6] (Malter & Börsch-Supan, 2013). In die Auswertung flossen u. a. Angaben zur Lebensqualität und zur psychischen Gesundheit ein. Erwachsene mit Kindern, die nicht mehr im selben Haushalt wohnten, beschrieben sich gemäß Becker und Kollegen (2019) als glücklicher und berichteten seltener über eine negative Stim-

---

6 Der Survey of Health, Ageing and Retirement in Europe (SHARE) ist eine interdisziplinäre und länderübergreifende (Europa, Israel) Befragung von Menschen über 50 Jahren. Die Befragung erfasst verschiedene Lebensbereiche wie soziale und familiäre Netzwerke, Gesundheit und sozio-ökonomischer Status.

mung als kinderlose Gleichaltrige. Die Autoren vermuten, dass eine hohe soziale Vernetzung wichtig für das Gesamtwohl und die geistige Gesundheit im höheren Alter ist. Langfristig scheinen Eltern von der Unterstützung und Bindung zu ihren Kindern zu profitieren, ohne dass sie sich in späteren Jahren weiterhin täglich um diese kümmern müssen. Bei Enkelkindern war der Einfluss auf die Zufriedenheit weniger eindeutig. Becker betont allerdings auch, dass Kinder nur ein Teilaspekt eines zufriedenen Lebens sind: »Starke soziale Kontakte gehen mit einer hohen Lebensqualität, Zufriedenheit und mentaler Gesundheit einher.

Eine wachsende Zahl von Studien hatte sich mit verschiedenen Merkmalen von Paaren während des Übergangs zur Elternschaft befasst und einige Schlussfolgerungen hinsichtlich des Verlaufs der Ehezufriedenheit gezogen. Metaanalysen weisen auf einen leichten (Mitnick, Heyman & Smith Slep, 2009) bis deutlichen Rückgang (Twenge, Campbell & Foster, 2003) der Ehezufriedenheit in den ersten 11–24 Monaten nach der Geburt eines Kindes hin. Die empirische Forschung zeigt aber auch, dass ein Rückgang der Ehezufriedenheit auch bei frisch Verheirateten ohne Kinder üblich ist (Lawrence, Rogers, Zajacova & Wadsworth, 2018). Eine Übersichtsarbeit, die 14 empirische Studien über Jungverheiratete umfasst, kommt zum Schluss, dass ein Rückgang der Ehezufriedenheit auf negative Erfahrungen beim Übergang zur Elternschaft, aber auch auf ein niedriges Anfangsniveau der Ehezufriedenheit zurückzuführen ist (Proulx, Ermer & Kanter, 2017).

2.6 Die Entwicklung der elterlichen Identität

Die Herausbildung eines stabilen Identitätsgefühls ist eine der wichtigsten Entwicklungsaufgaben des Menschen (Erikson, 2005). Zugleich ist die Identitätsbildung eine Aufgabe, die erhebliche Ressourcen erfordert. Nach Erikson (1966) ist die Identität der Schnittpunkt zwischen dem, was eine Person sein möchte, und dem, was die Umwelt bzw. die Gegebenheiten ihr gestatten zu sein. Die Identität bildet sich nach Erikson dabei durch die Bewältigung phasentypischer Konflikte. Mit Identität im psychologischen Sinne ist die Gleichheit in der Wahrnehmung der eigenen Person trotz äußerer Wandlungen gemeint. Die Notwendigkeit zur individuellen Identitätsbildung beruht auf dem menschlichen Grundbedürfnis nach Anerkennung und Zugehörigkeit zu einer Gruppe. Die Identität bildet dabei eine selbstreflexive Verbindung zwischen der inneren und der äußeren Welt. Die Identität repräsentiert also einerseits das unverwechselbar Individuelle, aber auch das sozial Akzeptable. Erikson (1966) entwirft Identität als ein Konstrukt, mit dem das subjektive Vertrauen in die eigene Kompetenz Voraussetzung für die Kontinuität und Kohärenz ist. Neuere Sichtweisen auf die Identitätsentwicklung eines Menschen betonen stärker die Selbst- oder Identitätskonstruktion (Karaś, Topolewska-Siedzik & Negru-Subtirica, 2018). Dabei wird das Selbst zum reflexiven Projekt und die Identität entsteht in einem narrativen Prozess, welcher selbstreferenziell ist.

Identität bildet sich in »Übergängen«, die nicht mehr zwingend an gesellschaftliche Stützrituale geknüpft sind.

Elternsein ist eine komplexe und mehrdeutige Erfahrung, die, wie im vorausgegangenen Abschnitt beschrieben (▶ Kap. 2.5), sowohl mit Zufriedenheit und Selbstentfaltung aber auch mit Belastungen, Stress und Unzufriedenheit verbunden sein kann (Mikolajczak, Gross & Roskam, 2021). Piotrowski (2018) weist in diesem Zusammenhang darauf hin, dass das die elterliche Identität sowohl durch die Zufriedenheit mit der Elternschaft als auch Belastungen der Eltern moderiert werden kann. In der Regel beginnt die Entwicklung der elterlichen Identität mit dem Zeitpunkt der bewussten oder unbewussten Auseinandersetzung mit dem Kinderwunsch und dauert über den Zeitpunkt, an dem das Kind in die Familie kommt (Geburt, Adoption, Pflege- oder Stiefelternschaft) hinaus. Durch das »Elternwerden« verändert sich das Identitätsgefühl, indem ein neuer Bereich der Identität dieser Person hinzugefügt wird (Piotrowski, 2023). Piotrowski (2021b) definiert elterliche Identität als das Ausmaß, in dem die soziale Rolle des Elternteils im Vergleich zu anderen sozialen Rollen als wichtig angesehen wird. Der Autor bezieht sich auf das prozessuale Identitätsmodell von Crocetti, Rubini und Meeus (2008) und beschreibt die elterliche Identität als den Grad des Engagements und der Identifikation mit der elterlichen Rolle. Diesem Ansatz folgend, durchlaufen Eltern einen Prozess der Identitätsbindung, der zu einem Grundniveau an Selbstvertrauen und Identifikation mit der neuen Rolle führt. Wenn die Elternrolle übernommen wird und Eltern die eigene Identität bilden, finden drei Formen der psychischen Auseinandersetzung statt: a) das vertiefte Nachdenken über das Kind und die Elternschaft selbst, b) das Überdenken der eigenen Verpflichtungen in der Elternrolle und c) das Engagement in der Elternrolle. Die Dynamik zwischen den drei Identitätsprozessen kann sowohl zu einer Stärkung als auch einer Schwächung der elterlichen Identität führen. Beispielsweise kann ein starkes Überdenken des eigenen Engagements in diesem Rahmen als ein Indikator für die Enttäuschung über die Elternrolle bzw. eine elterliche Identitätskrise betrachtet werden. In einer Folgestudie konnte Piotrowski (2021b) fünf verschiedene Identitätszustände bei den untersuchten Eltern unterscheiden:

1. Errungenschaft (»Achievement« = hohes Engagement und eingehende Erkundung, geringes Überdenken des Engagements),
2. Abschottung (»Foreclosure« = hohes Engagement, geringe Erkundung und Überdenken des Engagements),
3. Suche nach Aufschub (»Searching moratorium« = geringes Engagement und Überdenken des Engagements und hohe eingehende Erkundung,
4. Ausbreitung (»Diffussion« = geringes Engagement, eingehende Erkundung und Überdenken des Engagements) und
5. Aufschub (»Moratorium« (geringes Engagement und eingehende Erkundung, hohes Überdenken des Engagements).

Piotrowski (2021b) konnte zeigen, dass Frauen häufiger als Männer den adaptivsten Identitätsstatus (1) entwickelten, gleichzeitig aber auch ein Viertel der befragten Mütter durch ein relativ geringes Identitätsengagement gekennzeichnet waren

(Status 4 & 5). Außerdem gab es auch Zusammenhänge zwischen dem Identitätsstatus und bestimmten Persönlichkeitsmerkmalen und der Lebensqualität der untersuchten Eltern. So wiesen Eltern mit hohem elterlichem Engagement (Status 1 & 2) höhere Werte an Verträglichkeit, Gewissenhaftigkeit, Optimismus und Lebenszufriedenheit und geringere Werte an Neurotizismus auf. Eltern, die ein geringes elterliches Engagement zeigten, waren unentschlossener, pessimistischer, perfektionistischer und neurotischer.

Wenn ein Elternteil über zu wenige Ressourcen (psychologische, Beziehung, Finanzen etc.) verfügt oder besonders belastet ist (z. B. psychische Probleme, familiäre Krisen), kann die Elternschaft mit negativen Erfahrungen einhergehen, was wiederum zu einer Störung der elterlichen Identität führt (Meca, Paulson, Webb, Kelley & Rodil, 2020; Mikolajczak, Raes, Avalosse & Roskam, 2018). In Einzelfällen kann es sogar zum Bedauern der eigenen Elternschaft (»Regretting Motherhood«) kommen (Piotrowski, 2021a). Hält der Zustand erhöhter Negativität im Kontext der Elternschaft über einen längeren Zeitraum an, verschlechtert dies auch die psychische Gesundheit der Eltern (Schrooyen et al., 2021). Die realen Erfahrungen in der Elternrolle haben also einen großen Einfluss auf die Selbstwahrnehmung, das Stresserleben und damit auch das psychische Wohlbefinden von Eltern. Auf der anderen Seite kann eine gut ausgebildete elterliche Identität auch ein Schutzfaktor gegen Stress sein. Schrooyen et al. (2021) untersuchten Eltern während der COVID-19-Pandemie und stellten fest, dass die Selbstwahrnehmung als »Gute Eltern« mit einem stärkeren elterlichen Engagement, einer höhere Lebenszufriedenheit und einem geringeren Maß an depressiven und Angstsymptomen assoziiert war.

2.7 Zusammenfassung

Das Familienleben und die Elternschaft sind nie losgelöst von gesellschaftlichen Faktoren und unterliegen damit einem ständig währenden Wandel. Die Globalisierung, Veränderungen auf dem Arbeitsmarkt und der digitale Fortschritt haben einen erheblichen Einfluss auf Eltern und ihre Kinder. Eltern sind heute häufiger sehr gut ausgebildet und bekommen ihr erstes Kind später. Die Geburten- und Heiratsraten sind gesunken, während die Scheidungsraten gestiegen sind. Dadurch haben sich die Familien- und Lebensformen diversifiziert. Im Kontext kultureller Werte und Normen, wenden Eltern auch unterschiedliche Erziehungsstrategien an, um ihren Kindern eine optimale Passung in der jeweiligen Gesellschaft zu ermöglichen. Obwohl Elternschaft in nahezu allen Gesellschaftsformen und -schichten ein normatives Ereignis ist, hat jedoch die empirische Forschung bisher keine eindeutigen Beweise dafür gefunden, dass diese einen positiven Einfluss auf die Lebensqualität und Zufriedenheit von Menschen hat. Mehrere Studien zeigen, dass die Auswirkungen von Elternschaft auf die Lebensqualität von individuellen Umständen, der Elternidentität und dem gesellschaftlichen Kontext abhängt. Insbesondere ein höheres Lebensalter größere finanzielle Ressourcen scheinen einen positiven Effekt auf die Lebensqualität von Eltern zu haben. Im fortgeschrittenen Alter erhöht Elternschaft die Lebensqualität. Basierend auf einer emotionalen Nutzenannahme sind Kinder in dieser Lebensphase vor allem eine wichtige Ressource für soziale Kontakte.

Teil I: Globale Krisen

Coronakrise, Krieg, Klimawandel, Preissteigerungen und Populismus: Wenn Systeme unter Druck geraten, können sie zerbrechen oder sich produktiv wandeln. In globalen Krisen befinden sich sowohl das Individuum als auch die gesamte Population eines Landes, einer Region oder der Welt im Modus der Krise. Menschen verlieren in diesem Rahmen Sicherheiten und Routinen und damit auch Gewohnheiten im Umgang mit sich selbst und ihrer unmittelbaren Umgebung. Betrachtet man die aktuellen globalen Krisen, nennen viele Menschen den Klimawandel, die Energiekrise, die Kriege in Syrien und der Ukraine, aber auch die damit einhergehenden Flüchtlingsströme, als besonders bedrohlich (Statista Research Department, 03.03.2023). Viele Menschen reagieren auch auf globale Krisen mit den biologisch verankerten Formen der Gefahrenabwehr: Kampf, Flucht oder Erstarren. Jedoch helfen weder Aggressionen noch Panik, Rückzug oder Erstarren bei der Bewältigung komplexer globaler Krisen und den damit verbundenen Verunsicherungen. Zur Lösung von globalen Krisen braucht es jedoch ein Umdenken und kreative Neuorientierungen. Der Abenteurer und Psychiater Bertrand Piccard drückt es bildlich aus: »Wir müssen unsere Reisehöhe und Richtung ändern, um nach neuen Möglichkeiten zu suchen, die uns aus der Krise führen können«.

Eltern stehen in globalen Krisen vor vielfältigen Herausforderungen. Risikofaktoren für ein vermehrtes Belastungs- und Inkompetenzerleben beeinflussen die Elternrolle und damit die Interaktionen zwischen Eltern und Kinder. Bei vielen Eltern nehmen Ängste und ein Gefühl der Hilflosigkeit zu, während das Gefühl, den Bedürfnissen der Kinder gerecht werden zu können, abnehmen können. Vermehrte Hilflosigkeit und Stress innerhalb der Familie können dabei die Folge sein.

3 Krieg, Flucht und Vertreibung

3.1 Fallbeispiele

Fallbeispiel 1

Familie A. flüchtete vor einem Jahr aus der Türkei. Sie haben 2 Kinder (ein Mädchen, 2-jährig und einen Jungen, 4-jährig). Ursprünglich stammen beide Elternteile aus Afghanistan, flohen aber aufgrund des Krieges in Afghanistan zu Verwandten in der Türkei. Sie waren noch minderjährig als sie verheiratet wurden. Mit 17 Jahren entband Frau A. ihren Sohn. Aufgrund von zunehmender Gewalt durch die Verwandten, verließen Herr und Frau A. die Türkei und flohen nach Europa. Während der Flucht wurden beide Eltern mehrfach Opfer von körperlicher Misshandlung. Familie A. lebt unter sehr prekären Bedingungen in einer ländlichen Region. Wiederholt erfahren sie Ausgrenzung und Ungleichbehandlung. Der Verlust enger Familienmitglieder, Heimat und Kultur ist für Familie A. sehr belastend. Bei ihrem Sohn wurde eine emotional-soziale Entwicklungsstörung festgestellt. Mutter und Tochter leiden an verschiedenen psychosomatischen Beschwerden. Beide Eltern wirken sehr verzweifelt und hilflos. Sie haben nicht das Gefühl, dass sie in ihrer neuen Heimat willkommen sind. Gleichzeitig wissen sie, dass sie in ihre alte Heimat nicht zurück können.

Fallbeispiel 2

Frau B. wird zusammen mit Ihrem Sohn P. (5 Jahre) in der akutpädiatrischen Abteilung einer Kinderklinik aufgenommen. P. wird dort wegen unklaren Bauch- und Ohrenschmerzen untersucht. Dem behandelnden Team fiel die Mutter-Kind-Interaktion auf. P. zeige übermäßig starke Wutausbrüche mit fremd- und autoaggressivem Verhalten und seine Mutter schaue oft nur teilnahmslos zu. Sie könne das Schreien und Toben Ihres Sohnes nicht aushalten und sei in großer Panik, wenn er so starke Emotionen zeige. Frau B. flüchtete aus einem Bürgerkriegsland und sei während der Flucht vergewaltigt worden, was zur Schwangerschaft mit P. führte. Frau B. leide selbst an chronischen Schmerzen und fühle sich von den Ärzten nicht ernst genommen. Auch gegen die Schmerzen Ihres Sohnes würde ihrer Ansicht nach keiner etwas unternehmen. Insgesamt wirkt Frau B. ausgesprochen affektflach und hoffnungslos. Bedingt durch den Schlafmangel und ihre Schmerzen habe sie kaum noch die Kraft, den Alltag mit P. zu bewältigen. Häufig ertappe sie sich dabei, wie sie vor Erschöpfung, Verzweiflung und Wut am liebsten um sich schlagen möchte. Sie sei nur noch wegen P. am Leben.

3.2 Zusammenfassung des wissenschaftlichen Kenntnisstandes

3.2.1 Hintergründe und Zahlen

Gemäß dem Mid-Year Trends Report des UNHCR (2022) beträgt die aktuelle Zahl der gewaltsam vertriebenen Menschen für das Jahr 2022 weltweit rund 103 Millionen. Diese Zahl umfasst Flüchtlinge, Asylsuchende, Binnenvertriebene und andere schutzbedürftige Menschen. Für die meisten Menschen eine unvorstellbare Zahl, die vor zehn Jahren niemand erwartet hätte. Der Hauptgrund für diesen schnellen Anstieg ist die russische Invasion in der Ukraine. Mitte 2022 sind etwa 5,4 Millionen Ukrainerinnen und Ukrainer in andere Länder geflüchtet und 6,3 Millionen Binnenvertriebene. Gründe für die hohen Flüchtlingszahlen weltweit sind kriegerische Auseinandersetzungen, politische Verfolgung, Unterdrückung, Umweltkatastrophen oder wirtschaftliche Not.

3.2.2 Traumata und Belastungsfaktoren bei geflüchteten Eltern

Es gibt kaum eine Bevölkerungsgruppe, die mit so vielen Belastungsfaktoren und potenziell traumatischen Ereignissen wie Krieg, Haft und Folter konfrontiert sind, wie Flüchtlinge aus Kriegsgebieten. Die Flucht selbst geht häufig mit akut lebensbedrohlichen Situationen einher. Außerdem lassen Eltern, die aufgrund von Krieg fliehen mussten, vieles zurück. Auf ihrer Flucht oder in ihrem Herkunftsland haben sie oft schreckliche Dinge erlebt. Eltern und Kinder können in Folge der traumatischen Erlebnisse eine Traumafolgestörung entwickeln. Eine mögliche Traumafolgestörung ist die sogenannte Posttraumatische Belastungsstörung (PTBS). Sie ist durch anhaltende Symptome wie z.B. unwillkürlich vor dem inneren Auge auftauchende Bilder, von traumatischen Szenen, sogenannte »Flashbacks«, gekennzeichnet. Diese können wachgerufen werden durch plötzliche Reize, wie Geräusche oder Gerüche, die mit traumatischen Erinnerungen verbunden sind. Starker psychischer und körperlicher Stress sind die Folge. Weitere Symptome einer PTBS sind ständige Anspannung, Reizbarkeit, Schlafproblemen und Konzentrationsschwierigkeiten. Auch Depressionen, Angststörungen, Konsum von Alkohol oder Drogen oder ein erhöhtes Suizidrisiko können mit dem Krankheitsbild einhergehen.

> **Definition Trauma**
>
> Ein Trauma ist ein furchterregendes Ereignis in der Vergangenheit mit Auswirkungen bis in die Gegenwart/Zukunft. Es bezeichnet eine tiefgreifende seelische Verletzung, die psychische und körperliche Beschwerden zur Folge haben kann (Liedl, Schäfer & Knaevelsrud, 2013).

3.2.3 Die Lebenssituation und Stressfaktoren geflüchteter Eltern

Im Aufnahmeland setzen sich die häufigen Belastungen der Eltern fort: Unsichere Aufenthaltsbedingungen, Beschäftigungslosigkeit, prekäre Wohnverhältnisse und die Herausforderung, sich in einer fremden Kultur integrieren und eine neue Sprache erlernen zu müssen (Atrooz et al., 2022). Ein unsicherer Aufenthaltsstatus, Probleme bei der gesellschaftlichen und sprachlichen Integration, Verlust oder Trennung von Angehörigen und prekäre Wohnverhältnisse erzeugen in vielen geflüchteten Familien erheblichen Stress.

3.2.4 Psychische Probleme und Erkrankungen bei geflüchteten Eltern

Diese Vielzahl an Belastungsfaktoren erhöht das Risiko für psychische Erkrankungen bei den Eltern erheblich. Es erstaunt daher nicht, dass sich bei Eltern mit Fluchterfahrungen eine hohe Prävalenz psychischer Störungen findet. So konnte eine aktuelle Metaanalyse von Nguyen, Guajardo, Sahle, Renzaho, and Slewa-Younan (2022) zeigen, dass bei den 4.873 untersuchten syrischen Flüchtlingen, die in die Metaanalyse einbezogen wurden, die gepoolte Gesamtprävalenzrate für Angststörungen bei 40 % und für Depressionen und Traumafolgestörungen jeweils bei 31 % lag. Damit lagen die Prävalenzraten für die häufigsten psychischen Störungen bei erwachsenen syrischen Flüchtlingen deutlich höher als die in der Allgemeinbevölkerung, welche in der deutschen Allgemeinbevölkerung bei unter 3 % liegt (Maercker, Hecker, Augsburger & Kliem, 2018). Es muss also festgehalten werden, dass psychische Störungen bei Kriegsgeflüchteten um ein Vielfaches erhöht sind (Richa et al., 2020), wobei neben Traumafolgestörungen vor allem die Angststörungen und depressive Störungen sehr häufig auftreten. Insgesamt dürften mehr als 50 % der Geflüchteten unter irgendeiner psychischen Störung leiden (Bundesweite Arbeitsgemeinschaft der Psychosozialen Zentren für Flüchtlinge und Folteropfer – BAfF e.V., 2022). Das Risiko für Traumafolgestörungen bei Geflüchteten ist also vielfach dokumentiert. Traumatisierungen mit den möglichen Begleitsymptomen (u. a. Panikattacken, Schlafstörungen, Konzentrationsstörungen, Depressionen, Angststörungen und Suizidalität) können grundsätzlich alle geflüchteten Menschen, die potenziell traumatisierenden Erlebnissen ausgesetzt waren, also auch Eltern und Kinder, betreffen. Dabei sind in vielen geflüchteten Familien psychische

Erkrankungen und die begleitenden Symptome besonders stark stigmatisiert. Häufig suchen traumatisierte und psychisch erkrankte Eltern deshalb lange Zeit keine psychotherapeutische Hilfe für sich und ihre Kinder.

3.2.5 Strukturelle Veränderungen im Gehirn

Frühe aversive Erfahrungen können zu strukturellen Veränderungen in verschiedenen Gehirnregionen bei Kindern und Erwachsenen führen. Jüngste Forschungen mit bildgebenden Verfahren haben signifikante strukturelle Veränderungen bei Menschen mit Posttraumatischen Belastungsstörungen nach traumatischen Erfahrungen in der Kindheit festgestellt (Killion & Weyandt, 2020). Dabei zeigten sich die auffälligsten Unterschiede im Gesamthirnvolumen, im Hippocampus, in der Amygdala, im Corpus callosum und im Kleinhirn. Diese hirnorganischen Veränderungen sind mit der Stressverarbeitung und der Emotionsregulation assoziiert und können mit einer Vielzahl psychiatrischer Komorbiditäten einhergehen. Vor allem reduzierte Volumina des Hippocampus und Amygdala, welche für Erinnerungen und emotionale Reaktionen verantwortlich sind, wurden in verschiedenen Studien mit traumatisierten Patienten gefunden. So wiesen in einer Studie an 12–14-jährigen Jugendlichen jene Teilnehmer, die während ihrer frühesten Kindheit Vernachlässigung erfahren mussten, ein reduziertes Volumen des präfrontalen Cortex und des Hippocampus auf (Hodel et al., 2015). Je länger die Jugendlichen unter deprivierenden Bedingungen gelebt hatte, desto geringer war das Hippocampusvolumen (Ahmed-Leitao et al., 2019).

Es wird angenommen, dass solche strukturellen Veränderungen im Gehirn die Symptome, welche infolge von Traumatisierungen und extremen Stresserfahrungen auftreten, erklären (Yabuki & Fukunaga, 2019). Neuroimaging-Studien mit PTBS-Patienten haben auch eine Hypoaktivität im Frontallappen, im vorderen Cingulum und im Thalamus festgestellt, was die negativen Auswirkungen von Traumatisierungen auf die Exekutivfunktionen, die Aufmerksamkeit und weitere kognitive Funktionen unterstreicht. Im Gegensatz dazu geht die Hyperaktivierung der temporalen und limbischen Strukturen offenbar mit verstärkter Erregung, Hypervigilanz und einer übermäßigen Konsolidierung des traumatischen episodischen Gedächtnisses sowie intrusiven traumatische Erinnerungen einher. Patienten, die an Traumafolgestörungen leiden, weisen zudem eine verringerte Thalamus-Aktivierung auf, was mit Beeinträchtigungen der somatosensorischen, kognitiven und interhemisphärischen Integration von Informationen einhergeht (Yabuki & Fukunaga, 2019). Angesichts der zentralen Rolle des Thalamus als Verbindungsglied zwischen den verschiedenen neuronalen Strukturen kann eine verminderte Thalamus-Aktivierung zu einer Vielzahl von funktionellen Beeinträchtigungen führen (Tomalski & Johnson, 2010):

1. Störung der somatosensorischen Integration, was zu einer Fragmentierung von Geruchs-, Hör- und Geschmackserinnerungen, visuellen Flashbacks und störenden kinästhetischen Empfindungen führen kann;

2. Versagen der kognitiven Integration, was mit einem negativen Selbstbild einhergehen kann;
3. Versagen der Gedächtnisintegration, was sich in einem übermäßig konsolidierten episodischen Gedächtnis in Verbindung mit einem gestörten semantischen Gedächtnis äußern kann und
4. Versagen der hemisphärischen dynamischen Integration, was zu einer ausgeprägten hemisphärischen Lateralität und einer damit einhergehenden hyperemotionalen Aktivierung des Nervensystems führen kann.

3.2.6 Folgen der Traumatisierungen auf das Familiensystem

Eine Traumafolgestörung, wie beispielsweise eine Posttraumatische Belastungsstörung (PTBS), geht mit Symptomen von Übererregung, Hypervigilanz, erhöhter Reizbarkeit, Wutausbrüchen oder Schreckhaftigkeit einher. Solche Symptome können negative Effekte auf die elterliche Erziehungskompetenzen und die Beziehung der Eltern zu ihrem Kind haben (Kelstrup & Carlsson, 2022; Kumar, Franz, Brock & DiLillo, 2020). Aber auch zwischen den Elternteilen selbst kann es aufgrund der Traumatisierung und den damit einhergehenden Symptomen zu gravierenden Beziehungsproblemen mit verbalen und körperlichen Auseinandersetzungen kommen (Rizkalla & Segal, 2019). Weiterhin ist der übermäßige Konsum von Alkohol zur Bewältigung der Symptome der Traumafolgestörung ein häufiges Symptom (Kline et al., 2014), was wiederum ein Risikofaktor für innerfamiliäre Gewalt und ungünstige Erziehungsstrategien ist (Mayshak et al., 2022). Kinder aus Flüchtlingsfamilien entwickeln häufig, aufgrund von Traumatisierungen im Heimatland und durch die Flucht selbst, gravierende kognitive und sozioemotionale Störungen (Witt, Rassenhofer, Fegert & Plener, 2015). Dieses Risiko ist vor allem dann erhöht, wenn Eltern aufgrund eigener Traumata nicht in ausreichendem Maße eine sichere und förderliche Erziehungsumwelt bieten können.

3.2.7 Rollenkonflikte und neue Erziehungsnormen

Die Einwanderung in ein Land, in dem andere Erziehungsnormen gelten, und die daraus resultierenden Veränderungen der Familienstrukturen, -dynamik und -rollen können geflüchtete Eltern vor große Herausforderungen stellen (Nauck & Lotter, 2015). Ein weiteres Problemfeld, welches geflüchtete Eltern und ihre Kinder betrifft, sind Rollenkonflikte. Viele Kinder übernehmen, da sie oft schneller und besser die Landessprache beherrschen als ihre Eltern, für diese Dolmetscherdienste bei Behördengängen oder Arztbesuchen. Auch Loyalitätskonflikte zwischen Eltern und Kindern sind nicht selten. Häufig integrieren sich die Kinder schneller in der neuen Heimat und übernehmen entsprechend Werte und Gebräuche des Aufnahmelandes. Die Eltern sind jedoch teilweise noch lange Zeit sehr eng mit ihrer Heimat und den dortigen Traditionen verwurzelt, was insbesondere bei Mädchen zu starken Konflikten führen kann (Deng & Marlowe, 2013).

Bei kriegstraumatisierten Eltern finden Studien häufiger ungünstige Erziehungsstrategien mit einem Mangel an emotionaler Fürsorge und Gewalt in der

Erziehung (Cuartas, Grogan-Kaylor, Ma & Castillo, 2019; Rubenstein, Lu, MacFarlane & Stark, 2020; Saile, Neuner, Ertl & Catani, 2013). Aufgrund eigener Traumatisierungen durch Krieg oder Flucht und damit einhergehenden Defiziten in der Emotionsregulation und erlebter Hilflosigkeit zeigen solche Eltern oft einen unangemessenen Umgang mit ihren schwer belasteten Kindern, die vielfach selbst Verhaltensauffälligkeiten oder emotionale Schwierigkeiten haben. Eine Folge der elterlichen Überforderung kann das Androhen oder Ausüben von Gewalt bei kindlichen Aggressionen sein. Solche Reaktionen treten besonders dann auf, wenn die Eltern selbst in ihrer Kindheit wenig positive Erziehungsstrategien erfahren haben und nun aufgrund der chronischen fluchtbedingten Stressbelastung nicht auf automatisierte Verhaltensmuster zurückgreifen können. Erkenntnisse der Kauai Longitudinal Study (Werner & Smith, 1992), einer Langzeitstudie zu Risikofaktoren der kindlichen Entwicklung, weisen deutlich darauf hin, dass familiäre Risikokonstellationen, welche von unzureichender emotionaler Zuwendung geprägt waren, als besonders kritisch für die sozio-emotionale Entwicklung angenommen werden müssen. Zu diesen Faktoren zählen vor allem häufige Wechsel von Bezugspersonen aufgrund familiärer Notlagen oder psychische Erkrankungen von Eltern (inkl. Substanzmissbrauch). Insbesondere die Kombination aus wenig bedürfnisorientierter und wenig Halt gebender Elternschaft und körperlicher Kindesmisshandlung kann sowohl zu Bindungsdefiziten als auch zu Posttraumatischen Belastungsstörungen bei Kindern führen (Minnis, Marwick, Arthur & McLaughlin, 2006).

Wie in der folgenden Abbildung (▶ Abb. 3.1) im Überblick dargestellt, werden die oben beschriebenen neuroanatomisch bedingten Zusammenhänge zwischen Traumatisierungen der Eltern (und Großeltern) und emotionalen bzw. Verhaltensproblemen der Kinder durch gesellschaftliche, individuelle und familiäre Faktoren beeinflusst.

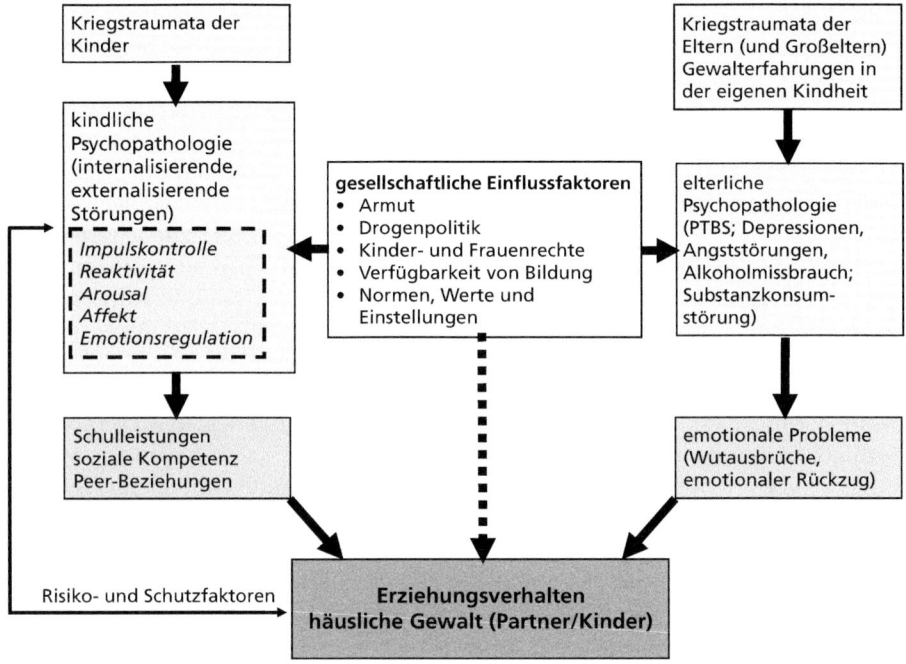

Abb. 3.1: Zusammenhänge zwischen gesellschaftlichen, individuellen und familiären Faktoren mit Gewalt in der Familie (nach Catani, 2016)

3.2.8 Schutzfaktoren

Auf der anderen Seite konnten aktuelle Forschungsarbeiten aber auch zeigen, dass ein positives familiäres Umfeld mit liebevollen und unterstützenden Erziehungsstrategien der Eltern, ein fundamentaler Schutzfaktor für die Kinder darstellt. So zeigte sich in einer Studie von Sriskandarajah, Neuner und Catani (2015), dass ein hohes Ausmaß an elterlicher Fürsorge die negativen Auswirkungen von Kriegstraumatisierungen auf die psychische Gesundheit von Kindern deutlich reduzierte. Positive Erziehungspraktiken konnten sowohl aggressives Verhalten als auch emotionale Belastungen und Ängste von Kindern, welche Traumata erlebt hatten, reduzieren (Havighurst, Murphy & Kehoe, 2021; Williamson et al., 2017). Eine liebevolle und unterstützende Beziehung kann also die Stressbelastung eines Kindes reduzieren und zum Aufbau einer grundlegenden Widerstandsfähigkeit bzw. Resilienz beitragen (Shonkoff et al., 2012). Nicht alle Kinder, die mit kriegerischen Konflikten und Flucht konfrontiert sind, entwickeln auch psychische Auffälligkeiten (Dempsey, 2020). Die Auswirkungen von Traumatisierungen im Kontext von Krieg und Vertreibung können sehr unterschiedlich ausfallen. In erster Linie hängt dies von der emotionalen Verfassung der Eltern deren Verfügbarkeit für ihre Kinder ab. Eine konsequente, vorhersehbare und qualitativ hochwertige Betreuung kann die psychosozialen Auswirkungen von Konflikten und Katastrophen lindern, wenn Kindern ein Gefühl von Normalität, Stabilität, Struktur und Hoffnung vermittelt wird. Jedoch brechen in kriegerischen Auseinandersetzungen Betreuungs- und Bildungsinfrastrukturen als erstes weg. Gleichzeitig fließen nur etwa 3 % der Gelder für humanitäre Krisen in die Bildung und ein noch geringerer Anteil von diesen Geldern werden zur Förderung elterlicher Kompetenzen und Schutzfaktoren eingesetzt (Richter et al., 2017).

Eine liebevolle Familie, positive gemeinsame emotionale Interaktionen mit den Eltern, soziale Unterstützung und ein Gemeinschaftsgefühl in schwierigen Zeiten tragen jedoch entscheidend zur Bewältigung akuter Krisen und zur Verarbeitung von negativen Erlebnissen bei. Dies wiederum fördert die psychische Gesundheit und die schulischen Leistungen von betroffenen Kindern (Daud, af Klinteberg & Rydelius, 2008). So zeigte beispielsweise Barber (2001, 2008), dass junge palästinensische und auf dem Balkan aufgewachsener Kinder durch positive Beziehungen zu den Eltern vor negativen Auswirkungen von Gewalterfahrungen geschützte wurden. Kinder, deren Eltern einen positiven Erziehungsstil pflegten und emotional verfügbarer waren, erwiesen sich als widerstandsfähiger, waren kreativer und leistungsfähiger (Punamaki, Qouta & El-Sarraj, 2001). Beängstigende Ereignisse wurden von den Kindern besser bewältigt, wenn sie auf liebevolle, schützende und ansprechbare Eltern als sichere Basis zurückgreifen konnten. Massad et al. (2009) untersuchten die psychische Gesundheit von Kleinkindern im Gazastreifen und stellten fest, dass Kinder, deren Mütter einen höheren formalen Bildungsabschluss hatten und deren Eltern insgesamt psychisch stabiler waren, eine höhere psychische Resilienz aufwiesen. Zu einem ähnlichen Befund kommen auch Massad et al. (2018), welche bei Kindern, die in der frühen Kindheit von einem fürsorglichen und verfügbaren Elternteil betreut werden, bessere Stressbewältigungskapazitäten feststellten. Auf der anderen Seite fanden Berg, Brendler-Lindquist, de Montgomery, Mittendorfer-Rutz, and Hjern (2022), dass sich Symptome einer Traumafolgestörung bei geflüchteten Eltern negativ auf die schulischen Leistungen ihrer Kinder auswirken.

3.2.9 Therapeutische Ansätze zur Förderung der psychischen Gesundheit geflüchteter Eltern

Entsprechend dieser Befunde benötigen Eltern, die von Krieg, Flucht und Vertreibung betroffen sind, besondere Unterstützungssysteme, die speziell auf die Förderung elterlicher Erziehungskompetenzen und die emotionale Unterstützung von Kindern ausgerichtet sind. Dies erfordert geeignete kultursensitive Programme, welche die besonderen Bedürfnisse von Eltern und Familien berücksichtigt. Durch eine spezifische Unterstützung elterlicher Fähigkeiten wird ein wichtiger Beitrag zur Resilienzförderung der ganzen Familie geleistet, der die negativen Auswirkungen von Traumatisierungen reduzieren oder sogar verhindern kann. Die Unterstützung gesunder Familienstrukturen kann Eltern und Kindern helfen, die Folgen von Gewalt, Krieg und Konflikten besser zu verarbeiten und psychisch gesund zu bleiben.

3.3 Zusammenfassung

> Viele Eltern, welche mit ihrer Familie vor Krieg oder Hunger fliehen, müssen vieles in ihrer Heimat zurücklassen und machen oftmals traumatische Erfahrungen vor oder während ihrer Flucht. Eltern und Kinder können in Folge dieser traumatischen Erlebnisse eine Traumafolgestörung entwickeln. Traumafolgestörungen gehen mit schwerwiegenden Symptomen einher. Diese wiederum können sich negativ auf das elterliche Erziehungsverhalten auswirken. Eine liebevolle und unterstützende Beziehung der Eltern zu ihren Kindern kann jedoch die Stressreaktionen eines traumatisierten Kindes reduzieren und damit zum Aufbau einer grundlegenden Widerstandsfähigkeit bzw. Resilienz beitragen. Entsprechend sollten insbesondere traumatisierte geflüchtete Eltern in Hinblick auf förderliche Erziehungsstrategien unterstützt werden.

3.4 »Therapeutischer Werkzeugkoffer«

3.4.1 Grundsätzliches

Sicherheit schaffen – Vertrauen aufbauen

Traumata können nur in einer sicheren Umgebung heilen. Deshalb muss unter allen Umständen versucht werden, für geflüchtete Eltern bzw. Familien eine sichere und stabile Umgebung zu schaffen. Dies bedeutet konkret für geeigneten Wohnraum zu sorgen, den Aufenthaltsstatus zu klären und für die Grundbedürfnisse nach Nahrung und Kleidung zu sorgen. Auch ist der Aufbau von Vertrauen zum Helfersystem bzw. Therapeuten wichtig. Viele Eltern haben in ihrem Herkunftsland oder auf der Flucht Willkür und Gewalt erlebt. Oft stammen die Familien aus Ländern, in denen Andersdenkende verfolgt, gefoltert oder sogar getötet werden. Daher ist es oft ein längerer Prozess für geflüchtete Eltern, Vertrauen zum Helfersystem aufzubauen. Entsprechend sollten sich Therapeuten auch unbedingt darauf einstellen, dass die Arbeit und vor allem die erste Phase des Beziehungsaufbaus Zeit und viel Geduld braucht.

Tagesstruktur und Routinen aufbauen

Der Aufbau von Tagesstrukturen und Routinen ist ein ausgesprochen wichtiger Faktor zur Bewältigung von traumatischen Erfahrungen und zur Stressreduktion von Eltern und ihren Kindern. Beim Aufbau einer Tagesstruktur und sozialer Kontakte helfen Kita-, Kindergarten- oder Schulbesuche für die Kinder und Sprach- oder Integrationskurse für die Eltern. Deshalb kann die Organisation aller Formen der Kinderbetreuung eine wichtige Stütze für die Eltern und ihre Kinder sein. Im Rahmen des oftmals unsicheren Rahmens, in dem sich viele Familien nach ihrer Flucht in der neuen Heimat befinden, entlastet eine Tagesstruktur die Eltern, gibt ihnen Zeit zur Bewältigung der Fluchterfahrungen und ermöglicht dem Kind in einem positiven sozialen Umfeld wieder Kind sein zu dürfen.

Kulturelle Besonderheiten beachten

Der Therapeut sollte an der realen Alltagswelt geflüchteter Eltern, die eine Vielzahl von Einschränkungen und Sonderregelungen mit sich bringt, aber auch an ihren Werten und Erziehungsvorstellungen, die sich oft von den eigenen Werten unterscheiden, interessiert sein. In der Beratung und Therapie mit geflüchteten Eltern ist es deshalb von großer Bedeutung, gewisse Kenntnisse über deren kulturelle Gewohnheiten und soziale Aspekte ihres Lebens im Herkunftsland zu haben. Beispielsweise unterscheiden sich Schlaf- und Ernährungsgewohnheiten oft erheblich. Sollten Therapeuten unsicher sein hinsichtlich gewisser kultureller Gewohnheiten oder Normen, können solche Themen im therapeutischen Gespräch aufgegriffen und nachgefragt werden (vgl. Kasten).

Hilfreiche Fragen zum besseren Verständnis kultureller Normen und Werte von Eltern

- »Wen würden Sie in ihrer Heimat in dieser Situation um Rat fragen? Was würde diese Person ihnen nun raten?«
- »Was ist Ihnen wichtig, was heute hier passieren sollte?«
- »Was möchten Sie für sich/für Ihr Kind erreichen?«
- »Was wünschen Sie sich von uns?«

Dabei sollte sich der Therapeut gewahr sein, dass die Antworten auf die Fragen (vgl. Kasten) nicht den eigenen Vorstellungen entsprechen. So unterscheiden sich Eltern beispielsweise sehr stark in ihren Erziehungszielen je nachdem ob sie aus einer individualistischen oder kollektivistischen Gesellschaft (▶ Tab. 3.1) stammen. Entsprechend ist die Erziehung zur Selbstständigkeit, welche von vielen Eltern in westlichen Gesellschaften als ein wichtiges Erziehungsziel betrachtet wird, bei Eltern aus kollektivistischen Gesellschaften weitaus weniger im Fokus der Erziehung. Die Einordnung in die Gemeinschaft steht über der individuellen Entfaltung. Entsprechend erhält die Selbstständigkeit eines Kindes auch eher eine negative Konnotation. In der therapeutischen Praxis kann es deshalb sinnvoll sein, mit praktischen Beispielen zu arbeiten (»XY kann noch nicht allein essen/zu Schule gehen etc. Wie geht es Ihnen im Alltag damit, z. B., wenn Sie einmal in Eile sind oder keine Zeit haben?«).

Tab. 3.1: Haltungen und Wertvorstellungen in kollektivistischen und individualistischen Kulturen (in Anlehnung an Gavranidou & Abdallah-Steinkopff, 2007)

kollektivistisch	individualistisch
Ziel der Erziehung: Teil einer Gruppe werden.	Ziel der Erziehung: ein autonomes Individuum zu werden.
Menschen leben in Großfamilien oder anderen Gemeinschaften	Mensch leben allein oder in der direkten (Kern-)Familie.
Die Gemeinschaft bietet Schutz und erhält im Gegenzug Loyalität.	Es wird eine gewissen Unabhängigkeit und Selbstverantwortung erwartet.
Die eigene Identität ist im sozialen Netzwerk begründet, dem man angehört.	Die Identität ist im Individuum begründet.
Kinder lernen in »Wir« Begriffen zu denken.	Kinder lernen in »Ich« Begriffen zu denken.
Man sollte immer Harmonie bewahren und direkte Auseinandersetzungen vermeiden.	Seine Meinung zu äußern ist Kennzeichen eines aufrichtigen Menschen.
Übertretungen führen zu Beschämung und Gesichtsverlust für einen selbst und die Gruppe	Übertretungen führen zu Schuldgefühl und Verlust an Selbstachtung.

Therapeuten erreichen viele Flüchtlingseltern zu Erziehungsthemen nur, wenn sie viel nachfragen, versuchen die elterlichen Erziehungsnormen in die aktuelle Lebenssituation einzuordnen und mögliche Diskrepanzen und Probleme herauszuarbeiten. Das bedeutet, eigene Wertvorstellungen, die wir für selbstverständlich erachten, infrage zu stellen, ohne eigene Werte grundsätzlich abzulegen. Normen müssen immer in der entsprechenden Kultur betrachtet werden, da sich sowohl unsere eigenen als auch fremde Wertvorstellungen zur jeweiligen Kultur passend entwickelt haben. Beispielsweise stammen die meisten Flüchtlingsfamilien aus Kulturen, in welchen u. a. Erwachsene als »Respektspersonen« gelten und deshalb oft auch ein sehr autoritärer Erziehungsstil präsent ist. Dies schließt häufig die Anwendung körperlicher Bestrafung ein, was im Widerspruch zu unseren Werthaltungen steht, in denen eher autoritative Erziehungsstile vorgezogen werden und in denen Kinder ein Recht auf gewaltfreie Erziehung haben.

Erziehungskompetenzen stärken

Da insbesondere bei traumatisierten Familien mit Fluchterfahrung eine warme, liebevolle Erziehung, welche die psychischen Symptome der Kinder einzuordnen und aufzufangen weiß, unabdingbar ist, fordert z. B. UNHCR (N. Williams, 2012) bereits seit längerem, die Erziehungskompetenz von Flüchtlingseltern zu unterstützen und entsprechende Trainings anzubieten. Ziel sollte dabei sein, den Eltern positive Erziehungsfertigkeiten zu vermittelt, die ihnen trotz eigener traumatischer Erfahrungen helfen können, mit den herausfordernden Symptomen ihres Kindes angemessen umzugehen. Eine Verbesserung der Alltagsbewältigung durch Anpassung von Erziehungsstrategien ist deshalb so wichtig, da die Eltern die wichtigsten

Bezugspersonen und oftmals auch für lange Zeit die einzigen Unterstützungspersonen bei der Bewältigung der kindlichen Traumatisierung sind. Deshalb sollte von therapeutischer Seite aus alles versucht werden, dass die Familie ein sicherer und stabiler Ort für die Kinder und Jugendliche ist und bleibt. Dies impliziert insbesondere die Förderung gewaltfreier und Sicherheit gebender Erziehungsstrategien der Eltern. Die Bewältigung traumatischer Erlebnisse durch die Kinder und Jugendliche gelingt am besten, wenn diese in einer von Sicherheit und Verlässlichkeit geprägten Umgebung leben, in der zugleich klare Regeln definiert und Grenzen gesetzt werden. Deshalb sollte Eltern mit Fluchtbelastung die Grundzüge der »positiven« Erziehung bzw. eines autoritativen Erziehungsstils vermittelt werden. Die Eltern brauchen eine vielfältige, nachhaltig wirksame Unterstützung.

Weiterhin ist es hilfreich den Eltern die im Rahmen einer Psychoedukation den Zusammenhang zwischen Traumatisierungen und »schwierigen Verhaltensweisen« des Kindes, also bestimmten Folgesymptomen aufzuzeigen, um das Verständnis für das Verhalten des eigenen Kindes zu verbessern.

Traumafolgen behandeln

Sollten die Eltern an einer Traumafolgestörung leiden, ist neben den bereits oben erwähnten Maßnahmen vor allem der möglichst schnelle Zugang zu einer professionellen Behandlung nötig. Hier haben sich insbesondere Methoden der kognitiven Verhaltenstherapie, der Eye Movement Desensitization and Reprocessing (EMDR) oder auch die narrative Expositionstherapie als wirksam erwiesen (Yunitri et al., 2023). Barrieren sind jedoch für viele geflüchtete Eltern mangelnde Sprachkenntnisse und die Tatsache, dass Asylsuchende in den ersten Monaten ihres Aufenthaltes im Aufnahmeland oft nur einen eingeschränkten Anspruch auf Gesundheitsleistungen haben.

Emotionsregulation fördern: für Eltern und Kind

Um Eltern zu stärken, die Erfahrungen der Flucht und die damit verbundenen Begleiterscheinungen besser zu bewältigen, ist es förderlich, Strategien zur Emotionsregulation zu vermitteln. Hier eignen sich besonders Imaginations- und Atemübungen.

Aktivierung von Eltern und Kindern

Geschichtenerzählen, Singen, Seilspringen, Rollenspiele, Aktivitäten in der Natur wie beispielsweise Gartenarbeit und Wandern, aber auch Sportarten, Musik und Kunst, Schreib- und Zeichenübungen können helfen, die psychischen Belastungen von geflüchteten Eltern und ihren Kindern zu verringern (Gupta & Zimmer, 2008). Eltern profitieren davon, wenn sie positive Interaktionen mit ihren Kindern erleben (Shonkoff, 2015). Dabei haben sich Maßnahmen zur Verbesserung der Sensitivität und Mentalisierungsfähigkeit zur Steigerung des Selbstwerts und des Wohlbefindens als besonders gut geeignet erwiesen.

3.4.2 Schlafhygieneregeln

Eine gute Schlafqualität ist elementar für die psychische und körperliche Gesundheit, denn Schlaf hält den Körper in einem gesunden Gleichgewicht. Mittels Schlafhygiene können Eltern einen guten und erholsamen Schlaf bei sich und ihren Kindern unterstützen. Es geht nicht darum, jede Regel penibel einzuhalten – sondern diese »Schlafprinzipien« im Hinblick auf eigene Gewohnheiten zu überprüfen und nach Möglichkeit zu befolgen. Im Folgenden werden einfache Schlafhygienemaßnahmen vorgeschlagen.

Optimieren Sie Ihre Schlafumgebung

Achten Sie auf die richtige Schlaftemperatur. Ein Richtwert ist eine Temperatur von etwa 18 °C. Helles Licht verkürzt die Schlafdauer, weil Serotonin ausgeschüttet wird und das Schlafhormon Melatonin unterdrückt. Dunkeln Sie deshalb das Zimmer ab, damit Sie besser einschlafen bzw. länger am Morgen schlafen können.

Reduzieren Sie Ihre Mediennutzung

Das Licht von Smartphones und Tablets ist genauso hinderlich für den Schlaf wie Tageslicht, da viele Displays einen hohen Blaulichtanteil ausstrahlen. Zudem können ankommende Nachrichten den Schlaf unterbrechen oder die Gedanken, welche sich noch mit den Inhalten der Mediennutzung beschäftigen, können den Schlaf stören. Wer auf das Smartphone am Bett nicht verzichten kann, sollte den »Nachtmodus« nutzen, da dieser das kurzwellige Blaulicht reduziert.

Kommen Sie zur Ruhe

Aufwühlende Tätigkeiten vor dem Schlafengehen können ebenfalls das Einschlafen stören. Dazu zählen, wie bereits oben beschrieben, die Nutzung digitaler Medien, aber auch Computerspiele oder das Schauen von Nachrichten. Dabei kann Stress entstehen, sodass der Puls, der Blutdruck oder die Atemfrequenz steigen oder sich Gedanken zu kreisen beginnen, was wiederum verhindert, dass Sie zur Ruhe kommen. Setzen Sie lieber auf Meditationsübungen oder lesen Sie ein Buch. Durch regelmäßige zu-Bett-geh-Zeiten, Entspannungsübungen oder eine Tasse beruhigendem Tee kommen Sie zur Ruhe und schaffen sich ein Ritual, welches beim Einschlafen hilft.

Verzichten Sie nach Möglichkeit auf Alkohol, Koffein und schweres Essen

Zu viel Alkohol und schweres Essen stören den Schlaf während der Nacht, weil der Körper mehr arbeiten muss, um zu verdauen bzw. den Alkohol abzubauen. Sie sollten möglichst nicht direkt vor dem Schlafen essen oder größere Mengen Alkohol zu sich nehmen. Auch Kaffee und koffeinhaltige Softdrinks sind dem Schlaf nicht zuträglich, da sie die Müdigkeit hemmen und damit das Einschlafen hemmen.

Verzichten Sie auf einen Mittagsschlaf

Wer am Abend nicht einschlafen kann, hat möglicherweise noch keinen ausreichenden Schlafdruck, da er am Tag geschlafen hat.

Bewegung Sie sich an der frischen Luft

Durch Bewegung im Tageslicht bzw. an der frischen Luft wird das Müde-werden am Abend zu unterstützt. Sport oder viel Bewegung zu späterer Stunde ist jedoch nicht ratsam, da es eher aktiviert als zur Ruhe kommen lässt.

3.4.3 Imaginations- und Atemübungen

Anleitung zur »Schmetterlingsumarmung[7]«

Ziel: Selbstberuhigung, Wiederherstellung des Kontakts zu sich und der Umgebung
Zielgruppe: Kinder, Jugendliche und Erwachsene
Einsatzmöglichkeiten: Anspannung, Angst, Panik und Irritation
Dauer: 3 bis 5 Minuten

Anleitung für Erwachsene: »Überkreuzen Sie Ihre Arme vor der Brust und legen Sie die linke Hand auf den rechten Oberarm und die rechte Hand auf Ihren linken Oberarm. Klopfen Sie nun abwechselnd mit den Händen auf Ihre Arme. Dabei können Sie Ihre Augen schließen, tief durchatmen und ganz in Ihrem Rhythmus, mit so viel oder so wenig Druck klopfen, wie es für Sie angenehm ist.«

Anleitung für Kinder und Jugendliche: »Überkreuz Deine Arme vor der Brust und lege die linke Hand auf den rechten Oberarm und die rechte Hand auf den linken Oberarm. Klopfe abwechselnd mit den Händen auf Deinen linken und Deinen rechten Arm, links, rechts, links, rechts… Dabei kannst Du Deine Augen schließen, tief durchatmen und ganz in Deinem Rhythmus, so klopfen, wie es für Dich angenehm ist.«

---

7 nach Artigas & Jarero (2014). The butterfly hug. In M. Luber (Ed.), Implementing EMDR early mental health interventions for man-made and natural disasters: Models, scripted protocols, and summary sheets (pp. 127–130). New York, NY: Springer Publishing.

Anleitung für Eltern von Säuglingen: »Halten Sie Ihr Kind mit dem Kopf an Ihrer Brust oder lassen Sie es über Ihre Schultern schauen. Klopfen Sie nun mit Ihren Daumen auf die Schultern des Kindes.«

Anleitung zur Herzkohärenzatmung[8]

Die Herzkohärenzatmung lässt sich definieren als eine Atemübung, die den eigenen Herzrhythmus regulieren, die Herzfrequenzvariabilität erhöhen und die Aktivitäten des sympathischen und des parasympathischen Nervensystems synchronisieren soll. Über den Rhythmus der Atmung kann Einfluss auf das Tempo der Herzschläge genommen werden. Herzkohärenzatmung bedeutet in diesem Sinn, die Variabilität des Abstands zwischen den Herzschlägen zu trainieren.

Ziel: Förderung der Selbstregulation, Stressresistenz, Selbstberuhigung
Zielgruppe: Jugendliche, Erwachsene
Dauer: ca. 5 Minuten
Körperhaltung: Empfohlen wird eine sitzende Position mit einem geraden Rücken

Anleitung:

1. Legen Sie beide Hände übereinander auf die Mitte Ihres Brustkorbs und spüren Sie für einige Sekunden Ihren Herzschlag.
2. Atmen Sie über die Nase ein, wobei sich Ihr Bauch heben sollte, und über den Mund mit gespitzten Lippen aus, wobei sich Ihr Bauch senken sollte.
3. Atmen Sie ruhig weiter und bringen Sie dabei Ihre Atmung mit Ihrem Herzschlag in Einklang, bis sich dieser verlangsamt und stabilisiert.
4. Verlängern sie nun Ihre Ausatmung gegenüber der Einatmung leicht.

Imaginationübung »Innerer sicherer Ort«[9]

Ziel: Erfahrung von Sicherheit und Geborgenheit
Zielgruppe: Jugendliche, Erwachsene
Dauer: ca. 10–15 Minuten
Körperhaltung: Empfohlen wird eine sitzende Position mit aufgestellten Füssen auf dem Boden

---

8 nach McCraty & Tomasino (2006). Coherence-Building Techniques and Heart Rhythm Coherence Feedback: New Tools for Stress Reduction, Disease Prevention and Rehabilitation. In *Clinical Psychology and Heart Disease* (pp. 487–509).
9 Nach Reddemann, L. (2016). Imagination als heilsame Kraft: Ressourcen und Mitgefühl in der Behandlung von Traumafolgen (21. Auflage). Stuttgart: Klett-Cotta

Anleitung:

Nehmen Sie eine bequeme Position ein. Stellen Sie beide Füße auf den Boden und spüren Sie, wo Ihr Körper die Sitzgelegenheit berührt. Suchen Sie sich mit den Augen einen Punkt, auf den Sie schauen möchten oder schließen Sie die Augen – so wie es Ihnen angenehm ist.

Atmen Sie tief durch die Nase ein …. und durch den Mund wieder aus …. Lassen Sie den Atem sanft in ihren Körper hinein- …. und wieder hinausfließen …. Ich zähle jetzt langsam bis 10 …. und mit jeder Zahl …. gehen Sie tiefer in die Entspannung …. so tief, wie es Ihnen angenehm ist.

Atmen Sie tief durch die Nase ein …. und den Mund wieder aus …. Erlauben Sie sich tiefer und tiefer zu sinken …. und loszulassen …. 1 …. loslassen mit jedem Atemzug …. 2 …. tiefer gehen …. 3 …. Gelassenheit …. 4 …. Ruhe …. 5 …. voller Vertrauen …. 6 …. tiefe Entspannung …. 7 …. Frieden …. 8 …. Zuversicht …. 9 …. Loslassen …. 10 …. tiefer …. mit jedem Atemzug …. tiefer und tiefer ….

Lassen Sie nun Gedanken, Vorstellungen oder Bilder aufsteigen von einem Ort, an dem Sie sich ganz wohl und geborgen fühlen. Dies kann ein Ort sein, an dem Sie bereits einmal waren oder ein Ort in Ihrer Fantasie …. Lassen Sie sich Zeit. …. Geben Sie Ihrem Ort eine Begrenzung Ihrer Wahl, die so beschaffen ist, dass nur Sie bestimmen können, welche Lebewesen an diesem Ort, Ihrem Ort, sein sollen, sein dürfen. …. Wenn möglich, rate ich Ihnen, keine Menschen einzuladen, aber vielleicht liebevolle Begleiter oder Helfer, Wesen, die Ihnen Unterstützung und Liebe geben. …… Schauen Sie sich nun an Ihrem Sicheren Ort um …. Prüfen Sie, ob Sie sich mit allen Ihren Sinnen wohl fühlen. …. Prüfen Sie zuerst, ob das, was Ihre Augen wahrnehmen, angenehm für Ihre Augen ist. …. Wenn es noch etwas geben sollte, was Ihnen nicht gefällt, dann verändern Sie es …. Nun überprüfen Sie, ob das, was Sie hören, für Ihre Ohren angenehm ist. …. Wenn nicht, dann verändern Sie es so, dass alles, was Ihre Ohren wahrnehmen, angenehm für Sie ist. …… Sind die Gerüche, die Sie wahrnehmen, angenehm? …. Auch diese können Sie verändern, sodass Sie sich ganz wohl damit fühlen. …. Ist die Temperatur angenehm? …. Wenn nicht, so können Sie diese jetzt verändern. …. Kann Ihr Körper sich so bewegen, dass Sie sich wohl fühlen? …. Wenn nicht, so können Sie dies jetzt verändern …. Wenn noch etwas fehlt, verändern Sie alles so, bis es für Sie ganz stimmig ist …. Wenn Sie sich nun ganz und gar wohl fühlen an Ihrem sicheren Ort, dann können Sie mit sich eine Körpergeste vereinbaren. …. Diese Geste können Sie in Zukunft ausführen und Sie wird Ihnen helfen, zu Ihrem sicheren Ort in der Vorstellung ganz schnell zurückzukehren …. Wenn Sie möchten, können Sie diese Geste jetzt ausführen …. Verweilen Sie noch einen kleinen Moment an ihrem sicheren inneren Ort …. nehmen Sie alle Ruhe, Kraft und Geborgenheit ihres Ortes in sich auf …. Genießen Sie die Ruhe und die Zuversicht noch eine Weile …. (Kurze Phase der Stille).

Atmen Sie noch einmal tief ein …. und wieder aus …. Spüren Sie den Atem, wie er in Ihren Körper hinein …. und wieder hinaufließt …. Richten Sie nun Ihre Aufmerksamkeit auf Ihren Körper …. Spüren Sie Ihre Muskeln …. und kommen Sie langsam zurück in diesen Raum und in das Hier und Jetzt.

Atem-Achtsamkeitsübung für Eltern

Ziel: Reduktion akuter Anspannung, Angst oder Panik
Zielgruppe: Erwachsene
Dauer: ca. 5–10 Minuten
Körperhaltung: Empfohlen wird eine sitzende Position mit einem geraden Rücken

Anleitung:

Achten Sie darauf, dass Sie bequem sitzen, beide Füße den Boden berühren und Ihre Wirbelsäule aufgerichtet ist.

Lassen Sie Ihre Schultern sinken und sich entspannen. Ihre Handinnenflächen sind geöffnet und zeigen nach oben. Wenn es Ihnen angenehm ist, schließen Sie Ihre Augen.

Richten Sie Ihre Aufmerksamkeit auf Ihren Atem.

Nehmen Sie einen tiefen Atemzug durch die Nase. Spüren Sie, wie beim Einatmen die Luft in Ihren Körper hineinströmt und sich Ihre Bauchdecke hebt. Lassen Sie die Atemluft ohne Anstrengung ganz in Bauch und Becken einströmen.

Beim Ausatmen spüren Sie, wie die Luft, vom Körper erwärmt, durch ihren Mund fließt und Ihre Bauchdecke sich senkt.

Beim nächsten Einatmen legen Sie beide Hände mit den Handinnenflächen auf Ihren Bauch. Spüren Sie, wie sich die Bauchdecke beim Einatmen hebt und beim Ausatmen wieder senkt.

Gedanken, die auftauchen, lassen Sie wie Wolken am Himmel vorbeiziehen. Nehmen Sie diese wahr, ohne sie zu bewerten oder festzuhalten.

Wiederholen Sie diese Übung einige Minuten lang.

Atemübungen für Kinder

Ziel: Atemübungen sind auch für Kinder eine gute Möglichkeit Stress, Anspannung und Angst zu reduzieren. Die folgenden Atemübungen sind jeweils in ein bestimmtes Bild eingebettet, sodass sie auch für jüngere Kinder geeignet sind. Die Anleitung zu den Atemübungen sollte durch eine, dem Kind vertrauten Person (Eltern, Therapeut), durchgeführt werden. Dabei ist es wichtig, dass vorgängig eine ruhige, angenehme Atmosphäre geschaffen wird.
Zielgruppe: Kinder
Dauer: ca. 5–10 Minuten
Körperhaltung: Empfohlen wird eine sitzende Position mit einem geraden Rücken

Das Zischen der Schlange

Das Kind liegt am Boden auf einer bequemen Unterlage. Es sollte seine Hände auf den Bauch zu legen. Nun sollte das Kind vier Sekunden (1–2–3–4) lang tief durch die Nase einatmen und darauf achten, dass sich die Bauchdecke dabei hebt.

Danach sollte es die Luft wieder hinausströmen lassen, während der anleitende Erwachsene das Geräusch einer Schlange macht – ein klangvolles Zischen (»Zsssssssssssssssss«), das so lange wie möglich dauern sollte.

Atmen wie die Elefanten

Dies Übung wird im Stehen ausgeführt. Das Kind sollte mit leicht geöffneten Beinen stehen. Das Kind wird gebeten, sich nun vorzustellen, dass es ein Elefant ist und dass es auch wie ein solcher atmet. Hierfür muss das Kind tief durch die Nase einatmen und dabei die Arme seitlich heben, als ob diese der Rüssel des Elefanten wären, und dabei versuchen, die Bauchdecke zu heben.

Beim Ausatmen sollte das Kind die Atemluft durch den Mund ausströmen lassen und dabei die Arme wieder senken, so dass sich auch der »Elefantenrüssel« nach unten bewegt.

Anleitung zur Achtsamkeitsübung »Body Scan«

Ziel: Reduktion akuter Anspannung, Angst oder Panik. Es geht darum, den Körper möglichst achtsam wahrzunehmen. Dabei wird der Patient angeleitet, gedanklich den eigenen Körper abzutasten, um einzelne Körperpartien zu spüren.
Zielgruppe: Erwachsene
Dauer: ca. 5–10 Minuten
Körperhaltung: Empfohlen wird eine liegende oder sitzende Position

Anleitung:

Achten Sie darauf, dass Sie bequem sitzen oder liegen, beide Füße den Boden berühren und Ihre Wirbelsäule aufgerichtet ist. Lassen Sie Ihre Schultern sinken und sich entspannen. Ihre Handinnenflächen sind geöffnet und zeigen nach oben. Wenn es Ihnen angenehm ist, schließen Sie Ihre Augen.

Atmen Sie fünfmal tief ein und aus. Atmen Sie dabei tief durch die Nase in den Bauch ein und danach vollständig durch den Mund wieder aus.

Konzentrieren Sie sich nun auf Ihre Stirn. Spüren Sie, wie sich Ihre Stirn anfühlt. Ist sie angespannt? Locker? Was nehmen Sie wahr? Lassen Sie beim nächsten Ausatmen alle Anspannung entweichen und entspannen Sie Ihre Stirn. Atmen Sie drei Atemzüge tief durch die Nase ein und den Mund wieder aus

Gehen Sie nun langsam in Richtung Ihrer Augen. Wie fühlen sich Ihre Augen an? Sind sie müde, erschöpft oder unruhig? Entspannen Sie die Augen mit den nächsten drei Atemzügen.

Gehen Sie nun in Gedanken zu Ihrem Mund und Kiefer. Beobachten Sie wie angespannt die Muskeln in diesem Bereich sind. Lassen Sie beim nächsten Ausatmen den Kiefer ganz locker und atmen Sie tief aus. Entspannen Sie Ihren Mund und Kieferbereich vollständig.

Spüren Sie jetzt den Bereich zwischen Nacken und Schultern. Konzentrieren Sie sich darauf beim nächsten Atemzug tief in den Bauch einzuatmen und lassen Sie beim Ausatmen Ihre Schultern locker in Richtung Füße fallen. Fühlen Sie wie sich beim Ein- und Ausatmen Ihr Schlüsselbein hebt und senkt. Führen Sie diese Atmung noch drei weitere Male durch und spüren Sie wie sich Ihre Schultern immer tiefer in Richtung Ihrer Füße senken.

Fahren Sie nun in Gedanken langsam Ihren rechten Arm und dann Ihren linken Arm herunter. Lassen Sie sich Zeit dabei. Scannen Sie jeden Arm schrittweise von oben nach unten ab. Erst den Oberarm, dann den Ellbogen, dann den Unterarm, das Handgelenk und schließlich die Finger. Atmen Sie ruhig und tief weiter. Spüren Sie eine Anspannung in Ihren Armen? Dann lassen Sie diese Anspannung beim nächsten Ausatmen los und fühlen Sie wie Ihre Arme schwerer werden.

Spüren Sie nun den Boden unter Ihren Füßen. Spüre Sie wie Sie mit dem Boden verbunden sind. Atmen Sie tief ein und aus. Lassen Sie mit jedem Ausatmen die Anspannung aus Ihrem Rücken entweichen.

Gehen Sie nun in Gedanken zuerst zu Ihrem rechten Bein und dann zu Ihrem linken Bein. Scannen Sie jedes Bein von oben nach unten ab. Fühlen Sie Anspannung oder einen Schmerz? Benennen Sie diese Gefühle und atmen Sie tief ein und aus. Fühlen Sie wie Ihre Beine locker und schwer werden.

Atmen Sie langsam weiter tief durch die Nase ein bis in den Bauch hinein. Atmen Sie vollständig durch den Mund wieder aus. Gehen Sie in Gedanken noch einmal die Stationen Ihres Body-Scans durch und spüren Sie, ob es noch Verspannung gibt. Falls ja, lassen Sie diese einfach beim nächsten Ausatmen entweichen. Gehen Sie in Gedanken zu Ihrer Stirn, Ihren Augen, Ihrem Mund und Kiefer, Nacken und Ihren Schultern, Armen, Ihrem Rücken und Ihren Beinen. Spüren Sie das Gewicht Ihres Körpers auf dem Boden. Atmen tief ein und aus.

Wenn Sie diese Übung abgeschlossen haben, öffnen Sie langsam wieder Ihre Augen und kommen Sie zurück in den Raum, in dem Sie sich befinden.

3.4.4 Kinderbücher zum Thema Krieg und Flucht

Kirsten Boie und Jan Birck (2018). Bestimmt wird alles gut, Klett Kinderbuch (48 Seiten, zweisprachig: Deutsch und Arabisch).
Heather Camlot und Serge Bloch (2020). Stell dir vor, es ist Krieg und keiner geht hin., Verlagsgruppe Oetinger (48 Seiten).
Biljana S. Crvenkovska und Vane Kosturanov (2022). Zuhause, Verlag dragonfly (48 Seiten).
Claude Dubois (2013). Akim rennt, Moritz Verlag (96 Seiten).
Sigrun Eder, Sonja Katrina Brauner und Evi Gasser (2022). Karim auf der Flucht, Edition Riedenburg (80 Seiten, zweisprachig: Deutsch und Ukrainisch).
Elzbieta (übersetzt von Barbara Haupt) (2022). Floris & Maja, Moritz Verlag (40 Seiten).
Annegert Fuchshuber (2022). Karlinchen – Ein Kind auf der Flucht, Ueberreuter (32 Seiten).
Susana Gómez Redondo und Sonja Wimmer (2016). Am Tag, als Saída zu uns kam, Peter Hammer Verlag (32 Seiten).

Jean-Claude Grumberg (2016). Ein neues Zuhause für die Kellergeigers, Jacoby & Stuart (88 Seiten).
Andrea Hendrich und Monika Bacher (2016). Yunis und Aziza – Ein Kinderfachbuch über Flucht und Trauma, Mabuse Verlag (49 Seiten)
Irena Kobald und Freya Blackwood (2022). Zuhause kann überall sein, Knesebeck (32 Seiten).
Kerstin Landwehr und Lisa Landwehr, Die Flucht – Wie die Tiere ein neues Zuhause finden, BVK (88 Seiten).
David McKee (2014). Sechs Männer, Nord-Süd Verlag (48 Seiten).
Fran Pintadera (2018), Irgendein Berg, Peter Hammer Verlag (32 Seiten).
Nikolai Popov (2021). Warum?, minedition (40 Seiten)
Ceri Roberts und Hanane Kai (übersetzt von Jonas Bedford-Strohm) (2018). Wie ist es, wenn man kein Zuhause hat?, Thienemann-Esslinger (32 Seiten).
Margriet Ruurs und Nizar Ali Badr (2017). Ramas Flucht, Gerstenberger Verlag (48 Seiten, zweisprachig: Deutsch und Arabisch).
Francesca Sanna (übersetzt von Thomas Bodmer) (2016) Die Flucht, NordSüd Verlag (40 Seiten).
Yoeri Slegers (2021). Das Krokodil sucht eine neue Heimat, Carl-Auer Verlag (30 Seiten).
Louise Spilsbury und Hanane Kai (übersetzt von Jonas Bedford-Strohm) (2019). Wie ist es, wenn es Krieg gibt?, Thienemann-Esslinger (32 Seiten).

3.4.5 Kinderbücher zum Thema Trauma

Pal-Handl, Lackner und Brigitte Lueger-Schuster (2012). Wie Pippa wieder lachen lernte, Springer (48 Seiten).
Michelle Ball und Rachel Fuller (2018). Elfa und die Kiste der Erinnerungen, ROFTASNS (26 Seiten).
Jill Seeney und Rachel Fuller (2016). Ein sicherer Ort für Rufus, ROFTASNS (26 Seiten).
Anne Steffen (2014). Der Schreck auf der Schaukel: Was das Gehirn beim Trauma macht, BoD – Books on Demand (40 Seiten).
Susanne Stein (2022). Das Kind und seine Befreiung vom Schatten der großen, großen Angst – ein Bilderbuch für Flüchtlingsfamilien und ihre Unterstützer/innen (download in verschiedenen Sprachen: https://susannestein.de/trauma-bilderbuch/)

4 COVID-19 und andere Pandemien

4.1 Fallbeispiele

Fallbeispiel 1

Frau C. bringt im März 2020 ihre Tochter Lea in der 27. Schwangerschaftswoche (SSW) zur Welt. Ihr Partner durfte zwar bei der Entbindung anwesend sein, anschließend konnte er Lea aber nie gemeinsam mit ihr auf der Neugeborenen Intensivstation besuchen. Großeltern oder andere Verwandte waren als Besucher überhaupt nicht zugelassen. Auch nach der Entlassung aus dem Krankenhaus waren Besuche der Großeltern nur sehr eingeschränkt möglich, Krabbelgruppen und andere Möglichkeiten des sozialen Kontakts mit anderen Eltern fanden nicht statt. Lea schrie in den ersten Monaten sehr viel und hatte Mühe in den Schlaf zu finden. Frau C. machte sich viele Sorgen und wurde durch den Schlafmangel zunehmend erschöpfter. Ihr Partner arbeitete zwar im Homeoffice, konnte sie aber oft nicht wirklich entlasten. Dies führte dazu, dass die Spannungen und Konflikte zwischen den Partnern mit der Zeit zunahmen. Frau C. fühlte sich allein gelassen und zunehmend niedergeschlagen. Nach 6 Monaten lässt sich Frau C. von ihrer Frauenärztin an eine niedergelassene Psychiaterin mit einer Spezialisierung für postpartale Erkrankungen überweisen.

Fallbeispiel 2

Familie D. hat zwei Kinder im Alter von 3 und 8 Jahren. Beide Eltern arbeiten Vollzeit. Frau D. schreibt an ihrer Doktorarbeit. Herr D. ist in der Forschung in einem internationalen Unternehmen tätig. Als die Kindergärten und Schulen im Rahmen der ersten Welle der COVID-19-Pandemie schließen, engagieren beide eine pensionierte Lehrerin, welche den älteren Sohn unterrichten und beide Kinder betreuen soll, während die Eltern im Homeoffice arbeiten. Während die Beschulung des älteren Sohnes gut gelingt, eskaliert die Situation mit dem jüngeren Sohn zunehmend. Die engagierte Lehrerin fühlt sich vom Verhalten des 3-Jährigen überfordert. Dieser rebelliert und reagiert mit Aggressionen gegen die Erwachsenen und seinen Bruder. Die Eltern fühlen sich immer hilfloser und haben das Gefühl niemandem mehr gerecht zu werden. Als der jüngere Sohn schließlich die Nahrungsaufnahme verweigert und daraufhin kurzfristig in der Kinderklinik hospitalisiert werden muss, bricht das gesamte familiäre System zusammen und die Mutter beschließt, ihre Doktorarbeit vorübergehend ruhen zu lassen.

4.2 Zusammenfassung des wissenschaftlichen Kenntnisstandes

4.2.1 Hintergründe und Zahlen

Am 31. Dezember 2019 wurden der WHO erste Fälle einer neuen Art von Lungenentzündungen mit bisher unbekannter Ursache in der chinesischen Stadt Wuhan gemeldet. Anfang Januar 2020 wurde das Schwere Akute Respiratorische Syndrom Coronavirus 2 (SARS-CoV-2) durch Wissenschaftler entdeckt. Im Februar 2020 schließlich wurde die durch das SARS-CoV-2 verursachte Krankheit seitens der WHO COVID-19 genannt (Cucinotta & Vanelli, 2020). Global betrachtet wurden der WHO bis zum 29. März 2023 weltweit 761.402.282 bestätigte Fälle von COVID-19, darunter 6.887.000 Todesfälle, gemeldet (WHO, 2023). Um die Übertragung der Krankheit einzudämmen, wurden in zahllosen Ländern gesundheitspolitische und soziale Maßnahmen ergriffen, darunter sogenannte »Shutdowns« und »Lockdowns«, Reisebeschränkungen, Hygienemaßnahmen wie das Tragen von Masken sowie die Schließung nicht lebensnotwendiger Geschäfte, Restaurants und vor allem von Schulen, Kitas, Sporteinrichtungen, Parks und Spielplätzen (Hiscott et al., 2020). Wenn möglich, wurde von Erwerbstätigen erwartet, im Homeoffice zu arbeiten. Kinderbetreuungseinrichtungen boten anfänglich nur Notbetreuungen für Kinder von Eltern in systemrelevanten Berufen an, welche weniger als 10% aller Eltern in Deutschland in Anspruch nahmen (Kuger et al., 2022). Im weiteren Verlauf der Pandemie kam es in Deutschland immer wieder zu Schließungen oder zu temporären Ausfällen der Kinderbetreuungseinrichtungen aufgrund von Kontakteinschränkungen durch Infektionen und/oder Quarantäne. Gemäß dem Bericht des Deutschen Jugendinstituts (DJI) (Kuger et al., 2022) erlebten gegen Ende der Pandemie immerhin noch 1/5 aller Eltern solche Schließungen, von denen zu Beginn der Pandemie nahezu alle Eltern betroffen waren. Die oben beschriebenen Maßnahmen wirkten sich also stark auf den Alltag von Eltern und Kindern aus und veränderte deren Leben dramatisch. Die durch das SARS-CoV-2 Virus ausgelöste Pandemie führte zu einer noch nie dagewesene Kombination aus globaler Bedrohung der öffentlichen und persönlichen Gesundheit sowie individuellem und gemeinschaftlich erlebtem Stress durch mögliche persönliche Verluste, drohende Arbeitslosigkeit und damit verbundener Einkommensverluste, Freiheitseinschränkungen und einer zunehmenden Isolation aufgrund der sozialen Distanzierung. Die COVID-19-Pandemie beeinflusste also weltweit sowohl das öffentliche Leben als auch die Alltagserfahrungen von Eltern und Kindern stark. In verschiedenen Ländern z. B. China (Huang & Zhao, 2020), Bangladesch (Islam,

Bodrud-Doza, Khan, Haque & Mamun, 2020), Großbritannien (Pierce et al., 2021) oder Deutschland (Bäuerle et al., 2020) berichteten viele Menschen während des COVID-19-Ausbruchs über höhere Werte für Stress und psychische Gesundheitsbelastungen.

4.2.2 Soziale Sensoren in der COVID-19-Pandemie

Die Beobachtung, wie verschiedene Menschen – als »soziale Sensoren« – eine Krise wie eine Pandemie bewerten und darauf reagieren, ermöglicht es, die Krisenkommunikation zu verschiedenen Zeitpunkten auf die soziale Wahrnehmung der Situation abzustimmen (Gaspar et al., 2023). Um solche Erkenntnisse zu gewinnen, schlagen die Autoren einen Wahrnehmungsindex, der die Risiken für die physische und psychische Gesundheit, die Wirtschaft, die sozialen Beziehungen, das Gesundheitssystem und andere Bereiche einschließt, vor. Dieser fungiert als Indikator für die soziale Wahrnehmung systemischer Risiken und situative Bedrohungen. Dieser Indikator war der Kern eines auf Krisensituationen angewandten Social Sensing-Ansatzes, der während der COVID-19-Pandemie durch eine Inhaltsanalyse von mehr als 130.000 öffentlichen Kommentaren von Facebook™-Nutzern in COVID-19-bezogenen Veröffentlichungen umgesetzt wurde. Diese Inhaltskodierung ermöglichte die Erstellung eines sozialen Wahrnehmungsindexes, der während der einjährigen deskriptiven Längsschnittanalyse überwacht wurde. Dabei fanden die Autoren, dass dieser Index stark mit gemeinsam auftretenden Ereignissen innerhalb des sozialen Systems (z. B. neue Todesfälle, kumulative Anzahl von Infektionsfällen, Krankenhausaufenthalte auf der Intensivstation) korrelierte und tendenziell den Schweregrad der epidemiologischen Situation (z. B. mit dem höchsten Wert während der schlimmsten Pandemiewelle) widerspiegelte. Es traten jedoch auch Diskrepanzen auf, wobei ein hoher Index in Situationen mit geringem tatsächlichen Schweregrad registriert wurde, d. h. mit einer geringen Zahl von Krankenhausaufenthalten und Todesfällen (z. B. zu Beginn des Schuljahres) und umgekehrt (z. B. in der zweiten Pandemiewelle während der Weihnachtszeit). Dies zeigt, dass neben der epidemiologischen Situation auch andere Faktoren zur sozialen Wahrnehmung beitragen. Nach jeder »Krisenperiode« mit hohen wahrgenommenen sozialen Risikoindexwerten gab es eine »Wiederherstellungsperiode«, die durchweg auf die Durchschnittswerte des vorherigen Messzyklus zurückging. Dies kann entweder auf soziale Widerstandsfähigkeit (Erholung und Stärkung der Ressourcen) oder auf eine Risikominderung nach einer Hochrisikoperiode hindeuten.

4.2.3 COVID-19 und elterlicher Stress

Die Daten von Adams et al. (2021) zeigen, dass Unsicherheiten verursacht durch Einschränkungen grundlegender Dienstleistungen, Schul- und Kita-Schließungen, Beeinträchtigungen der medizinischen Versorgung und Unterbrechung der Wirtschaftstätigkeit bei vielen Eltern zu erhöhtem Stress führten. Insbesondere Ängste und depressive Symptome, die mit COVID-19 in Verbindung stehen, sind mit einem höheren Stressempfinden der Eltern verbunden (Achterberg, Dobbelaar, Boer &

Crone, 2021; Johnson, Skjerdingstad, Ebrahimi, Hoffart & Johnson, 2022). Viele Eltern litten in dieser Ausnahmesituation unter vermehrten Sorgen um sich selbst, die Familie, die Freunde, die Gesellschaft und die allgemeine wirtschaftliche Lage (Brandstetter et al., 2022). Diese Sorgen nahmen dabei von der ersten zur zweiten Pandemiewelle zu. Zudem erforderten die Maßnahmen im Zuge der Pandemiebekämpfung erhebliche Anpassungsleistungen und ein hohes Maß an Flexibilität seitens der Eltern (Brakemeier et al., 2020), da sich das Leben ständig änderte. Daten aus der UK Household Longitudinal Study (UKHLS) dokumentieren ebenfalls, dass sich die psychische Gesundheit berufstätiger Eltern während der COVID-19-Pandemie verschlechterte und dass diese zudem stark mit der zunehmenden finanziellen Unsicherheit und dem Zeitaufwand für Kinderbetreuung und Homeschooling zusammenhing (Cheng, Mendolia, Paloyo, Savage & Tani, 2021).

In der Metaanalyse von Cénat et al. (2021) werteten die Autoren insgesamt 55 Studien (N=189.159) in Hinblick auf unterschiedliche Stresssymptome aus. Die Prävalenz von Symptomen einer Depression betrug dabei 16%, von Angstzuständen 15%, von Schlaflosigkeit 24% und von PTBS 22%. Die COVID-19-Pandemie und die damit verbundenen Maßnahmen stellen also nicht nur für die physische, sondern auch für die psychische Gesundheit von Eltern und Kindern eine ernsthafte Bedrohung dar. Das Wohlbefinden von Kindern und Jugendlichen ist jedoch eng mit der körperlichen, geistigen und sozialen Gesundheit ihrer Bezugspersonen verbunden (Wolicki et al., 2021). Wie dargestellt, können unterschiedliche emotionale Reaktionen und psychische Belastungen als Folge der, durch das SARS-CoV-2 Virus ausgelösten globalen Gesundheitskrise angesehen werden. Jüngste Metaanalysen weisen zudem darauf hin, dass Epidemien und Pandemien von Infektionskrankheiten zu traumabedingten Symptomen führen können (Fan, Zhang & Cheng, 2021). In verschiedenen Artikeln werden die Ereignisse rund um die Epidemiologien und Pandemien mit SARS, der Schweine-Grippe, von Ebola und der aktuellen SARS-CoV-2-Pandemie als traumatische Erfahrungen bezeichnet, welche das Risiko zur Entwicklung einer Traumafolgestörung bei Kindern-, Jugendlichen und Erwachsenen erhöhen kann (Alberque et al., 2022; Cénat & Dalexis, 2020; Dutheil, Mondillon & Navel, 2021; Masiero, Mazzocco, Harnois, Cropley & Pravettoni, 2020). Watson et al. (2020) bezeichnen die SARS-CoV-2-Pandemie mit den assoziierten Maßnahmen als »kollektives Trauma«, definiert als die psychologische Reaktion einer ganzen Gruppe auf ein traumatisches Ereignis. Auf diese Weise wird die Erfahrung der SARS-CoV-2-Pandemie global geteilt und verbindet die Menschen auf der ganzen Welt emotional durch Hilflosigkeit, Unsicherheit, Verlust und Trauer. Letztlich kann ein kollektives Trauma die Beziehungen zwischen Gemeinschaften erschüttern und Aspekte des Funktionierens von Gemeinschaften grundlegend verändern. Befunde aus Deutschland zeigen, dass Eltern während der COVID-19-Pandemie vor vielfältigen Herausforderungen standen. Im Rahmen der pairfam Studie (»Panel Analysis of Intimate Relationships and Family Dynamics) wurden 609 Mütter und 339 Väter zu Veränderungen im Erleben ihrer Elternrolle zwischen 2019 und Sommer 2020 befragt. Geissler und Kollegen (2022) berichten, dass die Hilflosigkeit in der Elternrolle zwischen den Messzeitpunkten zunahm, während das Gefühl, den Bedürfnissen der Kinder gerecht zu werden, abnahm. Insbesondere Mütter, die mindestens ein Kita-Kind im Haushalt hatten, erlebten gesteigerte Hilflosigkeit. Mütter, die neben ihrer beruflichen Arbeit auch noch die Kinderbetreuung leisten mussten, erlebten sich in Bezug auf die Erfüllung kindlicher Bedürfnisse weniger wirksam. Auch anderen repräsentative Längsschnittstudien zeigten, dass insbesondere diejenigen Eltern, die parallel zur Erwerbsarbeit zu Hause Care-Arbeit übernehmen mussten, während der Krise mit dem Familienleben unzufrieden waren und sich hilflos erlebten (Bujard, Laß, Diabaté, Sulak & Schneider, 2020).

Die COVID-19-Pandemie verschärfte also in einigen Familien den elterlichen Stress, der bereits vor der Pandemie stark ausgeprägt war (Burke et al., 2020; Miller, Cooley & Mihalec-Adkins, 2022). Zusätzlich zu ihren eigenen Belastungen, einschließlich der eigenen mentalen oder somatischen Probleme, tragen Eltern die Verantwortung für die Sicherheit ihrer Kinder, das Funktionieren des Familiensystems und der finanziellen Absicherung. Daher ist es nicht überraschend, dass in einer retrospektiven Studie Eltern im Juni 2020, im Vergleich zum Beginn der Pandemie, eine Verschlechterung ihrer psychischen Gesundheit berichteten (Patrick et al., 2020). Eine Studie von Westrupp et al. (2021) untersuchte den Anstieg der psychischen Belastung von Eltern genauer und beleuchtete, wie sich der wirtschaftliche Abschwung (Anstieg der Arbeitslosigkeit, erhöhte Arbeitsplatzunsicherheit und finanzieller Stress) und die Maßnahmen zur Eindämmung der Ausbreitung von SARS-CoV-2 (Homeoffice-Pflicht Schulschließungen oder strenge Vorschriften im Zusammenhang mit dem Schulbesuch) auf das Familienleben auswirkten. Die Untersuchung zeigt, dass im Vergleich zur Situation vor der Pandemie Eltern während der Pandemiezeit höhere Raten von Depressionen, Ängsten und Stress, aber auch höhere Reizbarkeit, weniger positive Emotionen und einen höheren Alkoholkonsum berichten. In multivariablen Analysen fand sich durchweg, dass ein jüngeres Alter, weniger finanzielle Ressourcen, bereits bestehende körperliche und psychische Vorerkrankungen der Eltern und Kinder sowie eine unbefriedigende Wohnsituation mit einem schlechteren Funktionsniveau der Eltern einherging. Zum Zeitpunkt der Untersuchung waren Männer mit Kindern die am stärksten belastete Gruppe, was anderen Studienergebnissen widerspricht, die eine höhere Belastung bei den Müttern fanden.

4.2.4 Auswirkung elterlicher Belastungen auf die Eltern-Kind-Beziehung

Stress im familiären Umfeld hat nicht nur negative Auswirkungen auf das Wohlbefinden von Eltern und Kindern, sondern belastet auch die Eltern-Kind-Beziehung stark. So kann sich elterlicher Stress vor allem in den ersten Lebensjahren negativ auf die kindliche Entwicklung auswirken (Hattangadi et al., 2020). Insbesondere chronischer Stress hat schädliche Auswirkungen auf die psychische Gesundheit von Eltern und Kindern und geht mit kognitiven und emotionalen Symptomen einher (Chen, Byrne & Velez, 2022). Externe und interne Stressoren wie wirtschaftliche Schwierigkeiten oder Depressionen können zu einer stärkeren psychischen Belastung von Familien führen, was wiederum einen negativen Einfluss auf das Erziehungsverhalten von Eltern und die familiäre Funktionsfähigkeit haben kann (Wijbenga et al., 2022). So wird beispielsweise elterlicher Stress mit unsicheren Bindungsbeziehungen (Houbrechts et al., 2023) und kindlichen Verhaltensproblemen, insbesondere externalisierendem Verhalten, in Verbindung gebracht. Darüber hinaus reduziert Stress die Positivität in Mutter-Kind-Interaktionen und -Beziehungen (Isaac et al., 2023) und kann das Risiko für Kindesmisshandlungen erhöhen (Calvano, Engelke, Holl-Etten, Renneberg & Winter, 2023; Fitzgerald, 2023). Das elterliche Wohlbefinden und die kindliche Entwicklung sind also eng miteinander verbunden. Psychische Belastungen von Eltern stehen im negativen Zusammenhang mit Problemen in der kindlichen Entwicklung und mit einer erhöhten Wahrscheinlichkeit, dass Kinder selbst psychische Probleme entwickeln (Brown, Doom, Lechuga-Peña, Watamura & Koppels, 2020). Deshalb können Stressoren, wie sie durch die COVID-19-Pandemie hervorgerufen wurden, die Eltern-Kind-Beziehung und die Entwicklung des Kindes negativ beeinflussen. Eine Metaanalyse aus dem Jahr 2023 von Stracke et al. (2023) fasst den aktuellen Forschungsstand zu den Zusammenhängen zwischen den psychischen Symptomen der Eltern und der psychischen Gesundheit der Kinder während der COVID-19-Pandemie zusammen. Dabei ergab die Auswertung der Daten von mehr als 80.000 Familien kleine bis mittlere Assoziationen zwischen den elterlichen und kindlichen psychischen Symptomen ($r = 0{,}19$ bis $r = 0{,}46$). Dysfunktionale Eltern-Kind-Interaktionen wurden dabei als ein Schlüsselmechanismus für die Übertragung psychischer Symptome identifiziert. Die Autoren schließen aus den Daten, dass spezifische Elterninterventionen zur Förderung funktionaler Eltern-Kind-Interaktionen erforderlich sind, um die psychische Gesundheit von Familien zu unterstützen und mögliche negative Auswirkungen der COVID-19-Pandemie zu minimieren. Lucassen, de Haan, Helmerhorst, and Keizer (2021) fanden in ihrer Studie Zusammenhänge zwischen elterlichem Stress, Co-Elternschaft und negativer Erziehungspraktiken. Höhere Ausgangsniveaus elterlichen Stresses waren mit einem häufigeren Auftreten negativer Erziehungspraktiken assoziiert. Ebenso wurde ein stärkerer Anstieg des elterlichen Stresses mit einem stärkeren Anstieg der negativer Erziehungspraktiken und einem stärkeren Rückgang der Qualität der gemeinsamen Erziehung in Verbindung gebracht. Die Richtung der Assoziationen und die Effektstärken waren dabei für Mütter und Väter in allen Analysen ähnlich. Chung, Lanier und Wong (2022) befragten online 258 Eltern aus Singapur und konnten ebenfalls nachweisen, dass die Auswirkungen von COVID-19 und den damit verbundenen Einschränkungen im Alltag den elterlichen Stress erhöhte. Dies wiederum wirkte sich negativ auf die elterliche Beziehung zu ihren Kindern aus und verstärkte den Einsatz harscher Erziehungsmethoden. Väter berichteten dabei zur Zeit der Pandemie über einen stärkeren Zuwachs an wahrgenommenem Stress.

4.2.5 Kita- und Schulschließungen als besondere Belastungen für Eltern

Viele Familien sahen sich nicht nur mit der Bedrohung ihrer Gesundheit oder ihrer finanziellen Lebensgrundlage, sondern waren auch mit Schwierigkeiten bei der Vereinbarkeit von Beruf und Familie konfrontiert. Weitreichende Veränderungen für Eltern ergaben sich auch durch die Schulschließungen und das schulische Lernen ihrer Kinder im Distanzunterricht (Zinn & Bayer, 2021). Eltern waren von den Veränderungen doppelt betroffen, da sie Kinderbetreuung und Begleitung des schulischen Lernens eigenständig organisieren mussten, während auch der Arbeitsalltag unter veränderten Bedingungen bestritten werden musste.

In der vom Robert-Koch-Institut (RKI) und vom DJI durchgeführten Corona-KiTa-Studie gaben die befragten Eltern an, dass das Wohlbefinden ihrer Kinder aufgrund der Schließungen in der zweiten und dritten Pandemiewelle stark beeinträchtigt worden sei. Insbesondere alleinerziehende Eltern oder Familien, in denen beide Elternteile erwerbstätig waren, erlebten diese Schließungen als besonders negativ für ihre Kinder. Zudem waren auch die Kita-Mitarbeitenden einer wachsenden Belastung durch Spannungen mit Eltern und Schwierigkeiten bei der Umsetzung von pandemiebedingten Auflagen ausgesetzt. Oftmals kam es zu krankheits- oder quarantäne-bedingten Ausfällen von Mitarbeitenden, so dass die Arbeitslast auf weniger Fachkräfte verteilt werden musste, was wiederum zu Einbußen in der Betreuungsqualität, aber auch zu temporären Schließungen führen konnte und damit das Gesamte System aus Erziehern, Eltern und Kindern stark beanspruchte und bei den Eltern zu vermehrtem Stress führte (Kuger et al., 2022).

Vermehrte Belastungen durch Homeschooling und Kita-Schließungen betrafen vor allem Alleinerziehende und Personen aus niedrigeren sozialen Schichten (Cheng et al., 2021; Zinn & Bayer, 2021). Jedoch fühlten sich in einer deutschen Online-Studie, in der 3.995 Mütter und Väter von Grundschulkindern befragt wurden, erwerbstätige Eltern mit höherer formaler Bildung stärker beansprucht (Porsch & Porsch, 2020). Darüber hinaus zeigte die Studie auch auf, dass vor allem jene Eltern durch das Homeschooling ihrer Kinder während der Pandemie besonders belastet waren, die sich schlecht durch die Schule unterstützt fühlten, eine geringe Selbstwirksamkeit aufwiesen und mehrere Schulkinder zu Hause betreuen mussten. Wie belastend Eltern die Doppelbelastung aus beruflicher Arbeit, Care-Arbeit und Unterstützung der Kinder im Distanzunterricht erleben, scheint also von einem Zusammenspiel mehrerer Faktoren abhängig sein.

4.2.6 Geschlechts- und soziale Unterschiede

Die Auswirkungen der Pandemie scheinen nicht in allen Gesellschaftsschichten gleich stark zu wirken. Besonders Familien mit einem niedrigen sozioökonomischen Status, welche oft in beengten Wohnverhältnissen wohnen, aber auch alleinerziehende und psychisch kranke Eltern waren während der Pandemie besonders belastet (Sprague, Rundle & Ekenga, 2022; Thompson et al., 2022; Tsfati & Segal-Engelchin, 2022). Auch Frauen bzw. Mütter berichteten über höhere psychische Belastungen während der Pandemie als die Allgemeinbevölkerung (Bäuerle et al., 2020; Bergmann & Wagner, 2021; Bikmazer et al., 2021; Borbas et al., 2021).

Hupkau und Petrongolo (2020) stellten einen Überblick über aktuelle Studien zu Geschlechterunterschieden in der beruflichen und Care Arbeit während der COVID-19-Pandemie zusammen. Die Autoren halten fest, dass die, durch die Pandemie ausgelöste, Krise insofern besondere Merkmale aufwies, da sie die Arbeitsmarktchancen von Frauen und Geringqualifizierten stärker als die von Männern und hochqualifizierten Arbeitnehmern beeinträchtigte. Besonders durch Schließung von Schulen und Kinderbetreuungseinrichtungen erhöhte sich der Umfang der Care-Arbeit, wodurch bereits bestehende geschlechtsspezifische Ungleichheiten weiter verstärkt wurden. Viele Familien hatten Mühe, Erwerbstätigkeit und Kinderbetreuung unter einen Hut zu bringen, wobei Frauen unverhältnismäßig stark belastet wurden, da weltweit die Kinderbetreuung überwiegend von Frauen übernommen wird (Kenny & Yang, 2021). Dazu gehören neben den Müttern selbst, auch andere weibliche Bezugspersonen wie Großmütter, Geschwister und Beschäftigte in der Kinderbetreuung.

Insbesondere Mütter scheinen also von der Doppelbelastung aus Familienarbeit und beruflicher Arbeit stark belastet zu sein. Cameron et al. (2020) konnte in der Studie mit Müttern von Kindern im Alter zwischen 0 und 8 Jahren zeigen, dass diese im Vergleich zu einer Normstichprobe deutlich erhöhte Werte von Depressionen und Ängsten hatten. Huebener und Kollegen (2021) fanden heraus, dass die Lebenszufriedenheit, insbesondere die Zufriedenheit mit dem Familienleben bei Familien mit Kindern, im Vergleich zu Familien ohne Kinder, während der COVID-19-Pandemie deutlich abnam. Wobei dieser Rückgang an Zufriedenheit in Familien mit Kindern in Primarschulalter und jünger (<11 Jahre) und bei den befragten Müttern am stärksten ausgeprägt war. Mütter scheinen also von den Maßnahmen und den familiären Veränderungen bzw. Doppelbelastungen im Rahmen der COVID-19-Pandemie am stärksten betroffen zu sein. Auch in der Studie von Cheng und Kollegen war diese Belastung nicht gleichmäßig zwischen Männern und Frauen und zwischen reicheren und ärmeren Haushalten verteilt. Im pairfam Panel war die Arbeitsteilung in Paaren generell sehr heterogen (Hank & Steinbach, 2021). Laut den Autoren wurden während der COVID-19-Pandemie keine grundlegenden Veränderungen in den etablierten Mustern der Arbeitsteilung von Paaren, aber eine gewisse Verschiebung zu den Extremen (»traditionell« und »Rollenumkehr«) beobachtet. Innerhalb der Paare zeigte sich in dieser Studie eine fast gleichmäßige Verteilung zwischen den Paaren, in denen Frauen mehr während der Pandemie ihren Anteil an der Hausarbeit und Kinderbetreuung steigerten und jenen Paaren, bei denen der Anteil der Frauen an diesen Aufgaben abgenommen hatte. Wenn die männlichen Partner ihren relativen Beitrag zu Hausarbeit und Kinderbetreuung erhöhten, kamen sie jedoch selten über die Schwelle einer gleichmäßigen Aufteilung hinaus. Änderungen der Arbeitszeiten gingen mit Anpassungen des relativen Beitrags der Männer, nicht aber der Frauen zu den häuslichen und familiären Pflichten einher. Gemäß einer australischen Studie investierten während der Pandemie vor allem Mütter weniger Zeit in bezahlte Arbeit und mehr Zeit in unbezahlte Care-Arbeit (Craig & Churchill, 2021). Viele Frauen waren mehr als Männer von finanziellen Unsicherheiten und einer Verschlechterung der psychischen Gesundheit betroffen (Cheng et al., 2021).

4.3 Zusammenfassung

> Die COVID-19-Pandemie brachte eine neue Qualität von Umweltstress in das Leben junger Familien. Während der COVID-19-Pandemie haben viele Familien verstärkten psychischen Stress mit Symptomen von Angst, Depressionen und Traumatisierung erlebt. Der von den Eltern wahrgenommene Stress hat teilweise das Erziehungsverhalten negativ beeinflusst, was sich wiederum negativ auf die Eltern-Kind-Interaktionen und -Beziehungen sowie auf die sozial-emotionale Entwicklung der Kinder auswirkte. Die Auswirkungen der Pandemie waren jedoch nicht für alle Bevölkerungsgruppen gleich. Insbesondere alleinerziehende Eltern und Eltern, die bereits vor der Pandemie unter besonderen Belastungen (z. B. psychische Erkrankungen, Arbeitslosigkeit) gelitten haben, waren stärker betroffen.

4.4 »Therapeutischer Werkzeugkoffer«

4.4.1 Grundsätzliches

Die COVID-19-Pandemie war für die meisten von uns eine nie dagewesene persönliche und gesellschaftliche Stresserfahrung. In einer solchen Ausnahmesituation nehmen Belastungen für Eltern und Kinder insgesamt zu. Da Eltern eine zentrale Rolle in Hinblick auf die Bewältigung von belastenden Lebensereignissen und Stress ihrer Kinder zukommt, sollten insbesondere besonders vulnerable Familien (z. B. alleinerziehende Elternteile, Eltern mit psychischen Erkrankungen (▶ Kap. 5.4) oder sozial benachteiligte Eltern) frühzeitig multisystemisch unterstützt werden. Deshalb ist die Elternarbeit und der Aufbau einer Unterstützungs- und Entlastungsinfrastruktur zentral. Im Folgenden finden Sie einige nützliche Materialien für Eltern und ihre Kinder zur Bewältigung krisenhafter Ausnahmesituationen wie die COVID-19-Pandemie.

4.4.2 Dem Kind bei der Stressbewältigung helfen

Veränderte Verhaltensweisen

Jedes Kind reagiert auf Stress, Verunsicherung oder Belastungsfaktoren individuell. Verunsicherte Kinder können unruhig, nervös oder ängstlich reagieren. Sie können gereizt, aggressiv oder einfach »anders als sonst« sein. Möglicherweise berichtet das Kind von plötzlich auftretenden Bauch- oder Kopfschmerzen, kann sich nicht mehr gut konzentrieren, isst weniger oder auch viel mehr oder kann am Abend nur noch schlecht einschlafen. Manchmal treten auch wieder Verhaltensweisen auf, die eigentlich nicht mehr dem Alter des Kindes angemessen sind (z. B. Sprechen in Babysprache oder Einnässen). Auch plötzlich auftretenden Trennungsängste und eine besondere Anhänglichkeit können ein Zeichen für Stress und emotionale Belastungen bei Kindern sein.

> **Anzeichen für Stress oder emotionale Belastungen bei Kindern**
>
> - Aggressivität und Wutanfälle
> - Weinen ohne Grund
> - Trennungsängste
> - Schlafprobleme (kann nicht einschlafen, schläft unruhig, wacht häufig auf)
> - Albträume
> - Wieder-Einnässen/Einkoten
> - Kopf-/Bauch-/Rückenschmerzen
> - Schwäche, Müdigkeit
> - Appetitmangel/Essanfälle
> - Ständiges Reden oder Denken über das belastende Ereignis
> - Andere Anzeichen, die zuvor nicht typisch für das Kind waren

Was kann Kindern helfen?

- Verbringen Sie Zeit mit Ihrem Kind. Oft ist es schon eine große Hilfe, wenn eine vertraute Bezugsperson in der Nähe ist. Wenn Ihr Kind plötzlich wieder in Ihrem Bett schlafen möchte, kann das, für eine begrenzte Zeit und falls es für Sie und Ihre Familie umsetzbar ist, für Ihr Kind sehr hilfreich sein.
- Strukturieren Sie den Tagesablauf mit festen Schlaf- und Essenszeiten. Dies gibt Halt und Sicherheit. Achten Sie darauf, dass Gewohntes möglichst beibehalten wird, und halten Sie Absprachen und Zusagen ganz besonders zuverlässig ein.
- Schaffen Sie Möglichkeiten zur körperlichen Aktivität (unter Beachtung der Hygienevorschriften an der frischen Luft (z. B. Rad fahren, Spaziergänge, Spiele im Freien). Achten Sie auf eine gesunde Ernährung.
- Regulieren Sie den Medienkonsum. Schützen Sie Ihr Kind vor zu intensivem Konsum von digitalen Bildschirmmedien, aber auch vor zu häufiger Berichterstattung in den Medien. Schaffen Sie Zeiträume, in denen sich Ihr Kind mit Aktivitäten im nicht digitalen Raum entspannt.
- Sprechen Sie mit Ihrem Kind über die aktuelle Situation. Hören Sie aufmerksam und geduldig zu, wenn Ihr Kind von Eindrücken erzählt. Wenn Ihr Kind Fragen stellt, beantworten Sie diese ehrlich. Das darf auch bedeuten, dass Sie sagen »Ich weiß es nicht.«.
- Wenn Sie gestresst oder besorgt sind, verheimlichen Sie Ihre eigenen Gefühle nicht, sondern sprechen Sie offen darüber. Helfen Sie Ihrem Kind zu verstehen, warum Sie so reagieren, wie Sie es tun.

4.4.3 Psychoedukative Webseiten für Familien

http://www.familienunterdruck.de

Familie unter Druck ist eine Initiative von Prof. Dr. Silvia Schneider, Direktorin des Forschungs- und Behandlungszentrums für psychischen Gesundheit der Ruhr-Universität Bochum, Prof. Dr. Hanna Christiansen, Leiterin der AG Klinische Kinder- und Jugendpsychologie am Fachbereich Psychologie der Philipps-Universität Marburg und Malin Büttner, Journalistin im Bereich Kinder, Jugend und Medien. Zwölf kurzen Erklärvideos mit einfach umsetzbaren Hilfestellungen und Ratschlägen sollen Eltern im Umgang mit Kindern in psychisch belastenden Situationen unterstützen.

https://www.corona-und-du.info

Die Webseite wurde von Prof. Gerd Schulte-Körne und PD Dr. Ellen Greimel in Zusammenarbeit mit der Beisheim Stiftung entwickelt. Die Webseite richtet sich insbesondere an, durch die COVID-19- Krise, psychisch belastete Kinder und Jugendliche. Ein Informationsbereich für Eltern wird erstellt. Das Infoportal klärt über mögliche Belastungen durch die Krise auf. Auf der Basis wissenschaftlicher Evidenz stellt es zudem viele alltagsnahe Hilfestellungen zum Umgang mit aktuellen Herausforderungen bereit. So werden z. B. Tipps zur Bewältigung von Stress dargeboten und Empfehlungen zu positiven Aktivitäten gegeben. Die Webseite bietet auch eine Übersicht mit Anlaufstellen für psychisch belastete Kinder, Jugendliche und deren Eltern an.

5 Umweltzerstörung und Klimawandel

5.1 Fallbeispiele

Fallbeispiel 1

Die 14-jährige Tochter P. der Familie E. hat begonnen sich vegan zu ernähren. Sie sagt, dass dies Ihr Beitrag zum Klimaschutz sei. P. ist in einer Aktivistengruppe aktiv und nimmt regelmäßig an Demonstrationen und Protestaktionen teil. Auch wenn die Eltern das Engagement ihrer Tochter grundsätzlich schätzen, kommt es zunehmend zu Auseinandersetzungen mit der Tochter. Den Eltern fällt es angesichts der immer komplizierter werdenden Mahlzeiten zunehmend schwer gemeinsam mit ihrer Tochter zu essen. Außerdem haben sie das Gefühl, dass P. immer dünner wird und sich immer mehr zurückzieht. Sie vernachlässigt die Schule und wehrt sich gegen Aufforderungen der Eltern mehr zu lernen mit dem Argument, dass das alles eh keinen Sinn macht, wenn die Welt untergeht.

Fallbeispiel 2

Familie F. macht sich in Anbetracht der immer weniger zu ignorierenden Nachrichten zu den Auswirkungen der Klimakatastrophe mehr und mehr Sorgen um Ihre Kinder. »Unsere Kinder werden nie in einer beständigen, gesunden Umwelt aufwachsen können. Auch wenn wir alles in unserer Macht liegende tun, um das Klima zu schonen, werden M. (18 Monate) und L. (4 Jahre) in einer Welt leben, die kaum noch lebenswert ist« befürchten die Eltern. Schon vor der Schwangerschaft waren beide Klimaaktivisten und habe gründlich abgewogen, ob sie überhaupt Kinder in diese Welt setzen sollen. Sie haben sich zwar für eine Familie entschieden, oft fühlt sich Frau F. aber schuldig, denn Kinder an uns für sich tragen ja auch schon zum vermehrten Ausstoß von CO_2 bei. Um ihren CO_2-Fußabdruck so gering wie möglich zu halten, besitzt die Familie weder ein Auto noch essen sie Fleisch. Außerdem setzten sich beide Eltern öffentlich für die Umwelt ein. Seit sie Kinder haben, vervielfachten sie ihr Engagement für das Klima noch einmal. Frau F. berichtet, dass sie regelrecht Panik um die Zukunft ihrer Kinder habe und manchmal deshalb sogar unter Schlafstörungen leide. Oft fühle sie sich kraftlos und ausgelaugt, da sie das Gefühl hat gegen Windmühlen zu kämpfen.

5.2 Zusammenfassung des wissenschaftlichen Kenntnisstandes

5.2.1 Hintergründe und Zahlen

»Sommer 2022: Heißester seit Beginn der Aufzeichnungen« (DW, 20.4.2023), »Opferzahl nach Überschwemmungen in der Südosttürkei steigt auf 20« (NZZ, 21.03.2023), « Tödlicher Tornado verwüstet Süden der USA (DW, 27.03.2023), Europas Permafrost taut unweigerlich auf (Spiegel, 15.3.2022), Der Klimawandel könnte die gesamte Menschheit auslöschen (MDR, 02.08.2022). Die Hiobsbotschaften in den Medien, die auch schon in den Vorjahren mit zunehmender Frequenz und Eindringlichkeit auf uns eingeprasselt sind, nehmen nicht ab. Ob Überschwemmungen, Stürme, Korallensterben, Gletscherschmelze, Versteppung, Müllberge im Ozean oder Abholzung des Regelwaldes, die Bilder und Berichte von einer zunehmenden Zerstörung der Umwelt und des Klimawandels werden immer verstörender. Zieht man jüngste Studien zum Artensterben heran, ist die Geschwindigkeit und Wirkungskraft des menschgemachten Artenverlusts dreimal so schnell und heftig wie das letzte große Artensterben, bei dem in der Folge eines Meteoriteneinschlags bei Yucatán in Mexiko vor 66 Millionen Jahren rund 75 % aller damals lebenden Arten ausstarben (Neubauer et al., 2021). Bezogen auf die Anzahl der Individuen einzelner Arten hat der Mensch gut 83 % aller wild lebenden Säugetiere und die Hälfte aller wild lebenden Pflanzen unwiederbringlich ausgelöscht (Bar-On, Phillips & Milo, 2018).

5.2.2 Öko-Angst (Eco-Anxiety)

Vielen Menschen wird dadurch bewusst, dass wir uns in einer globalen Krise befinden. Diese Bedrohung nehmen auch Menschen wahr, die noch nicht direkt von den Auswirkungen der globalen Umweltbedrohung betroffen sind. Internationale Erhebungen zum Umweltbewusstsein bestätigen dies (Shendell et al., 2023). Damit gehen bei vielen Menschen eine zunehmende Angst vor einem drohenden Weltuntergang, Schuldgefühle wegen des eigenen Verhaltens oder Wut über die Untätigkeit von Regierungen einher. Viele Menschen begegnen der ökologischen Krise dann mit einer Vielzahl negativer Emotionen. Einige fühlen sich zunehmend unter emotionalem Druck (Brophy, Olson & Paul, 2022; Usher, Durkin & Bhullar, 2019).

Die sogenannte Öko-Angst bezieht sich im Allgemeinen auf Ängste, Sorgen oder Befürchtungen im Zusammenhang mit der Klimakrise. Jüngere Menschen sind biografisch betrachtet den mit dem Klimawandel zusammenhängenden Umweltschäden zeitlich stärker ausgesetzt, was bei vielen von ihnen zu einer erhöhten Öko-Angst führen kann. In der Literatur herrscht weitgehend Einigkeit darüber, dass die Öko-Angst mit dem gestiegenen Bewusstsein für den Klimawandel und Umweltprobleme zusammenhängt und nicht mit den direkten Auswirkungen der mit dem Klimawandel verbundenen Probleme. Was die Öko-Angst einzigartig macht, ist das Wissen über den globalen Klimawandel und die beunruhigenden Emotionen im

Zusammenhang mit dem globalen Klimawandel. Dabei ist auch bedeutsam, dass dieses Wissen bei den meisten Menschen nicht auf traumatische Erfahrungen aus erster Hand beruht. Auch die American Psychological Association (APA) rief 2008 eine Task Force on Climate Change ins Leben (APA, 2022), welche vor den psychologischen Folgen und psychosozialen Verwerfungen durch den Klimawandel warnt. Schüler protestieren im Rahmen der »Fridays for Future« Bewegung gegen die Untätigkeit der Politiker bzw. der Erwachsenen in Anbetracht des menschgemachten Klimawandels. Die Klimaaktivistin Greta Thunberg bringt es wie folgt auf den Punkt: »Why should I be studying for a future that soon may be no more, when no one is doing anything to save that future?« Das Festhalten der Erwachsenen an der großen Bedeutung einer guten schulischen Bildung ist also aus Sicht der jungen Generation absurd, da keine positive Zukunft zu erwarten sei. Wir sehen also immer mehr Menschen, vor allem der jüngeren Generation, die angesichts der Nachrichten über Umweltzerstörung und die negativen Folgen des Klimawandels mit starker Angst reagieren. Greta Thunberg findet auf dem Weltwirtschaftsforum 2019 in Davos klare Worte über den Klimawandel und den Umgang damit: »I don't want you to be hopeful, I want you to panic! I want you to feel the fear I feel every day and then I want you to act«. Der Überlebenswille sei die treibende Kraft unserer Spezies und stellt gemäß den Ansichten von Richard Dawkins (2016) den Motor der Evolution dar. Dementsprechend löst eine akute Lebensbedrohung durch die wahrgenommene bevorstehende Apokalypse aufgrund des Klimawandels bei vielen Menschen extreme Angst aus. Durch die Aktivierung des Fight-Flight-Freeze-Systems (Bracha, 2004) versuchen Individuen normalerweise einer Bedrohung zu entgehen. Diese automatisierten Überlebensprogramme sind jedoch nur in akuten Bedrohungen hilfreich, wenn ein Individuum beispielsweise von einem Feind angegriffen wird. Für komplexe, langfristige und globale Bedrohungen wie den Klimawandel sind diese auf kurzfristige Reaktionen bzw. Lösungen ausgerichteten Programme nicht geeignet.

5.2.3 Bewältigungsversuche

Im Zusammenhang mit den Herausforderungen des Klimawandels und der Umweltzerstörung sind Kampf oder Flucht also dysfunktional, da sie sich für langfristige Lösungen nicht eignen. Auch der »Freeze-Ansatz«, also ein »erduldender« oder resignativer Umgang mit der aktuellen Umweltkrise ist nicht funktional, denn daraus folgt eine ohnmächtige Unterwerfung unter ein nur scheinbar aussichtsloses Schicksal. Wenn sich Menschen als Spielball eines nicht zu beeinflussenden Schicksals wahrnehmen, verringert dies eine aktive Auseinandersetzung mit dem Problem bzw. Verhaltensänderung. Hierbei spielt vor allem die »Erlernte Hilflosigkeit« (Seligman, Weiss, Weinraub & Schulman, 1980) eine wichtige Rolle. Eine Vielzahl von Studien betrachtet die Erlernte Hilflosigkeit als einen Risikofaktor für die Entstehung psychischer Krankheiten, insbesondere von Depressionen und Angststörungen (Vollmayr & Gass, 2013).

In jüngster Zeit wurde das Konzept der »Earth Emotions« entwickelt, um die neuartigen Emotionen zu definieren, die Menschen angesichts der Umweltkrise empfinden (Albrecht, 2019). Mehrere Autoren weisen darauf hin, dass Eco Emotions (Wut, Schuld, Schrecken, Scham, Angst und Verzweiflung) eine natürliche und legitime Reaktion auf ökologische Veränderungen bzw. Verluste sind (Cunsolo et al., 2020). Ein anderes Konzept, die Öko-Angst, wird als »chronische Angst vor dem ökologischen Untergang« definiert (Clayton, Manning, Krygsman & Speiser, 2017). 2020 ergab die letzte Umfrage des Yale Program on Climate Change Communication, an der 1.036 Erwachsene teilnahmen, dass 72 % der Amerikaner glauben, dass die globale Erwärmung stattfindet und dass sie künftigen Generationen schaden wird. Mindestens 66 % der Befragten waren »etwas besorgt« und 41 % fühlen sich »hilflos« (Leiserowitz et al., 2021).

5.2.4 Klimaaktivismus vs. Tatenlosigkeit

Auf der anderen Seite scheint sich ein großer Teil der Bürger westlicher Industrienationen kaum für die Realität der Umweltzerstörung und die klimatischen Veränderungen zu interessieren (Brick, Bosshard & Whitmarsh, 2021). Das zentrale Paradoxon besteht in diesem Zusammenhang darin, dass viele Menschen zwar ihre Gesundheit, ihre Beziehungen und ihre Umwelt wertschätzen, sich im Alltag jedoch meist für Verhaltensweisen entscheiden, welche diesen Lebensaspekten schaden. Ein anderes weithin beobachtbares Phänomen ist, dass der Glaube an die globale Erwärmung bei weiten Teilen der Bevölkerung in den letzten Jahren, trotz eindeutiger wissenschaftlicher Belege für die Existenz einer globalen Erwärmung, stagniert. Eine mögliche Erklärung für diese Erscheinung ist, dass Informationen über die potenziell katastrophalen Folgen der globalen Erwärmung tief verwurzelte Überzeugungen über eine gerechte, geordnete und stabile Welt bedrohen (Feinberg & Willer, 2011). Menschen überwinden eine Bedrohung dieser Ordnung, indem sie die Existenz der globalen Erwärmung leugnen oder herunterspielen. Die Autoren fanden in ihrer Studie, dass apokalyptisch formulierte Statements zum Ernst der Lage die Handlungsbereitschaft für umweltfreundliches Verhalten eher verringerten. Die Teilnehmenden füllten einen Fragebogen zu politischen Einstellungen aus, der eine sechs Punkte umfassende Skala zum allgemeinen Glauben an eine gerechte Welt enthielt. Später nahmen die Teilnehmenden an einer Laborsitzung teil, in der sie einen von zwei Artikeln lesen sollten. Diese Artikel, die im Stil eines Zeitungsartikels verfasst waren, waren in den ersten vier Absätzen identisch und enthielten Informationen über den Klimawandel, die vom Weltklimarat der Vereinten Nationen berichtet wurden, unterschieden sich aber in den beiden letzten Absätzen. Der Artikel mit der düsteren Botschaft beschrieb die verheerenden und möglicherweise apokalyptischen Folgen, die sich aus der globalen Erwärmung ergeben könnten, während der Artikel mit der positiven Botschaft sich auf mögliche Lösungen für die globale Erwärmung konzentrierte und hervorhob, wie technologischer Fortschritt bei der Lösung der Klimakrise helfen könnten. Sowohl zum Zeitpunkt 1 als auch zum Zeitpunkt 2 wurde die Skepsis der Teilnehmenden gegenüber der globalen Erwärmung mittels Fragebogen erhoben. Es zeigte sich ein signifikanter Unterschied zwischen beiden Bedingungen dahingehend, dass die Manipulation effektiv den Glauben an die Fähigkeit der Wissenschaft, Lösungen für die globale Erwärmung zu finden beeinflusste. Es zeigte sich außerdem, dass die Weltanschauung der Teilnehmenden, vor allem der Glaube an eine gerechte Welt, den Grad der Skepsis der Teilnehmenden beeinflusste. Je stärker die Teilnehmenden an eine gerechte Welt glaubten, desto skeptischer wurden sie gegenüber der globalen Erwärmung, als sie die düstere Aussage zu lesen bekamen. Unter den Teilnehmenden in der Bedingung mit der positiven Botschaft fanden Feinberg und Willer (2011) eine signifikante Abnahme der Skepsis vom ersten zum zweiten Zeitpunkt. Mit anderen Worten, die optimistische, lösungsorientierte Botschaften im Zusammenhang mit dem Klimawandel führten zu einer Zunahme des berichteten Glaubens an die Tatsache der globalen Erwärmung. Gleichzeitig hing dieser Zusammenhang nicht mit dem Grad der Weltanschauung der Teilnehmenden zusammen. Während also katastrophisierende Botschaften bei den Teilnehmenden, die stark an eine gerechte Welt glaubten, zu einer erhöhten Skepsis führten, bewirkten die lösungsorientierten Botschaften, da sie den Gerechtigkeitsüberzeugungen der Teilnehmenden nicht widersprachen, einen allgemeinen Rückgang der Skepsis gegenüber dem Klimawandel. Dieses Experiment stützt also die Annahme, dass katastrophisierende Botschaften nicht zu einer langfristigen Verhaltensänderung beitragen. Entsprechend lässt sich daraus ableiten, dass weniger bedrohliche Botschaften effektiver sein könnten, um das Verständnis der Öffentlichkeit für die Forschung zum Klimawandel zu fördern und auch um langfristige Verhaltensänderungen zu bewirken. Auch Ruiter et al. (2014) beschreiben diesen Effekt in einer Übersichtsarbeit zu Überzeugungskampagnen zur Verhaltensänderung in unterschiedlichen Kontexten. Die Autoren schreiben, dass häufig die Erregung von Ängsten eingesetzt wird, experimentelle Belege aber klar gegen die Effektivität bedrohlichen Gesundheitsinformationen als Maßnahme zur langfristigen Verhaltensänderung sprechen würden. Die Ergebnisse von sechs metaanalytischen Studien zur Wirksamkeit von Furchtappellen lassen den Schluss zu, dass Bewältigungsinformationen, die darauf abzielen, die Wahrnehmung der Reaktionsfähigkeit und insbesondere der Selbstwirksamkeit zu erhöhen, für die Förderung von Schutzmaßnahmen wichtiger sind als die Präsentation bedrohlicher Informationen, die darauf abzielen, die Risikowahrnehmung und das Angstgefühl zu erhöhen. Entsprechend kommen auch Ruiter und Kollegen (2014) zum Schluss, dass alternative Methoden zur Verhaltensänderung als Furchtappelle in Erwägung gezogen werden sollten.

5.2.5 Lösungsorientierung vs. Katastrophisieren

Ein Heraufbeschwören der unvermeidlichen Apokalypse, die unweigerlich zur zeitnahen Auslöschung der Menschheit bzw. unseres Planeten führen wird, ist also wenig sinnvoll und führt eher zu Resignation oder Panik, welche eine Lösungsorientierung beeinträchtigen kann. Ein reines »schwarz-weiß-Denken« bringt uns nicht weiter. Ein Artikel der Neuen Zürcher Zeitung (NZZ) vom 21.3.2023 bringt es auf den Punkt: »eine Erwärmung der Welt um 2,2 °C wäre kein Weltuntergang«. Dies darf nicht mit der Haltung der Klima-Leugner verwechselt werden, denn dass sich das Klima wandelt, steht gemäß heutigem Wissensstand außer Frage. Jedoch darf dies nicht mit der Annahme gleichgesetzt werden, dass unsere Welt und die Menschheit automatisch einem baldigen Untergang geweiht sind.

Um Ohnmacht zu überwinden, braucht es also Selbstwirksamkeitsüberzeugungen. Diese werden gestärkt, wenn Menschen sich selbst als wirksam erleben. Hier helfen konkrete Ziele und Perspektiven, die in naher Zukunft erreicht werden können. Es braucht also nicht möglichst katastrophisierende Botschaften, sondern gestufte, möglichst konkret formulierte und realistisch erreichbare Ziele. Das Erreichen von Teilzielen schafft zunehmend Vertrauen in die eigenen Kompetenzen und damit Motivation etwas zu ändern. Aktiv zu werden und dadurch Kontrolle zurückzugewinnen, erweist sich als ein sehr wirksames Mittel gegen Angst- und Depressionssymptome in Krisenzeiten (Abu Sabbah, Eqylan, Al-Maharma, Thekrallah & Safadi, 2022; Cuijpers, Karyotaki, Harrer & Stikkelbroek, 2023). Angesichts der bedrückenden Nachrichten zur aktuellen Situation der Umweltzerstörung sollten entsprechend sowohl auf der individuellen als auch der gesellschaftlichen Ebene vor allem handlungs- und lösungsorientierte Ansätze im Vordergrund stehen.

5.2.6 Externalisierung des Problems

Problematisch im Kontext des menschgemachten Einflusses auf die Umweltzerstörung ist auch die Externalisierung der Kosten des eigenen Lebensstils. So fordern viele zwar auf der einen Seite von Unternehmen oder Staaten, dass diese nachhaltiger werden sollen, nehmen aber zugleich an, dass sie an ihrem eigenen Lebensstil weitestgehend festhalten können, ohne sich einzuschränken. Dabei wird jedoch verdrängt, dass dies nur durch den Ressourcenraubbau an bestehenden Ökosystemen möglich ist, welche sich meist in anderen Regionen der Erde befinden. Eine Erklärung für diese Diskrepanz zwischen Werten und Handlungen ist, dass die Evolution den menschlichen Verstand so geformt hat, dass er auf Probleme reagiert, mit denen unsere entfernten Vorfahren konfrontiert waren (Barkow, Cosmides & Tooby, 1995). Ein häufig genanntes Beispiel zur Illustration dieses Phänomens ist die unverhältnismäßig große Angst vieler Menschen vor Spinnen oder Schlangen im Gegensatz zu Autos, obwohl Verkehrsunfälle weltweit eine der Hauptodesursachen sind. Die langfristige Sorge um die natürliche Umwelt ist aus evolutionärer Sicht neu, und ihre Abstraktheit, Distanz und Ungewissheit macht sie schwer verständlich. Der Klimawandel ist also für viele Menschen ein abstraktes und von der täglichen Lebensrealität weit entferntes Problem. So konsumieren die meisten Menschen in westlichen Gesellschaften zu viel – häufig mit dem Ziel ihren sozialen Status zu erhöhen, was zwar in zurückliegenden Jahrhunderten evolutionär betrachtet sinnvoll war, angesichts des aktuellen weltweiten Ressourcenabbaus aber eher für das Überleben der Menschheit wenig hilfreich ist. Brick, Bosshard und Whitmarsh (2021) stellen in ihrer Übersichtsarbeit die These auf, dass Naturschutzbemühungen scheitern werden, wenn das umweltschädliche Verhalten einfacher und billiger ist oder sozialen Motiven (z. B. Statusgewinn durch Konsum) dienlicher ist. Metaanalysen legen nahe, dass die wirksamsten Interventionen zum Umweltschutz soziale Motive wie Zugehörigkeit nutzen (Ehret et al., 2020). Zumindest in etwas zurückliegenden Studien (z. B. Steg, Bolderdijk, Keizer & Perlaviciute, 2014) waren, anders als man annehmen würde, umweltfreundliche Einstellungen und entsprechende Verhaltensweisen nur schwach miteinander verknüpft. Entsprechend muss davon ausgegangen werden, dass das Umweltbewusstsein von Menschen nicht zwangsläufig zu entsprechenden Verhaltensweisen führt. Die stärksten Prädiktoren für den CO_2-Fussabdruck einer Gesellschaft bzw. die individuellen Umweltschäden ihrer Mitglieder sind demografischer Natur, vor allem das BIP eines Landes bzw. das Einkommen einer Person.

5.2.7 Menschliche Fehleinschätzungen

Außerdem zeigt sich bei vielen Menschen eine erhebliche Fehleinschätzung, welche individuellen Maßnahmen beim Umwelt- und Ressourcenschutz am effektivsten sind. So praktizieren viele täglich Maßnahmen, die sie für sehr wirksam für den Umweltschutz halten (z. B. Recycling oder das Ausschalten des Lichts), ignorieren aber andere Verhaltensweisen, die eine weitaus größere Auswirkung auf die Erhaltung unserer Umwelt haben (z. B. indirekter Wasserverbrauch oder Wohnungsgröße) (Attari, 2018). Die meisten Menschen in hochindustrialisierten Gesellschaften mit einem hohen pro-Kopf-Einkommen sind also Teil des Problems, indem sie sich tagtäglich »unvernünftig« in Bezug auf eine sinnvolle Lösung verhalten. Sadler-Smith und Akstinaite (2021) sprechen sogar von einem »kollektiven Selbstbetrug«. Gemeint ist damit die Annahme, dass sich die gesellschaftliche Wende in Richtung von mehr Umweltschutz und Nachhaltigkeit allein durch das Engagement von Privatpersonen bewältigen ließe. Dies lasse sich nur als globale Aufgabe erreichen und sei nicht Privatsache, sondern Angelegenheit vieler Nationen, vor allen jener des globalen Nordens, welche aktuell den größten Beitrag zum Klimawandel und Ressourcenabbau leisten. Die Verantwortung des Einzelnen liegt nicht nur in einem nachhaltigen Lebensstil, sondern vor allem auch darin, von der politischen Ebene Gesetze für nachhaltiges Handeln zu fordern. Insgesamt muss in die Betrachtungen auch einbezogen, dass eine Kehrtwende hin zu konsequenterem Klimaschutz, welcher vermutlich am ehesten durch ökonomische Anreize vorangetrieben wird, für Menschen nicht nur Verzicht und Einschränkung bedeutet, sondern auch die Chance zur Verbesserung der Lebensqualität für Individuen und Familien bietet. Wenn beispielsweise der Verkehr in den Städten abnimmt und es dadurch mehr Grünflächen, weniger Luftverschmutzung und Verkehrstote gibt, hat dies erhebliche Vorteile. Statt also stets nur über zukünftige Verschlechterungen zu sprechen, sollten auch die Vorteile von Umweltschutzmaßnahmen in den Vordergrund rücken. In Deutschland haben beispielsweise Innovationen im Bereich der erneuerbaren Energien einen völlig neuen Beschäftigungssektor geschaffen, der auf Technologieentwicklung, Produktion, Installation und Wartung basiert (Sperfeld et al., 2022). In ähnlicher Weise können dezentrale Stromerzeugungssysteme, die auf kleineren Projekten aufbauen, mit regionaler wirtschaftlicher Wertschöpfung und der Schaffung von Arbeitsplätzen verbunden sein. Gemäß der COBENEFITS Studie (Helgenberger, Mbungu, Rodríguez & Nunez, 2021), einem vom Forschungsministerium der Bundesrepublik Deutschland und des Landes Brandenburg geförderten Projekts am Potsdam Institute for Advanced Sustainability Studies e.V.

(IASS), lassen sich viele Klimaschutzmaßnahmen mit Werten verbinden, die den Menschen am Herzen liegen. Menschen sind nicht bloß an materiellen Werten und individuellem Erfolg interessiert, sie möchten sich auch persönlich weiterentwickeln, anderen helfen, etwas Sinnvolles tun.

5.2.8 Auswirkungen der Umweltzerstörung auf die Elternschaft

Trotz der oben beschriebenen Auswirkungen der Umweltzerstörung und des Klimawandels auf die psychische Gesundheit gibt es bisher nur wenige Studien, welche sich mit dem Einfluss der Klimakrise und der Umweltzerstörung auf die Elternschaft bzw. das Verhalten von Eltern befassen. Brophy et al. (2022) analysierten in ihrer Übersichtsarbeit 131 Presseartikel, welche sich mit den Einstellungen von Eltern und Kindern bzw. Jugendlichen zur Klimakrise befassten. Sie führten mit Hilfe der Software NVivo eine qualitative Diskursanalyse durch. In den Zeitungsartikeln fanden sich insgesamt vier verschiedenen Darstellungen, welche Perspektiven und Erfahrungen Eltern und ihre Kinder im Zusammenhang mit dem Klimawandel haben: (a) wilde junge Aktivisten; (b) erwachsene Kinder; (c) unschuldige Opfer und/oder (d) ultimative Retter. Die Artikel betrachteten außerdem Eltern auf eine von vier paradigmatischen Weisen: (a) die Erfahrung von Öko-Angst durch Elternschaft; (b) die Zähmung der Öko-Angst der Kinder; (c) die Kritik am jugendlichen Aktivismus; und/oder (d) die Neuinterpretation von Klimaaktivitäten als Quelle von Bedeutung im Leben junger Menschen.

Heffernan et al. (2023) werteten Daten, welche im Rahmen des Chicago Parent Panel Survey von Mai bis Juli 2021 erhoben wurden, aus. Die befragten Eltern gaben dabei an, wie besorgt sie persönlich über den Klimawandel waren, welche Auswirkungen der Klimawandel auf sie selbst und ihre Familie hatte und wie gut sie das Thema Klimawandel verstehen. Die Studienergebnisse zeigten insgesamt hohe Besorgniswerte hinsichtlich des Klimawandels im Allgemeinen und speziell in Bezug auf die Auswirkungen auf die Familie der Befragten. Eltern, die sich selbst als gut über den Klimawandel informiert einschätzten, waren insgesamt hinsichtlich der Auswirkungen des Klimawandels besorgter als Eltern, die über weniger Wissen verfügten. Bei Eltern mit Hochschulabschluss, im Vergleich zu Eltern mit Highschool-Abschluss, war die Wahrscheinlichkeit geringer, dass sie sich große Sorgen machten. In einer anderen Studie wurden weibliche Teilnehmerinnen (18 und 25 Jahre alt) ohne eigene Kinder mittels qualitativer Interviews befragt (Smith, Sales, Williams & Munro, 2023). Die Teilnehmerinnen wurden gebeten, Fotos zu machen, die die Frage »Wie beeinflusst der Klimawandel Ihre Entscheidung, eine Familie zu gründen« beantwortete. Die Fotos wurden als Gesprächsleitfaden für die Entscheidungsfindung der Teilnehmerinnen in Bezug auf die Familiengründung und den Klimawandel verwendet. Die Analyse der Interviews und Fotografien ergab Themen wie Öko-Angst, Zögern bei der Familiengründung, Gefühle des Verlusts und Wunsch nach systemischer Veränderung als Einflussfaktoren auf die Entscheidung zur Familiengründung. Mit Ausnahme von zwei Teilnehmerinnen hatte der Klimawandel Auswirkungen auf die Entscheidung, Kinder zu bekommen.

5.2.9 Innerfamiliäre Kommunikation

Diskussionen in der Familie über den Klimawandel spielen eine entscheidende Rolle für die Wahrnehmung und das Verhalten von Kindern und Jugendlichen in Bezug auf den Klimawandel. Es gibt jedoch nur wenige Untersuchungen über die familiäre Kommunikation über Fragen des Klimawandels. Eine der wenigen Studien in diesem Bereich stammt von Dayton und Kollegen (2022). In ihrer Online-Längsschnittstudie wurden 214 Eltern zu ihrer familiären Kommunikation über den Klimawandel und die Reaktion der Kinder befragt. Die Ergebnisse zeigten, dass die meisten Eltern (68 %) an Gesprächen über den Klimawandel interessiert waren. Außerdem zeigte sich, dass zwar ältere Kinder mehr über den Klimawandel besorgt waren als jüngere Kinder, das elterliche Interesse an der Kommunikation mit ihren Kindern nicht vom Alter der Kinder beeinflusst wurde. Viele Eltern gaben an, dass sie oft nicht wussten, was sie sagen sollten, gleichzeitig aber ihre Rolle darin sahen, ihre Kinder in ihrem Handeln zu unterstützen. Das Eltern eine große Bedeutung für den Umgang ihrer Kinder bzw. ihrer Familie mit der Klimakrise haben, zeigten auch Mead et al. (2012). Die Autoren teilten die Eltern in eine von vier unterschiedlichen Gruppen hinsichtlich der geäußerten Risikowahrnehmung und Überzeugungen über die persönliche Wirksamkeit ein (Gleichgültigkeit = geringes Risiko, schwache Wirksamkeit; Proaktivität = geringes Risiko, starke Wirksamkeit; Vermeidung = hohes Risiko, schwache Wirksamkeit; Reaktion = hohes Risiko, starke Wirksamkeit). Die Analysen zeigten, dass die Zugehörigkeit der Eltern zu einer der Gruppen signifikant mit der Zugehörigkeit der Kinder zur selben Gruppe assoziiert war. Darüber hinaus war die Gruppenzugehörigkeit ein signifikanter Prädiktor dafür, wie die Jugendlichen Informationen zum Umgang mit der Klimakrise suchten. Mead et al. (2012) fanden, dass Jugendliche aus den Gruppen »Reaktion« und »Vermeidung« signifikant stärker nach Informationen und Lösungsmöglichkeiten für die Herausforderungen des Klimawandels suchten. Leger-Goodes et al. (2023) nutzen in ihrer kanadischen Studie ein deskriptives qualitatives Design, um Eltern-Kinder-Dyaden in Hinblick auf kindliche Emotionen im Zusammenhang mit dem Klimawandel und elterliche Bewältigungsstrategien zu untersuchen. Die Erfahrungen der Kinder und Eltern wurden mittels Interviews und Fragbögen erfasst und anschließend mit Hilfe einer reflexiven Inhaltsanalyse ausgewertet. Aus der thematischen Analyse ergaben sich drei Themen: 1. das Verständnis der Kinder für den Klimawandel, 2. ihre emotionale Reaktion auf den Klimawandel und 3. ihre Bewältigungsmechanismen im Umgang mit diesen Emotionen. Die vergleichende Inhaltsanalyse ergab, dass Eltern, die sich bewusst waren, dass sich ihre Kinder Sorgen in Hinblick auf den Klimawandels machen, Kinder hatten, die anpassungsfähigere Bewältigungsmechanismen verwendeten. Diese Ergebnisse machen die große Bedeutung von Eltern für die Bewältigung der Klimakrise deutlich. Da der Klimawandel eine globale Gesundheitsbedrohung ist, sollten Eltern im familiären Setting frühzeitig über Themen der Bewältigung von Klimafragen diskutieren. Es sind sofortige Maßnahmen erforderlich, um auf den Klimawandel zu reagieren und die langfristigen negativen Folgen abzumildern. Trotz der großen Besorgnis über den Klimawandel in der Bevölkerung gibt es in sehr vielen Ländern nur sehr begrenzte umweltpolitische Maßnahmen zur Eindämmung des Klimawandels. Um die Politik und die Ansichten der Regierung zu ändern, müssen sich Eltern selbst, aber auch die kommenden Wähler mehr für eine Umweltpolitik einsetzen, die den Klimaschutz fördert. Ein zentraler Mechanismus, mit dem Eltern die Überzeugungen, Handlungen und Bewältigungsstile ihrer Kinder in Bezug auf den Klimawandel beeinflussen, sind Diskussionen über dieses Thema. Familiendiskussionen über den Klimawandel wurden von einigen Autoren als einer der wichtigsten Faktoren identifiziert, die die Wahrnehmung und das Verhalten von Kindern beeinflussen, wobei Familiendiskussionen eine wichtigere Rolle spielen als das Verhalten der Eltern in Bezug auf den Klimawandel und die Klimasorgen der Kinder selbst (Mead et al., 2012).

5.3 Zusammenfassung

Der menschgemachte Klimawandel und die Zerstörung natürlicher Ressourcen führen bei vielen Menschen, insbesondere bei jüngeren Menschen, zu Ängsten oder anderen sogenannten Eco Emotions. Jedoch sind Panik und sehr starke Angst im Kontext der Bedrohung durch Umweltzerstörung und Klimakrise weniger hilfreich zur Lösung dieser Herausforderungen. Auch wenn der wissenschaftliche Konsens in Bezug auf den menschengemachten Klimawandel und den negativen Einfluss des Menschen auf die Artenvielfalt und weitere Aspekte der Umweltzerstörung von jedem einzelnen Menschen eine kritische Selbstreflexion und Verhaltensanpassungen erfordern, sind katastrophisierende und die baldige Apokalypse heraufbeschwörende Reaktionen wenig hilfreich. Eltern bzw. Familien sollten sich auf ihre konkreten, täglich zu beeinflussenden Handlungsmöglichkeiten konzentrieren. In Anbetracht der Unwägbarkeiten, der Komplexität und der Widersprüchlichkeiten der Weltverhältnisse haben Eltern nur eines wirklich in der Hand, ihre Rolle als Vorbild für ihre Kinder. Es braucht also eine unmissverständliche Darlegung der realen Faktenlage, die durch konkrete Handlungsanweisungen auf individueller und gesamtgesellschaftlicher Ebene begleitet ist. Eltern sollten solche klaren Fakten im familiären Rahmen mit Ihren Kindern diskutieren und ihnen somit Handlungsmöglichkeiten aufzeigen. Die familiäre Kommunikation über Umweltthemen wirkt sich positiv auf die Informationssuche und damit auch auf Bewältigungsstrategien von Jugendlichen aus.

5.4 »Therapeutischer Werkzeugkoffer«

5.4.1 Grundsätzliches

Wie können Eltern Umweltbewusstsein bei ihren Kindern fördern?

Kinder übernehmen viel in Bezug auf Werthaltungen, also auch in Bezug auf ökologisches Verhalten bzw. Umweltbewusstsein von ihren Eltern. Wenn Eltern Strom sparen, Spielzeug reparieren, anstatt es gleich in den Müll zu werfen, Kleider secondhand kaufen oder das Fahrrad anstatt des Autos nehmen, prägt dies die Kinder und wird bei ihnen umweltbewusstes Handeln fördern.

Die Natur zu kennen, ist die wichtigste Voraussetzung, um sie zu schützen. Deshalb ist es wichtig, dass Kinder positive Umwelterfahrungen machen. Das bedeutet, dass Eltern ihren Kindern die Schönheit der Natur durch Erlebnisse im Freien näherbringen und sie damit für den Schutz der Natur sensibilisieren sollten. Die Natur mit den Ohren zu hören, sie mit den Augen zu sehen, mit den Fingern zu erspüren oder mit der Nase zu riechen – das alles schafft eine Verbindung. Deshalb fördern das Draußenspielen oder das Wandern im Gebirge oder Beobachtungen in der Natur das kindliche Interesse an der Natur und verbindet das Kind mit dieser. Eltern sollten also nicht nur ein Vorbild zum achtsamen Umgang mit Ressourcen und Umweltschutz sein, sondern ihren Kindern viele reale Erfahrungen mit der Natur ermöglichen. Kognitive Auseinandersetzungen mit der voranschreitenden Knappheit der Ressourcen und der Naturzerstörung allein sind hingegen keineswegs zielführend.

Wie kann man den »Klimawandel« für Kinder greifbar machen?

»Klima« oder »Klimawandel« sind für jüngere Kinder viel zu abstrakte Begriffe. Sie sind im wahrsten Sinne des Wortes nicht greifbar. Eltern können ihren Kindern den Wert des Klimas in Gesprächen näherbringen und ihnen erklären, was im Zuge des Klimawandels passieren kann. Trockene Böden oder vertrocknete Pflanzen sind für Kinder sicht- und fassbar. An solchen realen Erfahrungen kann man seinem Kind die Auswirkungen der Klimaveränderung aufzeigen und erklären. Gleichzeitig ist es aber auch wichtig, den Kindern Handlungsoptionen zur Veränderung der aktuellen Situation aufzuzeigen (z.B. »Wir fahren mit der Bahn in die Ferien, um weniger CO_2 zu produzieren.«). Außerdem gibt es Kinderbücher, welche auf sehr anschauliche Art und Weise Kindern die Themen Klimawandel und Umweltschutz vermitteln.

5.4.2 Kinderbücher zum Thema Umweltzerstörung und Klimawandel

Debora Hopkinsons, Chuck Groenink und Stephanie Menge (2023). Unsere Erde gibt's nur einmal, Fischer Verlag (40 Seiten).

Lisa Rammensee (2023). Grüner wird's wohl! – Wir. Einfach. Nachhaltig, DTV (96 Seiten).
Jess French (2019). So viel Müll! Wie du die Umwelt schützen kannst, Dorling Kindersley (72 Seiten).
Claus Hecking, Charlotte Schönberger und Ilka Sokolowski (2019). Unsere Zukunft ist jetzt! Kämpfe wie Greta Thunberg fürs Klima, Oetinger (96 Seiten).
Sofia Erica Rossi und Carlo Canepa (2023). Der Plastikangler und andere Jobs der Zukunft, Edizioni White Star SrL (72 Seiten).
Cindy Forde (2023). Wundervolle Welt von Morgen, Moses Verlag (80 Seiten).
Birte Lorenzen-Herrmann und Boris Herrmann (2022). My Ocean Challenge – Kurs auf Klimaschutz – Was unsere Ozeane jetzt brauchen und was du dazu beitragen kannst, Cbj (96 Seiten).
Jess Fench (2022). So wunderbar ist unsere Welt! DK Verlag Dorling Kindersley (72 Seiten).
Johanna Prinz (2022). WAS IST WAS Junior Band 36 Natur- und Umweltschutz Das kannst du tun!, Tessloff Verlag (20 Seiten).
Martin Dorey und Tim Wesson (übersetzt von Fabienne Pfeiffer) (2022). #umweltheld in 2 minuten. 50 tolle Tricks, wie du die Welt rettest! Innovatives Mitmachbuch mit vielen Alltagstipps für umweltbewusste Greta-Fans, Dressler (128 Seiten).
Melani Laibl (2022). Werde wieder wunderbar, G&G Verlag (64 Seiten).
Sophie Frys (2022). Weniger Müll, 360 Grad Verlag (104 Seiten).
Marc Majewski (2022). Kann unsere Erde fühlen?, Von Hacht Verlag (40 Seiten).
Karolin Küntzel (2022). Geht unser Licht aus, wenn kein Wind weht?, Hase & Igel Verlag (34 Seiten).
Karolin Küntzel (2022). Ist der Eisbär in Gefahr?, Hase & Igel Verlag (34 Seiten).
Chantal-Fleur Sandjon (2021). Welt retten!, FISCHER Sauerländer (136 Seiten).
Nadine Schubert und Inka Vig (2020). Grüne Helden – Ohne Plastik geht es auch, Magellan (96 Seiten).
Hans Georg Traxler (2020). Die grünen Stiefel, Kunstmann Verlag (32 Seiten).
Mathilda Masters und Louize Perdieus (2020). 123 superschlaue Dinge, die du über das Klima wissen musst, Carl Hanser Verlag (144 Seiten).
Louise Spilsbury und Hanane Kai (2020). Gemeinsam retten wir die Erde, Gabriel in der Thienemann-Esslinger Verlag GmbH, 32 Seiten
Mary Hoffman und Ros Asquit (2020). Das große Buch für kleine Umwelthelden, Fischer Sauerländer (40 Seiten).
Dagmar Hoßfeld (2020) Jella hat genug!, Carlson Verlag (288 Seiten).
Matt Wyhan (2020) Unser Planet, Gabriel Verlag (96 Seiten).
Marie G. Rohde (2020). Unheimliche Umweltmonster, Knesebeck (48 Seiten).
Marcter Host und Wendy Panders (2020). Palmen am Nordpol, Gabriel Verlag (184 Seiten).
Christina Hagen und Julia Patschorke (2020). Vom kleinen Eisbären, dem es zu warm geworden ist, Oekom Verlag (36 Seiten).
Liz Gogerly und Miguel Sanchez (2020). Alles auf Grün!, Gabriel Verlag (48 Seiten).
Anita van Saan und Dorothea Tust (2019). Die Umweltkonferenz der Tiere, Carlson Verlag (32 Seiten).
Gerda Raidt (2019). Müll. Alles über die lästigste Sache der Welt, Beltz & Gelberg (92 Seiten).
Kristina Scharmacher-Schreiber und Stephanie Marian (2019). Wie viel wärmer ist 1 Grad?, Was beim Klimawandel passiert, Beltz Verlag (96 Seiten).
Pierdomenico Baccalario und Federico Taddia (2019). 50 kleine Revolutionen, mit denen du die Welt (ein bisschen) schöner machst, dtv Verlag (192 Seiten).
Dela Kienle (2019). Plastik? Probier's mal ohne!, Carlson Verlag (48 Seiten).

Teil II: Persönliche Krisen

In einer persönlichen Krise sind wir mit Herausforderungen konfrontiert, in denen bisherige Lösungsstrategien nicht mehr greifen. Gefühle wie Ohnmacht, Wut, Angst, Verzweiflung, Hoffnungslosigkeit, Unsicherheit und Trauer wechseln sich ab. Insbesondere bei individuellen Krisen ist die Frage nach dem »Warum« ständig präsent. Viele Menschen haben anfänglich Mühe die Situation anzunehmen und verleugnen zum Teil nicht zu Ignorierendes. Im Idealfall führt der Weg aber langsam aus der Krise heraus. Mit der Trauer um den Verlust beginnt oft die Verarbeitung und es wird nach Lösungen gesucht – nach neuen Perspektiven und Lebenswegen. Die überstandene Krise zeigt eigene Stärken und Kräfte auf. Menschen spüren ihre eigene Wirksamkeit und das wiederum stärkt den Selbstwert. Finden Menschen jedoch nicht aus der Phase des Leugnens, der Ohnmacht oder der Hilflosigkeit heraus, kann der krisenhafte Zustand lange andauern und möglichweisen auch psychische und körperliche Folgen haben.

6 Frühgeburt eines Kindes

6.1 Fallbeispiele

Fallbeispiel 1

Frau A. war gerade in der 20. SSW, als sie und ihr Mann sich entschlossen, ihre Heimat, in der ein Bürgerkrieg herrscht, zu verlassen. Die Flucht war sehr anstrengend und besonders für Frau A. mit vielen Ängsten verbunden. Schließlich erreichten sie das Zielland ihrer Reise. Nach wenigen Wochen im zentralen Auffanglager, setzte bei Frau A. eine Blutung ein. Sie suchte eine nahegelegene Klinik auf. Mittels eines Dolmetschers wurde ihr von den Gynäkologen mitgeteilt, dass sie in eine spezialisierte Klinik, in der es auch eine Neugeborenenintensivstation gab, verlegt werden müsse. Der Transport erfolgte mit einem Rettungshubschrauber, so dass ihr Mann sie nicht begleiten konnte. Unter großer Hektik erfolgte in der Klinik ein Notfallkaiserschnitt, bei dem Frau A. ohne die Unterstützung ihres Mannes war. Ihr Kind kam in der 25. SSW mit einem Geburtsgewicht von 480 g zur Welt. Aufgrund seiner extremen Unreife musste es intubiert und intensivmedizinisch betreut werden. Die Eltern waren sehr in Sorge und hatten viele Ängste um ihr Kind. Die fehlenden Sprachkenntnisse machten es ihnen zusätzlich schwer, die Situation mit ihrem Frühgeborenen zu bewältigen und mit dem Pflegeteam zu kommunizieren. Die Mutter verbrachte fast ihre gesamte Wachzeit mit ihrem Kind. Die Nächte verbrachte Frau A. in einem Eltern-Wohnhaus der Klinik, ohne ihren Mann Insgesamt 133 Tage verbrachte das Baby bis zu seiner Entlassung in der Kinderklinik. Trotz aller Bemühungen des Ärzte- und Pflegeteams gelang es nicht, das Baby bis zur Entlassung von der Sonde zu entwöhnen. Es musste deshalb auch nach der Entlassung Nahrung über eine Sonde erhalten. Frau A. war auch zu Hause sehr ängstlich und besorgt um die Gesundheit ihres Kindes. Sie versuchte mit allen Mitteln, es zu füttern. Es verweigerte jedoch über Monate konsequent jegliche Nahrungsangebote. Mehrere ambulante und stationäre Therapieversuche waren nötig, um das Baby nach mehr als 3 Jahren von der Sonde zu entwöhnen.

Fallbeispiel 2

Frau S. ist gerade beruflich sehr eingespannt. Sie möchte noch vor der Geburt ihres Kindes ein wichtiges Projekt abschließen. Dafür schont sie sich nicht und arbeitet bis zum Rande der Erschöpfung. Eines Abends bekommt sie plötzlich

Wehen und meldet sich deshalb auf der Notfallstation der Frauenklinik. Dort wird sie stationär aufgenommen, muss liegen und bekommt wehenhemmende Medikamente. Nach einem einwöchigen Aufenthalt auf der gynäkologischen Station verschlechtern sich die Werte ihres Kindes. Die Ärzte entscheiden sich deshalb für die Entbindung per Kaiserschnitt. Frau S. ist in der 30. SSW. Ihr Kind wiegt bei der Geburt 1250 g. Bei der Erstuntersuchung und den pflegerischen Verrichtungen im Inkubator zeigt es deutliche Stressreaktionen – der Moro-Reflex (Klammerreflex, Schreckreaktion) ist schnell auszulösen, das Baby blickt ins Leere und überstreckt sich häufig. Seine Atmung muss mittels CPAP-Atemhilfe unterstützt werden. Trotzdem kommt es immer wieder zu Abfällen der Sauerstoffsättigung und der Herzrate. Frau S. macht sich viele Vorwürfe. Sie hätte es besser wissen müssen. Bereits ihr älteres Kind (3 Jahre) sei zu früh zur Welt gekommen. Wie habe sie nur so egoistisch handeln und keine Rücksicht auf ihr Baby nehmen können. Ständig drehen sich ihre Gedanken um die Schuldfrage und welche Folgeschäden die Frühgeburt haben können. Ständig fühlt sie sich zerrissen zwischen den Bedürfnissen ihres älteren Kindes und dem Neugeborenen. Eine tiefe Erschöpfung und Antriebslosigkeit machen sich breit. Ihr Mann scheint die gesamte Situation wesentlich unbekümmerter zu betrachten. Deshalb kommt es auch innerhalb des Paares zu Streitigkeiten. Frau S. wünscht sich mehr emotionale Unterstützung und Verständnis von ihrem Mann. Dieser reagiert aber oft mit der Haltung »Es ist doch alles gut, was willst du denn.«

6.2 Zusammenfassung des wissenschaftlichen Kenntnisstandes

6.2.1 Hintergründe und Zahlen

Eine Geburt vor der vollendeten 37. Schwangerschaftswoche wird als Frühgeburt bezeichnet. Jedes Jahr kommen schätzungsweise 15 Millionen Babys weltweit zu früh zur Welt (Blencowe et al., 2012). Komplikationen bei Frühgeburten sind die häufigste Todesursache bei Kindern unter 5 Jahren und waren im Jahr 2019 für etwa 1 Million Todesfälle verantwortlich (Perin et al., 2022). Die Grenze der Überlebensfähigkeit in Westeuropa liegt in der 23. bzw. 24. Schwangerschaftswoche (Smith et al., 2017). In Deutschland liegt der Anteil Frühgeborener bei knapp unter 9 % aller Neugeborenen. Somit kommt jedes 12. Kind zu früh zur Welt (Bindt, 2022). Die häufigsten Gründe für eine Frühgeburt waren 2022 ein vorzeitiger Blasensprung, pathologische Zustände der Plazenta, Placenta praevia und eine vorzeitige Plazentalösung (Institut für Qualitätssicherung und Transparenz im Gesundheitswesen, 2022).

Es gibt verschiedene Möglichkeiten, um Frühgeborene zu kategorisieren. In der Regel erfolgt die Klassifikation entweder nach dem Geburtsgewicht oder dem Gestationsalter (▶ Tab. 6.1).

Tab. 6.1: Definitionen im Zusammenhang mit Frühgeburtlichkeit (SSW = Schwangerschaftswoche; LBW = low birth weight infants; VLBW = very low birth weight infants; ELBW = extremely low birth weight infants)

Klassifikation aufgrund des Geburtsgewichts	Klassifikation aufgrund des Gestationsalters
untergewichtige Termingeborene: Geburtsgewicht < 2.500 g	spät Frühgeborene: 34 bis < 36 6/7 SSW
niedriges Geburtsgewicht (LBW): 1.500 bis 2.500 g	mäßig Frühgeborene: 32 bis 33 6/7 SSW
sehr niedriges Geburtsgewicht (VLBW): 1.000 bis 1.499 g	sehr Frühgeborene: 28 bis 31 6/7 SSW
extrem niedriges Geburtsgewicht (ELBW): < 1.000 g	extrem Frühgeborene: < 28 SSW

6.2.2 Frühgeburtlichkeit und intensivmedizinische Behandlung als Entwicklungsrisiken

Dank der Fortschritte der neonatologischen Intensivmedizin können immer kleinere und unreifere Neugeborene überleben. Jedoch zeigt nur eine Minderheit der »Extrem Frühgeborenen«, also der Kinder, welche vor der 28. Schwangerschaftswoche (SSW) geboren wurden, keine Beeinträchtigung in ihrer Entwicklung. Aber auch sogenannte »späte Frühchen«, welche zwischen der 34. und 37. SSW geboren wurden, haben ein um 30 % höheres Risiko als reif geborene Kinder, an Entwicklungsverzögerungen zu leiden. Entscheidend für die Prognose von Frühgeborenen ist ihr Geburtsgewicht. Kinder mit einem Geburtsgewicht von weniger als 1.500 g (»very low birth weight« VLBW und »extremely low birth weight« ELBW) haben ein 10mal höheres Risiko, neurologische Schäden davon zu tragen, als Kinder mit einem Gewicht von über 2.500 g. Obwohl die Inzidenz von gravierenden Beeinträchtigungen wie Cerebralparesen, mentalen Retardierungen, Taubheit oder Blindheit relativ niedrig ist, mehren sich die Hinweise, dass minimale Schädigungen wie z. B. neurokognitive Defizite, Entwicklungsverzögerungen, Lern- oder Verhaltensstörungen bei Frühgeborenen vermehrt auftreten können (▶ Tab. 6.2).

Tab. 6.2: Häufige medizinische Komplikationen von Frühgeborenen

Komplikation	Bedeutung
Hirnblutung	Reißen der Blutgefäße um die Hohlräume im Gehirn
Hydrocephalus	zunehmende Ansammlung von Liquor (Hirnflüssigkeit) im Schädelinnern

Tab. 6.2: Häufige medizinische Komplikationen von Frühgeborenen – Fortsetzung

Komplikation	Bedeutung
Krampfanfälle	salvenartige elektrische Entladungen in einzelnen Zellen oder Bereichen des Gehirns
Atemnotsyndrom	mangelnde Entfaltung der Lungenbläschen
Pneumothorax	Reißen von Lungenbläschen
bronchopulmonale Dysplasie	Zellveränderungen in der Lunge mit Versteifung und später erhöhter Anfälligkeit

Die Gehirnentwicklung befindet sich im letzten Drittel der Schwangerschaft im Wachstumsspurt (Lagercrantz, 2019). Das Gehirn vervierfacht sein Gewicht zwischen der 24. und 40. SSW, entsprechend ist das das Gehirn eines Frühgeborenen kleiner und weniger vernetzt (Eaton-Rosen et al., 2017). Eine Frühgeburt stört und verändert also die komplexen Entwicklungsprozesse in der Großhirnrinde, denn das Frühgeborene befindet sich in dieser sensiblen Entwicklungsphase nicht mehr im geschützten mütterlichen Uterus, sondern auf einer Intensivstation, die durch Lichtexposition, Lärmbelästigung, Monitorsignale etc. geprägt ist. Somit erfolgt die neuronale Reifung bei einem Frühgeborenen nicht im Schutzraum der Amnionflüssigkeit, sondern extrauterin. Je früher das Kind dabei zur Welt kommt, desto höher ist zumeist das Risiko für langfristige Folgen (Aarnoudse-Moens, Weisglas-Kuperus, van Goudoever & Oosterlaan, 2009).

6.2.3 Stresserfahrungen von Frühgeborenen

Ein Frühgeborenes erlebt durch Pflegemaßnahmen Schmerzen, Störungen seines Schlafes oder Temperaturschwankungen eine kumulative Stressexposition, der das Kind naturgemäß nicht entkommen kann (Xing, Zhang, Cao & Zhang, 2023). Smith et al. (2017) zählten während der ersten 14 Tagen auf der Intensivstation durchschnittlich 14 Eingriffe am Tag. Bei besonders kranken Frühgeborenen waren dies jedoch bis zu 50 Expositionen. Ein frühgeborenes Kind ist also in seiner Fähigkeit zur Anpassung an seine Umwelt noch sehr unreif, gleichzeitig wächst es unter weniger optimalen Bedingungen auf. Auf der einen Seite steht die Überstimulation mit visuellen und auditiven Reizen. Demgegenüber erfährt das Kind eine Unterstimulation der Propriozeption und des Gleichgewichtssinns, die ein Ungeborenes normalerweise erlebt, wenn im Uterus die Körperbewegungen der Mutter übertragen werden. Auch hören Frühgeborenen im Inkubator weniger Sprache als im Mutterleib.

Verschiedene Autoren diskutieren solche Erfahrungen als eine Form des »toxischen Stresses«, welcher sich negativ auf das sich entwickelnde Gehirn auswirkt, so dass es zu Langzeitfolgen kommen kann (Malin et al., 2023). Vor allem frühkindliche Schmerzerfahrungen prägen die Entwicklung des Gehirns, was zu Veränderungen in der Architektur, dem Stoffwechsel und der Funktionalität verschiedener Hirnregionen beitragen kann. Im Vergleich zu gesunden, am Termin geborenen

Kindern, sind Frühgeborene also in der Neonatalzeit vermehrt belastenden Ereignissen im Zusammenhang mit der Intensivpflege ausgesetzt, die sie in Kombination mit ihrer Unreife anfälliger und weniger widerstandsfähig machen. Je unreifer das Kind bei Geburt ist, desto größer dabei sein Risiko (Boggini et al., 2021). Vermehrte Belastungen während der Neugeborenenperiode können die Entwicklung der Stress-Achse beeinträchtigen und in der Folge zu veränderten Stresshormonspiegeln (Brummelte et al., 2015). Es wurde festgestellt, dass sich die Cortisolspiegel im Speichel während des ersten Lebensjahres bei Frühgeborenen je nach Gestationsalter bei der Geburt unterschieden (Grunau et al., 2007). Mooney-Leber and Brummelte (2020) untersuchten die Auswirkungen von neonatalen Schmerzen und eingeschränkter mütterlicher Fürsorge auf das Verhalten und die neuroendokrine Stress-Reaktivität im Erwachsenenalter in einem Tiermodell mit Ratten. Die Versuchstiere wurden in den ersten vier Lebenstagen einer Reihe von Schmerzreizen und/oder reduzierter mütterlicher Fürsorge unterzogen und anschließend als Erwachsene in einer Reihe von Verhaltenstests untersucht. Es zeigten sich langfristige Veränderungen der Stressachse bei den weiblichen Tieren und negative Effekte auf das räumliche Langzeitgedächtnis bei den Männchen.

6.2.4 Neurologische Folgen der Frühgeburtlichkeit

Im Zusammenhang mit einer Frühgeburt kann es also zu Hirnschädigungen mit mehr oder weniger starken Folgeerkrankungen kommen. Eine Metaanalyse von Aarnoudse-Moens und Kollegen (2009) macht deutlich, dass das Risiko einer ernsthaften Lernbeeinträchtigung bei Kindern mit geringem Geburtsgewicht deutlich höher ist. Dabei scheint vor allen Dingen die Beeinträchtigung der sogenannten exekutiven Funktionen eine wichtige Rolle zu spielen. Entsprechend haben Frühgeborene häufiger Schwierigkeiten mit komplexen Aufgaben, welche eine simultane Informationsverarbeitung im Gehirn erfordern. Wolke et al. (2008) berichten, dass extrem frühgeborene Kinder vor allem mit logisch-abstrakten Aufgaben Probleme hatten. Aber auch die Aufmerksamkeitsleistungen waren beeinträchtigt, wohingegen die sprachlichen Leistungen oftmals weitaus weniger betroffen waren.

Für das Gehirn werden die Folgen einer Frühgeburt schon lange intensiv untersucht. Galt die Aufmerksamkeit anfänglich zunächst den Folgen extremer Hirnverletzungen z. B. durch intrakranielle Blutungen und hypoxisch-ischämische Schädigungen, die zu motorischen Lähmungen im Sinne einer Zerebralparese führen können, so ist durch einen Rückgang dieser schwerwiegenden Komplikationen die kognitive Entwicklung in den Fokus der Aufmerksamkeit gerückt. Kognitive Defizite ohne gravierende motorische Beeinträchtigung stellen gegenwärtig die häufigste Form entwicklungsneurologischer Probleme dar (Volpe, 2009). Gemäß Volpe (2009) dominieren bei den meisten Frühgeborenen in den westlichen Industrienationen mikroskopische Auffälligkeiten der weißen Substanz (Schädigung der Nervenfasern und Myelinscheiden), die in Summe mit einer Erweiterung der inneren und äußeren Liquorräume und einer variablen Beteiligung der kortikalen und tiefen grauen Substanz sowie des Kleinhirns einhergehen und zu einer geringeren Komplexität zerebraler Netzwerke und damit weniger gut organisierte Nervenfaserverbindungen zwischen den verschiedenen Hirnregionen führen. Bildgebende Studien deuten darauf hin, dass mindestens 50% aller Säuglinge mit einem extrem niedrigen Geburtsgewicht eine Enzephalopathie mit verschiedenen Läsionen, insbesondere die periventrikuläre Leukomalazie, sowie begleitende neuronale/axonale Defizite, die die weiße Hirnsubstanz, den Thalamus, die Basalganglien, die Großhirnrinde, den Hirnstamm und das Kleinhirn betreffen, aufweisen. Schwere intraventrikuläre Blutungen treten dagegen nur bei etwa 5% der sehr kleinen Frühgeborenen auf. Solche Hirnveränderungen hängen langfristig mit dem akademischen Erfolg der Kinder zusammen, da sie auf funktioneller Ebene zu Aufmerksamkeitsproblemen und Einschränkungen im Arbeitsgedächtnis (Woodward, Clark, Bora & Inder, 2012) sowie einer langsameren Verarbeitungsgeschwindigkeit führen (Mulder, Pitchford & Marlow, 2011).

6.2.5 Multisensorische Integration von Frühgeborenen

In der Neonatalperiode ist die Integration von verschiedenen basalen Stimuli und deren Merkmalen (Dauer, Rhythmus, Intensität von Reizen) ein wichtiger Schritt bei der Reifung multisensorischer Verarbeitungswege. Ohne die Fähigkeit, den kontinuierlichen Strom an unterschiedlichen Umweltreizen zu kombinieren und zu bewerten, können Säuglinge nicht lernen, das eigene Erleben einzuordnen und emotionale Reaktionen darauf zu regulieren. Entsprechend erleben die Kinder dann ihre Umwelt eher als unberechenbar und bedrohlich. Angesichts der Unreife des Gehirns und der oft sehr starken sensorischen Einflüsse, denen Frühgeborene wochen- oder monatelang ausgesetzt sind, stellt sich die Frage nach Entwicklungspfaden der Integration multisensorischer Erfahrungen bei diesen Kindern. Maitre et al. (2020) untersuchten ereigniskorrelierte Potenziale von 55 Termingeborenen und 61 Frühgeborenen (alterskorrigiert) in Reaktion auf auditive, somatosensorische und kombinierte auditiv-somatosensorische multisensorische Reize. Dabei war die Frage, ob die multisensorische Verarbeitung von Reizen eine angeborene Kompetenz ist oder stattdessen Erfahrung mit Umweltreizen erfordert. Im Gegensatz zu den Termingeborenen zeigten Frühgeborene atypische Muster der multisensorischen Integration, niedrigere Reizschwellen und hypersensitive Reaktionen, die als Anpassung an unzureichend integrierte postnatale Erfahrungen interpretiert werden können. Zudem waren die abweichenden Reizverarbeitungsmuster, unabhängig von der Frühgeburtlichkeit, mit internalisierenden Verhaltensmerkmalen, also ängstlich-rückzügigem Verhalten, im Alter von 24 Monaten assoziiert. Die Ergebnisse können also dahingehend interpretiert werden, dass Frühgeborene vermehrt auffällige neuronale Reaktionen auf multisensorischer Ebene aufweisen, welche die spätere sensorische Verarbeitung vorhersagen und internalisierende Verhaltensprobleme erklären können. Sowohl eine Frühgeburtlichkeit und die damit assoziierten Bedingungen als auch frühe institutionelle Deprivation können zu neurologischen Entwicklungsstörungen führen. Reyes und Kollegen (2020) nutzten Daten der Bayerischen Längsschnittstudie und der Romanian Adoptees Study, um in beiden Risikogruppen die zugrundeliegenden Mechanismen langfristiger Verhaltensproblemen zu analysieren. Gemeinsam ist beiden Gruppen, dass sie in einer sehr sensiblen Entwicklungsphase toxischen Stress erlebt haben. Die Autoren fanden bei den sehr frühgeborenen Kindern bzw. bei den Frühgeborenen mit sehr niedrigem Geburtsgewicht als auch bei den in personalarmen Institutionen aufgewachsenen und emotional deprivierten Kindern ähnliche neuropsychologische Profile. Verglichen mit den jeweiligen Kontrollgruppen (Termingeborene bzw. nicht institutionalisiert aufgewachsene Adoptierte) wiesen die zwei untersuchten Risikogruppen ähnliche Auffälligkeiten in den Exekutivfunktionen und in der Selbstregulationsfähigkeit auf, was sich in einer reduzierten Anstrengungskontrolle und erhöhter motorischer Aktivität manifestierte.

6.2.6 Verhaltensprobleme von Frühgeborenen

Die bereits genannten neuro-kognitiven Defizite können sich auf der Verhaltensebene in verschiedenen Problemen manifestieren. Bereits im Säuglingsalter weisen Frühgeborene häufiger Verhaltensschwierigkeiten auf. Oft haben sie Defizite in der eigenständigen Regulation innerer Erregungszustände. Die Kinder sind sehr empfänglich für Reize bzw. filterschwach auf den meisten Sinneskanälen. Dadurch haben sie kaum ruhige Wachphasen, können nur schlecht »abschalten«, sind geruchs-, geräusch-, berührungs- oder lageempfindlich. Ausgeprägte Ein- und Durchschlafprobleme sind häufig zu beobachten, denn aufgrund der enormen Unruhe, haben die Kinder Schwierigkeiten in den Schlaf zu finden. Auch die Koordination von Atmen und Trinken kann für zu früh geborene Kinder schwierig sein, so dass es bei ihnen viel häufiger zu Fütter- und Gedeihstörungen kommt. Vielfach haben die Kinder durch die Beatmung und Sondenernährung sehr aversive Erfahrungen im Mund-, Schlund- und Rachenbereich gemacht, was zu einer posttraumatischen Fütterstörung führen kann. Schmid und Kollegen (2011) beobachteten bei 5 Monate alten Frühgeborenen, dass mehr als 30 % dieser Kinder an mindestens einem Symptom einer frühkindlicher Regulationsstörungen litten. Im Gegensatz dazu tritt nur bei etwa 2–6 % aller gesunder Neugeboren nach dem 3. Lebensmonat eine Regulationsstörung auf (von Kries, Kalies & Papousek, 2006).

Auch auf sozialer Ebene sind Frühgeborene häufiger ängstlich, unsicher und zurückhaltend (Reyes, Jaekel & Wolke, 2019). Sie schließen weniger Freundschaften, verbringen weniger Zeit mit Freunden und können eher Opfer von Mobbing werden (Heuser, Jaekel & Wolke, 2018). Ebenfalls können die Aufmerksamkeitsleistungen bei Kindern nach einer Frühgeburt beeinträchtig sein. Entsprechend sind diese Kinder deutlich häufiger von ADHS und ADS betroffen. So machen Bhutta et al. (2002) in ihrer Metaanalyse deutlich, dass Kinder, die zu früh geboren wurden, ein mehr als 2,5-fach erhöhtes Risiko für ein ADHS haben. Wie Spittle und Kollegen (2009) berichten, manifestieren sich die Defizite im Bereich der exekutiven Funktionen bei Frühgeborenen auch im Sozialverhalten. In diesem Zusammenhang steht weiterhin das gehäufte Auftreten von Störungen aus dem autistischen Spektrum, welche ebenfalls in der Gruppe der frühgeborenen Kinder deutlich erhöht sind (Indredavik, 2010; Johnson et al., 2010). Die kognitiven Probleme und die Schwierigkeiten der simultanen Informationsverarbeitung können sich auch ungünstig auf die Bindungsentwicklung der Kinder auszuwirken. So konnten verschiedene Studien zeigen, dass unsichere oder sogar desorganisierte Bindungsstile bei Frühgeborenen gehäuft auftreten. Dabei entwickelten die extrem frühgeborenen Kinder auch dann eine unsichere Bindung zu ihren Eltern, wenn ihre Eltern besonders feinfühlig mit ihnen umgingen. Marlow et al. (2005) vermuten, dass das Bindungsverhalten durch die Schwierigkeiten mit der Informationsverarbeitung sozialer Reize erklärt werden muss. Denkbar ist jedoch auch, dass die psychosozialen Bedingungen rund um die Geburt eine wichtige Rolle spielen. Denn aufgrund der oft sehr lange andauernde Hospitalisation der Kinder und die damit verbundene Separation von den Eltern, kann auch das frühe Bonding zwischen Eltern und Kind beeinträchtigt werden.

6.2.7 Häufige somatische Erkrankungen bei Frühgeborenen

Neben den genannten neuronalen und behavioralen Folgen einer Frühgeburt, haben rein somatische Erkrankungen ebenfalls eine große Bedeutung für die kindliche Entwicklung. Insbesondere die chronische Lungenerkrankung »Bronchopulmonale Dysplasie« (BPD) kann im ersten Lebensjahr ein erhöhtes Risiko für wiederkehrende Infektionen mit Verengung der oberen Atemwege hervorrufen. Die reduzierte Lungenfunktion persistierte bei frühgeborenen Kindern mit BPD oft bis ins Erwachsenenalter und führt zu geringerer aerober Belastbarkeit (Lovering et al., 2014). Zudem haben Frühgeborene ein erhöhtes Risiko für das sogenannte Metabolische Syndrom, also dem gemeinsamen Auftreten von kardiovaskulären und metabolischen Erkrankungen wie Bluthochdruck und Typ-II Diabetes mellitus. Als primärer Mechanismus wird auch hier eine frühe toxische Stressexposition vermutet, die das endokrine und metabolische System über die Hypothalamus-Hypophysen-Nebennieren-Achse lebenslang programmiert (Markopoulou, Papanikolaou, Analytis, Zoumakis & Siahanidou, 2019).

6.2.8 Die Psychische Situation von Eltern nach einer Frühgeburt

Eine Frühgeburt ist mit einem vorzeitigen und damit abrupten Ende der Schwangerschaft, oftmals traumatischen Geburtserlebnissen und einer Hospitalisation auf der Neugeborenenintensivstation verbunden. Dies stürzt viele Eltern in eine emotionale Krise. Selbst wenn das Kind keine gravierenden Komplikationen oder Schädigungen aufweist, erschüttert eine Frühgeburt Eltern nachhaltig und führt zu existenziellen Unsicherheiten und Zukunftsängsten. Auch die Entwicklung der elterlichen Identität (▶ Kap. 2.6) wird durch eine Frühgeburt und die anschließende intensivmedizinische Behandlung auf der Neonatologie mit beeinflusst (▶ Abb. 6.1).

Eltern erleben in dieser Phase wiederholt Momente des Kontrollverlusts und der Hilflosigkeit. Es kann zur Entfremdung vom eigenen Kind, von der erwarteten Rolle als Mutter oder Vater kommen. Nach der Geburt beginnt für die Eltern

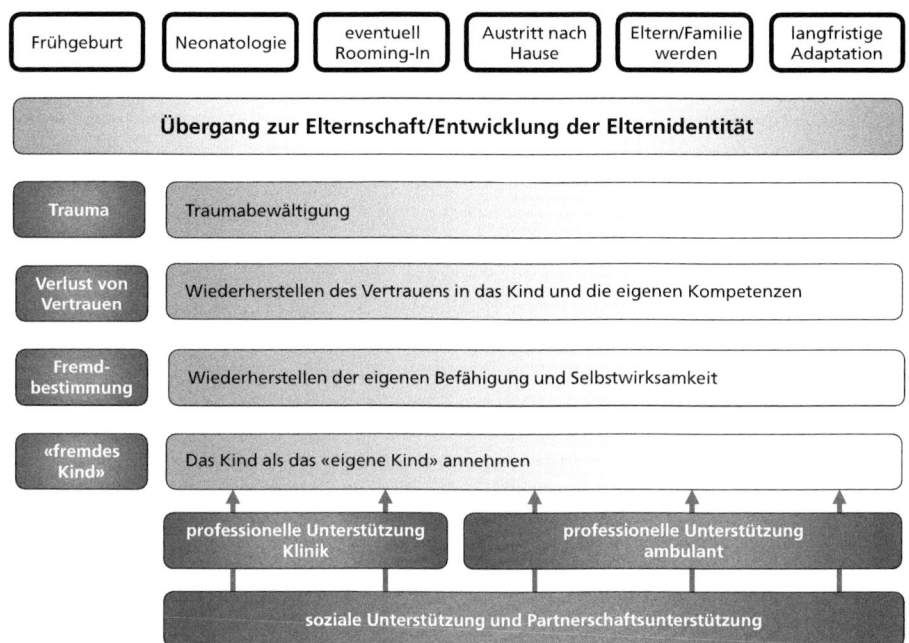

Abb. 6.1: Schematische Darstellung des Übergangs zur Elternschaft im Rahmen einer Frühgeburt

außerdem eine Phase der Ungewissheit mit vielen Ängsten, Wut und Trauer. Ein erheblicher Anteil von Eltern wird von den Sorgen um einen möglichen Verlust des Kindes oder eine Verschlechterung dessen Gesundheitszustandes begleitet. Der Prozess des Elternwerdens findet zudem in einer ihnen nicht vertrauten Umgebung statt. Die Bewältigung des Alltags während des stationären Aufenthaltes des Kindes bringt viele Anstrengungen mit sich, insbesondere wenn Geschwisterkinder zu versorgen und emotional aufzufangen sind. Das Vertrauen in die Stärke und den Überlebenswillen des Kindes muss sich in dieser Umgebung langsam neu bilden. Insbesondere sehr früh geborenen oder kranke Neugeborene verbringen sehr lange auf der Neonatologie. Wenn Eltern versuchen, so oft wie möglich bei Ihrem Kind zu sein, geht das meist zu Lasten der eigenen Regeneration und führt entsprechend zu einer starken physischen und psychischen Erschöpfung.

Das Elternwerden ist nach einer Frühgeburt von Ängsten, Scham, Schuld- und Insuffizienzgefühlen, Gefühlen des Kontrollverlustes, dem Leiden an der Trennung vom Kind und Unsicherheiten in der Kontaktaufnahme geprägt (Flacking, Ewald, Nyqvist & Starrin, 2006; Flacking, Ewald & Starrin, 2007).

Die meist durch ein abruptes Ende verkürzte Schwangerschaft, traumatische Geburtserfahrungen und das Unvermögen, für das Neugeborene Sorge zu tragen, erschweren Eltern die Entwicklung einer Elternidentität und die Übernahme der Elternrolle. Eltern werden immer wieder mit hochkomplexen medizinischen Informationen versorgt, was zu einer weiteren Verunsicherung und Ängsten führen kann. Unverarbeitete Verlusterlebnisse, z. B. nach vorausgegangenen Fehl- oder

Todgeburten oder erfolglosen reproduktionsmedizinischen Eingriffen, können durch eine Frühgeburt reaktiviert werden und sich somit negativ auf die psychische Stabilität der Eltern auswirken. Dabei sind Eltern mit psychiatrischen Vorerkrankungen, Traumatisierungen oder einer ängstlichen Persönlichkeit besonders vulnerabel (Dickinson, Vangaveti & Browne, 2022; Hardcastle, Ford & Bellis, 2022).

Postpartal finden sich bei Eltern nach einer Frühgeburt auch häufiger vermehrt Ängste und Angststörungen. In ihrer Metaanalyse über 79 Studien zu elterlichen Depressionen und Ängsten innerhalb eines Jahres nach einer Frühgeburt fanden Nguyen et al. (2023) eine gepoolte Depressionsprävalenz bei den Müttern von 29,2 % und Angstprävalenz von 37,7 %. Bei den Vätern war die gepoolte Depressionsprävalenz 17,4 % und die Angstprävalenz 18,3 %. Außerdem fanden die Autoren signifikante Interkorrelationen zwischen den Depressions- und Angstsymptomen sowohl bei den Müttern und als auch bei den Vätern. Auch in der Übersichtsarbeit von Figueiredo de Paula Eduardo et al. (2019) werden höhere Prävalenzraten für Postpartale Depressionen bei Müttern, deren Kind zu früh geboren wurde, berichtet, auch wenn 8 der insgesamt 26 Studien keinen solchen Zusammenhang festgestellten. Risikofaktoren für ein Persistieren der depressiven Symptome bei den Müttern waren ein besonders niedriges Geburtsgewicht, anhaltende somatische Komplikationen, Schlafstörungen des Kindes, Mehrlingsgeburten nach In-vitro-Fertilisation, mangelnde soziale Unterstützung und eine psychiatrische Vorerkrankung in der Anamnese. Analog wiesen Väter von extrem frühgeborenen Kindern postpartal ebenfalls vermehrt Symptome auf. Diese korrelieren im weiteren Verlauf jedoch mehr mit der mütterlichen psychischen Verfassung und allgemeinen Stressoren als mit der Gesundheit des Kindes (Agostini et al., 2022). Auch Helle et al. (2015) berichten von Zusammenhängen zwischen dem kindlichen Geburtsgewicht, elterlichen Depressionen und Ängsten. Die Autoren kamen zum Ergebnis, dass das Risiko einer Depression nach der Geburt eines Kindes mit einem Geburtsgewicht < 1.500 g (VLBW) für die Mütter 4–18x und für die Väter 3–9x höher lag als bei Müttern und Vätern reif geborener Kinder. Geburtsbelastungen und ein niedriger Selbstwert wirkten zudem als moderierende Faktoren (Helle et al., 2016). Häufige Angstinhalte der Teilnehmer dieser Studie waren Ängste um das Kind allgemein sowie gesundheits- und sicherheitsbezogene Ängste.

Ein erheblicher Anteil von Eltern entwickelt nach einer Frühgeburt eine Traumafolgestörungen bzw. weist erhebliche posttraumatische Symptome auf. Intrusionen, Vermeidung sowie Übererregbarkeit finden sich bei bis zu 50 % aller Mütter, weniger häufig bei den Vätern. Im Rahmen der HaFEn-Studie verglichen Helle et al. (2018) Hamburger Eltern von Säuglingen mit einem Geburtsgewicht < 1.500 g (VLBW) mit Eltern von reifen Neugeborenen. Das Risiko für eine akute Belastungsstörung war bei Müttern mit VLBW-Säuglingen erhöht, nicht aber bei Vätern. Prädiktoren für posttraumatische Belastungssymptome waren Stress während der Geburt, geringe soziale Unterstützung, psychiatrische Lebenszeitdiagnosen. Auch das Geschlecht spielte eine Rolle, dahingehend, dass Mütter gefährdeter waren. Zum Teil hielten die Symptome noch Monate nach der Klinikentlassung an. In Langzeitstudien persistieren Intrusionen und Übererregbarkeit bei solchen Frauen, die bereits kurz nach der Geburt deutlich erhöhte Stresswerte angeben (Barthel, Göbel, Barkmann, Helle & Bindt, 2020).

Häufig leiden Eltern zudem unter Schlafstörungen bzw. Schlafdeprivation und daraus bedingter Erschöpfung (Marthinsen, Helseth & Fegran, 2018). Ein Grund kann das elterliche Bedürfnis sein, das Kind auch nachts zu überwachen, wodurch sie keine Ruhe finden.

6.2.9 Eltern-Kind-Interaktionen und Bindungsentwicklung

Neben dem Verhalten der Bezugspersonen spielen auch Merkmale des Kindes und seine Interaktionsbereitschaft eine bedeutsame Rolle für den Aufbau von Bindungsbeziehungen. Zu Beginn des Lebens beruht das Bindungsverhalten in erster Linie auf körperlicher Nähe und emotionaler Entlastung durch die Bindungsperson. Durch angeborene körperliche Merkmale (»Kindchenschema«), soziale Verhaltensmuster und Kompetenzen (Hören, Blickkontakt, Schreien, Umklammern, Anschmiegen) wird in der Regel ab dem Zeitpunkt der Geburt der Aufbau von Bindungsbeziehungen unterstützt. Liegen bei einem Kind bereits sehr früh Einschränkungen in Hinblick auf diese kindlichen Kompetenzen vor, z. B. aufgrund einer Frühgeburtlichkeit mit assoziierten Beeinträchtigungen, weisen diese Kinder ein erhöhtes Risiko für die spätere Entwicklung einer Bindungsstörung auf (Anderson & Cacola, 2017).

Wie bereits im vorausgegangenen Abschnitt beschrieben, unterscheiden sich Frühgeborene in ihrem Interaktionsverhalten und ihrer Reizverarbeitung von Reifgeborenen zum Teil deutlich (▶ Kap. 6.2.5). Sie sind motorisch aktiver, empfindlicher gegenüber sensorischen Reizen, haben eine verminderte Aufmerksamkeits- und Ausdauerspanne (Cassiano, Provenzi, Linhares, Gaspardo & Montirosso, 2020). Frühgeborenen Babys suchen seltener und kürzer den Blickkontakt zu ihren Eltern, zeigen weniger positiven Affekt und vokalisieren bei elterlicher Zuwendung weniger. Sie sind in den ersten Lebensmonaten also weniger reagibel und gleichzeitig schneller überlastet. Frühgeborene schlafen zum Teil abrupt ein, um sich vor zu vielen Reizen zu schützen. Entsprechend haben Frühgeborenen nur eingeschränkte Kapazitäten mit den Eltern in positive Interaktionen zu treten. Dies wiederum erschwert den Aufbau einer befriedigenden Eltern-Kind-Beziehung (▶ Tab. 6.3). Jedoch ergibt die Datenlage Eltern-Kind-Interaktion nach einer Frühgeburt kein einheitliches Bild.

Mehrere Studien haben bisher gezeigt, dass extrem frühgeborene Kinder mit einem sehr niedrigen Geburtsgewicht (VLBW) ein erhöhtes Risiko für die Entwicklung einer Bindungsstörung haben (Anderson & Cacola, 2017). Bei solchen Kindern erschweren vor allem Defizite in der Informationsverarbeitung sozialer Reize den Beziehungsaufbau, so dass in dieser Gruppe von Kindern wesentlich häufiger desorganisierte Bindungsstile gefunden wurden, auch wenn sich die Bezugspersonen in ihrem Beziehungsverhalten kaum unterschieden (Wolke, Eryigit-Madzwamuse & Gutbrod, 2014). Diese Verhaltensmuster können einerseits durch Unterschiede in der Hirnentwicklung bzw. neuronale Defekte bei diesen Kindern erklärt werden, andererseits sind extrem frühgeborene Kinder in kritischen Hirnentwicklungsphasen auch einer abnormalen physischen und psychosozialen Umwelt ausgesetzt (Johnson & Marlow, 2011). Dabei konnte u. a. von Karabekiroglu et al. (2015) gezeigt werden, dass die Frühgeburtlichkeit an und für sich nicht zu interaktionellen Defiziten bei den untersuchten Müttern führte, sondern dass zum einen die frühen Umweltbedingungen als auch die neurologischen Folgen der Frühgeburtlichkeit die Mutter-Kind-Interaktionen beeinflusste.

Tab. 6.3: Erschwernisse für den Beziehungsaufbau zwischen Eltern und Kind

Kind	Eltern
• Aussehen weicht vom Kindchenschema ab • eingeschränkte Ansprechbarkeit • weniger Blickzuwendung • geringe Aufmerksamkeits- und Ausdauerspanne • wenig positiver Affekt • leichte Überlastung durch Anregung	• Anpassung an »verfrühte« Elternschaft • Ängste, Depressionen, Posttraumatische Symptome • Sorge um Überleben und Zukunft • Trauer um das erträumte gesunde Baby • Überlastung durch vielfältige Anforderungen • Schuldgefühle, Scham • Wut, Vorwürfe • Verleugnung der Bedrohung

Psychisch belastete Eltern zeigen sich ihrem frühgeborenen Kind gegenüber vermehrt intrusiv, um ihre primär weniger responsiven Kinder im Kontakt zu engagieren. Dieses kompensatorische Elternverhalten ist durch einen weniger feinfühligen Erziehungsstil und intensivierte Stimulation gekennzeichnet, was wiederum ein Entwicklungsrisiko für die Kinder darstellt. Zudem können psychische Belastungen der Eltern in den ersten postpartalen Monaten mit einer dauerhaft veränderten Wahrnehmung des Kindes oder Überbehütung einhergehen. Entsprechend werden diese Kinder häufiger als gefährdet oder verhaltensauffällig wahrgenommen (Helle et al., 2019). Bei den Müttern von Frühgeborenen finden sich gemäß dem Review von Korja, Latva und Lehtonen (2012) vermehrt direktive und kontrollierende Interaktionsstile. Diese Unterschiede waren im Vergleich zu Termingeborenen am deutlichsten im ersten Lebenshalbjahr der Kinder ausgeprägt und weitere zwei Jahre nachweisbar. Die Metaanalyse von Bilgen und Wolke (2015), welche Studien mit Kindern unterschiedlicher Reife, somatischen Belastungen und Aufenthaltsdauern auf der Neonatologie einbezog, fand keine signifikanten Differenzen in der mütterlichen Sensitivität bei Eltern von Früh- und Termingeborenen. Die Analysen kontrollieren allerdings nicht für mütterliche psychische Belastungen. Vermehrte mütterliche Ängste in der Neonatalzeit können mit weniger sensitivem Interaktionsverhalten, einem schlechteren kognitiven Outcome und vermehrten internalisierenden Symptome bei 2-jährigen Kindern mit sehr niedrigem Geburtsgewicht assoziiert sein (Petit et al., 2016). Außerdem waren posttraumatische Belastungssymptome 6 Monate nach der Geburt mit einer geringeren Interaktionsqualität zwischen den Müttern und ihren Kindern im Alter von 12 Monaten assoziiert.

Die Ergebnisse der Studie von Fuertes et al. (2022) deuten darauf hin, dass 70% der VLBW-Säuglinge unsichere Bindungsmuster aufweisen. Außerdem war das interaktive Verhalten der Mütter mit der Bindungsqualität der Kinder assoziiert und wurde durch das Gestationsalter, das Geburtsgewicht und die Dauer des Krankenhausaufenthaltes des Kindes vorhergesagt.

6.2.10 Betreuung von Familien nach einer Frühgeburt

Die Erkenntnisse der oben zitierten Studien machen die Notwendigkeit einer strukturierten Langzeitbetreuung Frühgeborener und ihrer Familien deutlich. Nachsorgeangebote sollten dabei verschiedene Bereiche berücksichtigen: Wachstum, Ernährung, physische Gesundheit, sensorische Funktionen sowie die motorische, kognitive, sprachliche und sozioemotionale Entwicklung. Auffälligkeiten sollten so früh wie möglich identifiziert und individuelle Therapie- und Fördermaßnahmen eingeleitet werden. Dies erfordert die Zusammenarbeit in einem multidisziplinären Team.

6.3 Zusammenfassung

> In Deutschland wird etwa jedes zwölfte Kind zu früh geboren. Betroffene Eltern leiden peri- und postpartal vermehrt unter klinisch relevanten Ängsten, Depressivität und posttraumatischem Belastungssymptomen. Eine Frühgeburtlichkeit erhöht das Risiko für neuropsychologische, kognitive und verhaltensbezogene Auffälligkeiten beim Kind. Dabei besteht ein Zusammenhang zwischen dem Gestationsalter bzw. dem Geburtsgewicht und der Symptomausprägung. Die Forschungsergebnisse legen charakteristische Prozesse bei der Adaptation an die extrauterine Umwelt und der Verarbeitung sozialer Stimuli bei Frühgeborenen nahe, die sich in der Stressregulation, sozialen Interaktion, Kognition und Verhaltensorganisation bis ins Erwachsenenalter zeigen können.
>
> Die emotionale Bewältigung der Situation seitens der Eltern wirkt sich auf das Entwicklungspotenzial des frühgeborenen Kindes aus. Zudem zeigen die Eltern von Frühgeborenen spezifische Verhaltensmerkmale, die durch vermehrt intrusives, stark regulierendes und wenig sensitives Verhalten gekennzeichnet ist.

6.4 Therapeutischer Werkzeugkoffer

6.4.1 Emotionale Unterstützung von Eltern nach einer Frühgeburt

Um Eltern frühgeborener oder kranker Neugeborener in ihrer elterlichen Kompetenz und Sensitivität und damit den Bindungsaufbau zu fördern, ist es wichtig, dass sie von Anfang an in die Pflege ihrer Kinder einbezogen werden. Wie Eltern Verantwortung für Ihr Kind übernehmen dürfen, beeinflusst den Übergang zur Elternschaft und die Entwicklung der elterlichen Identität sehr. Um die Eltern in ihrer elterlichen Kompetenz zu unterstützen, ihre Selbstwirksamkeit und ihr Vertrauen in die Stärke ihres Kindes zu fördern, sollten diese im Klinikalltag und darüber hinaus aktiv unterstützt werden, ihr Kind kennenzulernen, um kompetent betreuen zu können. Eine von Heidelise Als entwickelte Form der spezifischen entwicklungsfördernden Pflege von Frühgeborenen (NIDCAP = Newborn Individualized Developmental Care and Assessment Program) schafft idealerweise die Voraussetzungen durch eine Atmosphäre, die Eltern und Kind körperliche und emotionale Nähe ermöglicht, in der sich die Eltern und das Kind entspannen und wohlfühlen können. Dadurch werden optimale Bedingungen für die Entwicklung einer wechselseitigen Eltern-Kind-Bindung geschaffen. Ein zentraler Aspekt der bindungsfördernden Pflege ist die sogenannte Kängurupflege. Hierbei wird das Frühgeborenem unbekleidet auf den nackten Oberkörper eines Elternteils gelegt, wo es für mehrere Stunden verbleibt. Studien haben sehr positive Effekte sowohl auf die somatische Stabilität und den Entwicklungsfortschritt der Kinder als auch für das Wohlbefinden der Eltern zeigen können. Die Eltern erleben hierdurch ein Gefühl der Nähe und Verbundenheit mit ihrem Kind. Außerdem werden ihre Zuversicht und das Vertrauen in das Kind gestärkt.

Neben dem Einbezug der Eltern in die Pflege und Betreuung des Kindes, sollten Eltern emotionale Unterstützung in der krisenhaften Situation, Gesprächsangebote und behutsame Ermutigung zur Kontaktaufnahme mit ihrem Kind erhalten.

Eine emotional unterstützende Kommunikation mit den Eltern fördern

1. Es braucht Zeit und räumliche Bedingungen, die eine entspannte Atmosphäre möglich machen. Das Wichtigste aber ist, für die Eltern da zu sein, zuzuhören und sich Zeit zu nehmen. Es geht nicht um schnelle Lösungen, sondern um sensible und zugewandte Begleitung.
2. Ziele der Gespräche mit Eltern sollten sein:
   - Das Kind und seine Fähigkeiten ins Zentrum stellen.
   - Die Bedeutung der emotionalen Bindungen der Eltern zu ihrem Kind betonen.
   - Die krisenhafte Erfahrung als Teil und Chance der eigenen Lebensgeschichte annehmen zu können.

3. Eltern sollten sich individuell wahrgenommen und willkommen fühlen. Zuhören und das Gesagte zu reflektieren ist zentral.
4. Alle Gefühle dürfen sein. Angst, Wut und Trauer sind normal und müssen nicht überspielt werden.

6.4.2 Übungen

Meditation »Die Herzensverbindung«[10]

Machen Sie es sich bequem – so bequem wie möglich.
Nehmen Sie einen tiefen Atemzug durch die Nase – atmen Sie ein – und durch den Mund wieder aus. Atmen Sie ein – und wieder aus.
Schließen Sie die Augen und konzentrieren Sie sich auf Ihren Körper und auf meine Stimme.
Nichts anderes ist wichtig – nur das Hier und Jetzt.
Ihre Arme und Hände sind schwer – ganz schwer.
Ihre Schultern sind schwer – ganz schwer.
Ihre Füße und Beine sind schwer – ganz schwer.
Ihr ganzer Körper ist nun ganz schwer – völlig ruhig – völlig entspannt.
Nichts ist wichtig – nur das Hier und Jetzt.

Ich werde nun langsam von 1 bis 10 zählen – und mit jeder Zahl gehen Sie tiefer in die Entspannung – soweit wie Sie sich wohl fühlen – gerade so weit.
1 – ruhig und entspannt
2 – immer tiefer
3 – mit jeder Zahl
4 – völlig ruhig
5 – völlig entspannt
6 – noch tiefer – so weit, wie Sie sich wohlfühlen
7 – nichts anderes ist wichtig
8 – völlig losgelöst – lassen Sie es einfach geschehen
9 – immer tiefer
10 – jetzt angenehm entspannt – völlig ruhig
Stellen Sie sich nun vor ihrem inneren Auge Ihr Kind………. vor.
Verweilen Sie einen Moment mit ihrer Aufmerksamkeit ganz bei ………

PAUSE

Versuchen Sie sich das Bild Ihres Kindes zu vergegenwärtigen. Betrachten Sie Ihr Kind innerlich achtsam und voller Liebe.

PAUSE

---

10 Adaptiert aus Brigitte Meissner (2020), Emotionale Narben aus Schwangerschaft und Geburt auflösen

Wenn Sie möchten, sprechen Sie in Gedanken mit .... So, wie es für Sie passend ist.

PAUSE

Und nun stellen Sie sich mit ihrer inneren Vorstellungskraft eine Verbindung zwischen ihrem Herzen und dem Herzen ihres Kindes vor.
Stellen Sie sich dies Verbindung als einen Lichtstrahl, einen Faden oder etwas Ähnliches vor.
Diese Verbindung entspringt in ihrem Herzen und fließt zum Herzen Ihres Kindes hin.
Sie bildet sich aus der Liebe, die Sie für ihr Kind empfinden.
Mit jedem Tag wird diese Verbindung intensiver und nährender – für Sie und für Ihr Kind.
Halten Sie dieses Bild intensiv in Ihrem Inneren fest.

PAUSE

Durch diese Herzensverbindung sind Sie immer mit Ihrem Kind verbunden – auch wenn sie/er/........ nicht unmittelbar bei Ihnen sein kann.
Diese emotionale Verbindung nährt Sie und Ihr Baby – gibt Ihnen Kraft und Zuversicht. Sie stärkt Ihr Kind und gibt ihm Geborgenheit.
PAUSE

Nehmen Sie noch einmal einen tiefen Atemzug durch die Nase ein und durch den Mund wieder aus. Atmen sie noch einen Moment ruhig weiter und verweile Sie in Gedanken bei Ihrem Kind.

PAUSE

Und dann, wenn Sie bereit sind, kehren Sie langsam mit Ihrer Aufmerksamkeit zurück in diesen Raum.

7 Kinder mit komplexen Bedürfnissen (chronische Gesundheitsprobleme und Behinderungen)

7.1 Fallbeispiele

Fallbeispiel 1

Y. wird mit dem Downsyndrom geboren. Die Diagnose kam für die Eltern vollkommen überraschend. Y ist das zweite Kind der Familie und ein absolutes Wunschkind. Die Diagnose reißt den Eltern im ersten Moment den Boden unter den Füßen weg. Sie fühlen sich beide wie betäubt und weisen die Verdachtsdiagnose der Kinderärzte in der Geburtsklinik weit von sich. Frau S. ist sich sicher, dass das nicht stimmen kann. »Es war doch alles gut mit meiner Schwangerschaft«. Im weiteren Verlauf weicht der Schock einer tiefen Trauer und Verzweiflung: »Wie sollen wir das bloß schaffen? Wie sieht ein Leben mit einem behinderten Kind aus? Können wir das finanziell bewältigen«. Hinzu kommen Gefühle der Scham und des Versagens, aber auch der Wut. »Was werden unsere Freunde, Nachbarn und die Familie sagen. Warum hat mein Körper versagt. Es wird nie ein so schönes Kind sein wie unser Erstgeborenes.« Das Team der Geburtsklinik als auch der Kinderklinik bieten den Eltern viele Gespräche und Unterstützungsmöglichkeiten an. Anfänglich können die Eltern diese Angebote kaum annehmen. Y.'s Mutter möchte da Leben mit Y. als ganz normales Baby genießen. Der Vater zieht sich anfänglich zurück, ist wütend auf die Ärzte, seine Frau, die keine pränatale Diagnostik wollte und auf das Schicksal. Immer wieder kommt es zu heftigen Konflikten innerhalb der Partnerschaft. Doch im Verlauf der ersten drei Lebensmonate kann Herr S. mehr und mehr die Diagnose akzeptieren und sein Kind annehmen. Die Tatsache, dass sein Umfeld, Verwandte, Freunde und auch Fremde so positiv und offen auf Y. reagieren, die erfolgreiche Alltagsbewältigung und das wachsende Wissen über Förder- und Unterstützungsmöglichkeiten, reduzieren die Zukunftsängste der Eltern.

Fallbeispiel 2

P. kommt mit einer kongenitalen Zwerchfellhernie mit Lungenhypoplasie zur Welt. Infolge dieser schwerwiegenden Erkrankung kommt es zu einer schweren pulmonalen Hypertension, welche die Anlage eines Tracheostomas und einen fast 1-jährigen Aufenthalt auf der Intensivstation nach sich zog. Im Verlauf des Krankenhausaufenthaltes kommt es zu multiplen Komplikationen, u. a. Darmischämien im Rahmen. einer E.coli Sepsis, was wiederum zu einer Stoma Anlage führte. P. musste wiederholt wiederbelebt werden. Aufgrund des langen Krankenhausaufenthaltes mit Sondierung und Beatmung entwickelte das Kind zudem auch eine deutlich verzögerte psychomotorische Gesamtentwicklung.

Die bei der Geburt von P. bereits sehr belastete Ehe der Eltern hielt die extremen Belastungen durch die schwere Erkrankung ihres Kindes und die ständig auftretenden lebensbedrohlichen Komplikationen nicht stand. Frau K. berichtet, dass die Schwangerschaft nicht geplant gewesen sei und ihr Mann sie eigentlich zu einer Abtreibung bewegen wollte. Infolge ihrer Weigerung die Schwangerschaft zu beenden, habe er sich immer mehr von ihr abgewendet. Nach der Geburt und dem Bekanntwerden der schweren Erkrankung von P. habe er sich vollkommen zurückgezogen. Er habe sein Kind kaum im Krankenhaus besucht und sich in seine eigene Welt aus Computerspielen und Drogen zurückgezogen. Die Hauptlast der Besuche bei P., der Betreuung der übrigen 3 Kinder und des Haushalts lagen bei ihr. Die gesamte Familiensituation war zum einen durch die Erkrankung von P., aber auch durch finanzielle Sorgen und Arbeitslosigkeit des Vaters sehr belastet. Bei den Geschwisterkindern zeigten sich zunehmend Verhaltens- und Entwicklungsauffälligkeiten.

7.2 Zusammenfassung des wissenschaftlichen Kenntnisstandes

Nicht jedes Kind kommt gesund auf die Welt. Je nach Definition leiden 10–30% aller Kinder an einem chronischen Gesundheitsproblem. Chronische Gesundheitsprobleme werden als ein Zustand definiert, welcher länger als 12 Monate andauert und so schwerwiegend ist, dass Tätigkeiten des alltäglichen Lebens eingeschränkt werden. Ursächlich für die Erkrankung bzw. Beeinträchtigung können Komplikationen während der Schwangerschaft oder Geburt oder angeborene bzw. genetisch vererbte Fehlbildungen sein. Andere chronischen Krankheiten (z. B. Stoffwechselerkrankungen) werden erst im Verlauf der Kindheit der Kindheit diagnostiziert.

7.2.1 »Guter Hoffnung sein«

Viele Eltern blicken ab dem Bekanntwerden der Schwangerschaft positiv in die Zukunft. Redewendungen wie »in Erwartung« oder »guter Hoffnung« zu sein, zeugen davon. In diesen Redewendungen schwingt viel Optimismus mit, die Vorfreude auf das Kind, den neuen Lebensabschnitt und das Glück, dass ein Kind in die Familie bringen kann.

Die Medizin bietet heute eine breite Palette von vorgeburtlichen Untersuchungen an. Das Versprechen ist dabei, Risiken für Mutter und Kind frühzeitig zu erkennen, so dass möglichst nur gesunde Kinder zur Welt gebracht werden. Solche vorgeburtlichen Untersuchungen sind zwar ohne Frage ein großer Fortschritt in der

Betreuung von Schwangeren und ihrer ungeborenen Kinder, jedoch birgt auch dieser Fortschritt Risiken. Einerseits mag bei viele Eltern der Eindruck entstehen, sie könnten jedes Risiko für ihr Kind kontrollieren und mögliche medizinische Probleme lösen, andererseits wird der Druck auf Schwangere, vorgeburtliche Untersuchungen durchführen zu lassen, mit der Verfügbarkeit der Tests größer. Denn wenn eine Frau bewusst auf Untersuchungen verzichtet, setzt sie sich nicht selten dem Vorwurf aus, das Risiko, ein behindertes Kind zur Welt zu bringen, in Kauf zu nehmen. In der modernen Leistungsgesellschaft ist eine solche Elternschaft für viele jedoch nicht denkbar. Auf der anderen Seite wird verdrängt, dass auch die besten medizinischen Vorhersagen keine Garantie für ein gesundes Kind geben können.

Die meisten Eltern machen sich schon vor der Geburt ein Bild von ihrem Kind. Sie stellen sich vor, wie es heranwächst und sich entwickeln wird, wie sie als Familie mit ihm leben werden und was vielleicht einmal aus ihm wird. Ein Satz wie »Wir haben bei Ihrem Kind XY festgestellt« lässt bei Eltern viele Wünsche und Lebenspläne platzen. Zwischen Besorgnis und Hoffnungen müssen Sie Ihren Weg finden, die neue Situation zu bewältigen.

7.2.2 Diagnoseverarbeitung durch die Eltern

Die Geburt eines Kindes stellt ein normatives kritisches Lebensereignis dar, dessen Bewältigung den Eltern jedoch zumeist ohne größere psychische oder physische Beeinträchtigungen möglich ist (Mautner, Egger, Trutnovsky & Greimel, 2008). Demgegenüber stellt die Geburt eines Kindes mit einer schweren Erkrankung oder Behinderung ein nicht-normatives, d. h. unerwartetes, unkontrollierbares Lebensereignis dar, für dessen Bewältigung dem Großteil der Eltern jede Handlungskompetenz fehlt. (Lotz, 2004). Wenn ein Kind krank ist oder eine Behinderung hat, ist für Eltern vieles anders als sie es vorgängig erwartet oder erhofft haben. Basierend auf den Phasen der Trauerverarbeitung von Elisabeth Kübler-Ross, einer der bekanntesten Sterbeforscherinnen, beschreibt Lambeck (1992) fünf Stadien der Diagnoseverarbeitung: Schock, Stadium des Unglaubens, Wut und Trauer, Gleichgewicht im Sinne eines Nachlassens der Angst und anderer intensiver emotionaler Reaktionen. Abschließend erfolgt die Phase der Restabilisierung, in der sich die Eltern mit den Problemen ihres Kindes auseinandersetzen. Die ersten Tage und Wochen nach der Diagnose sind also häufig von einem Wechselbad an Gefühlen geprägt. Eltern stehen unter Schock und können nicht glauben wie ihnen geschieht. Oder es liegt eine längere Zeit des Bangens und Hoffens hinter ihnen und nun da das Ergebnis feststeht, muss die Gewissheit verarbeitet werden. Für manche Eltern bricht eine Welt zusammen und sie erleben eine tiefe Trauer, kein Kind wie alle anderen zu haben. Im weiteren Verlauf treten Ängste und Sorgen, aber auch Panik auf, gefolgt von Gefühlen der Unsicherheit und Enttäuschung. Viele Eltern stellen sich die Frage nach dem Warum. »Warum gerade wir?«, »Warum gerade mein Kind?« Auch Schuld und Schamgefühle sind typisch. »Was habe ich falsch gemacht?«, »Hätte man das nicht in der Schwangerschaft feststellen können/müssen?« Viele Eltern beschäftigt zu Beginn stark die Frage »Wie wird sich unser Kind entwickeln?«, »Wird es ein zufriedenes und glückliches Leben führen können?«. Dann ist es oft kaum zu ertragen, dass Ärzte und Fachpersonen keine klaren Aussagen machen können, denn eine Prognose über den Entwicklungsverlauf am Anfang des Lebens zu stellen, ist nicht möglich.

Die Diagnose einer schweren Erkrankung oder Behinderung ihres Kindes, lässt Eltern häufig als einen Zusammenbruch aller Lebensperspektiven erleben. Auf einer emotionalen Ebene beginnt für Eltern die Auseinandersetzung mit einem Kind, das sie vorgängig anders erwartet und erhofft haben. Dieses konflikthafte Erleben kann Eltern in der Entwicklung ihrer Elternidentität hindern, was sich auf die Interaktion zu ihrem Kind und in weiterer Folge auf dessen Entwicklung auswirken kann (Paul, 2020). Für das emotionale Verhältnis insbesondere zwischen den Eltern und ihrem chronisch kranken und behinderten Kind ist aber auch der Aspekt von Bedeutung, wie die Erkrankung von den Eltern angenommen wird. Wie in allen familiären Beziehungen existieren auch im Verhältnis zwischen Eltern und chronisch kranken und behinderten Kindern positive und negative Gefühle, die fortlaufend zu bewältigen sind. Abwehr und Bewältigung sind nicht per se Gegensätze, sondern sie ergänzen sich gegenseitig. Eine begrenzte Abwehr in traumatischen Situationen schützt vor Affektüberflutung und ermöglicht erst eine dosierte Auseinandersetzung mit der Diagnose. Auf der Basis der Analyse von Biografien von Menschen mit einer Behinderung oder einer chronischen Krankheit und ihren Angehörigen kommt Schuchardt (2005) zum Schluss, dass 8 Stadien bei der Verarbeitung der Diagnose bewältigt werden müssen, um eine soziale Integration zu erreichen. Diese Phasen der Bewältigung werden sowohl von den Betroffenen selbst als auch von deren Bezugspersonen durchlebt. Schuchardt beschreibt in ihrem Bewältigungsmodell den psychischen Prozess der Auseinandersetzung mit der Beeinträchtigung als aufeinander folgende Phasen mit dem Ziel der Annahme der Erkrankung oder Behinderung des Kindes durch die Eltern. Der Bewältigungsprozess wird in diesem Modell auf der individuellen Ebene beschrieben, und um die Überlagerung der nachfolgend angeführten Phasen zu verdeutlichen, wählt die Autorin den Begriff der »Spiralphasen«.

1. *Ungewissheit:* Zu Beginn der Diagnosekrise, die durch die unvorbereitete Konfrontation der Eltern mit einer Normabweichung ausgelöst wird, steht der Schock. Einer unterstützenden Begleitung durch Fachpersonen und Angehörige während dieser Erkennungsphase kommt für den weiteren Verlauf der Krisenverarbeitung eine wesentliche Bedeutung zu. Kennzeichnend für diese Eingangsphase ist die »implizite Leugnung« im Sinne eines »noch nicht erkennen Könnens«. Aufgrund panischer Angst vor dem Unbekannten versuchen Eltern den Krisenauslöser zu verdrängen, um ihn nicht als existent wahrhaben zu müssen. Aufkommende Zweifel werden verharmlost. Bezeichnend für die anschließende Zwischenphase der Unsicherheit ist, dass zwar einerseits Zweifel nicht mehr komplett verleugnet werden, andererseits jedoch das Erkennen der Tatsachen noch nicht in vollen Umfang möglich ist. Die Eltern fühlen sich (noch) nicht in der Lage den Verlust ihrer ursprünglichen Lebensentwürfe anzunehmen. Sie suchen Zuflucht in der Unwissenheit bzw. wehren die Gewissheit durch Prozesse der selektiven Wahrnehmung und Betonung jener Aspekte ab, die verdeutlichen sollen, dass alles in Ordnung ist.

2. *Gewissheit:* Die Phase der Gewissheit über den Verlust von geplanten Lebensperspektiven ist gekennzeichnet durch die elterliche Ambivalenz zwischen der rationalen Annahme der Wahrheit und der emotionalen Hoffnung auf einen Irrtum. Durch das zeitweise Leugnen der Krise verschaffen sich Eltern den notwendigen Freiraum, um sich zu sammeln und neu planen zu können. Sobald Eltern in der Lage sind, die Wahrheit der Diagnose aushalten zu können, sind informierende und unterstützende Gespräche über die Situation wichtig, um eine Verbindung zwischen der rationalen und der emotionalen Ebene herzustellen.
3. *Aggression:* Während die Phasen der Ungewissheit und der Gewissheit primär auf der rationalen Ebene angesiedelt sind, leitet die Phase der Aggression die emotionale Krisenverarbeitung der Eltern ein. In dieser Phase erleben Eltern oft sehr starke Emotionen. Da die eigentliche Ursache dieser Gefühle nicht greifbar ist, entladen sich diese auf anderen Ebenen (z. B. gegenüber Ärzten oder dem Partner). Werden die negativen Gefühle jedoch unterdrückt, kann dies zu apathischer Resignation oder Isolation führen. Auch ein mangelndes Verständnis des sozialen Umfeldes kann in dieser Phase zur Isolierung der Betroffenen führen. Können Eltern jedoch die empfundene Aggression ausdrücken, hat diese eine positiven Effekt auf die Krisenbewältigung. Schuchardt (2005) stellt fest, dass die Unterdrückung oder Verleugnung negativer Gefühle den Abbruch des Bewältigungsprozesses zur Folge hat und Betroffene häufig in der Phase der Phase (5) »Depression« verbleiben.
4. *Verhandlung:* Die freigesetzten Emotionen führen in dieser Phase, in der Hoffnung auf eine Abwendung der Diagnose zum Suchen und Einleiten verschiedener Bewältigungsmaßnahmen. Dabei sind die häufigsten Richtungen in der Bewältigung die Hinwendung zu religiösen Themen und die verstärkte Inanspruchnahme von Ärzten oder medizinischen Fachkräften.
5. *Depression:* Kennzeichnend für diese Phase ist das emotionale Begreifen der Unabwendbarkeit der Diagnose und des Verlusts von Lebenspläne in Form von Trauer. Eltern erleben in dieser Phase Gefühle der Verzweiflung, des Versagens und Scheiterns oder der Resignation. In dieser Phase geben Eltern auch irreale Hoffnungen auf, so dass meist eine Phase der Trauer beginnt. Viele Eltern fühlen sich in dieser Phase tief erschöpft, mut- und kraftlos.
6. *Annahme:* In dieser Phase wächst die elterliche Bereitschaft, die Tatsachen bewusst anzuerkennen und sich neuen Perspektiven zu öffnen. Annahme bedeutet in diesem Zusammenhang das Besondere im eigenen Leben anzuerkennen und bereit zu sein mit der kindlichen Diagnose und nicht gegen sie zu leben
7. *Aktivität:* Die zuvor für die Abwehr der Diagnose eingesetzte Energie können Eltern nun für die Gestaltung ihres individuellen Familienlebens nutzen. Durch die Erfahrungen aus den vorangegangenen Phasen und die Annahme der Tatsachen können emotionale und rationale Fähigkeiten eingesetzt werden, um innerhalb der vorgefundenen Grenzen selbstständig zu handeln und das eigene Leben neu zu definieren. In diesem Zusammenhang werden auch die Werte und Normen der Eltern neu strukturiert, was wiederum auch einen bedeutsamen Einfluss auf die elterliche Identität hat. Als Folge daraus entwickeln viele Eltern alternative Handlungsperspektiven.

8. *Solidarität:* Am Ende einer erfolgreichen Krisenverarbeitung steht nach Schuchardt (2005) der Wunsch einer aktiven Teilhabe am gesellschaftlichen Leben. Die individuellen Besonderheiten des Kindes werden weniger nur in Bezug auf die eigene Lebenssituation, sondern mehr als Teil des gesellschaftlichen Verantwortungsbereiches wahrgenommen. Die soziale Integration der Familie findet ihren Ausdruck im solidarischen Handeln und Gestalten neuer Aufgaben seitens der Eltern innerhalb der Gesellschaft.

7.2.3 Psychische, emotionale und soziale Herausforderungen für Eltern

Gerade zu Beginn sind die Eltern mit vielfältigen psychischen, emotionalen und sozialen Anforderungen konfrontiert, die die Entwicklung einer neuen Lebensplanung erforderlich machen (Sarimski, 2021). Mit diesem Ereignis wird bei den Eltern ein Prozess ausgelöst, in dem sie sich mit der Tatsache der Erkrankung oder Behinderung ihres Kindes auseinandersetzen müssen. Dieser Bewältigungsprozess steht auch im Zusammenhang mit allgemeinen gesellschaftlichen Einstellungen Menschen mit Behinderung gegenüber, die die Eltern im Laufe ihrer Sozialisation verinnerlicht haben (Kandel & Merrick, 2007). Die Tatsache, dass das Kind nicht den eigenen oder fremden Erwartungen entspricht, löst bei vielen Eltern ein tiefgreifendes Gefühl von Unzulänglichkeit und Scham aus. In manchen Fällen haben Eltern eine Art Misserfolgserleben, was mit einer Beeinträchtigung des Selbstwertgefühls einhergeht (Kandel & Merrick, 2003).

Die Unsicherheit der Eltern im Umgang mit ihrem Kind mit Behinderung kann den Aufbau einer engen emotionalen Beziehung ebenfalls behindern und zu Interaktionsproblemen führen, die neben den biologisch determinierten Einschränkungen aufgrund der Behinderung ein sekundäres Risiko für die Entwicklung des Kindes darstellen (Sarimski, 2021). Nach Sarimsiki sind Eltern von Kindern mit Behinderung von solchen Interaktions- und Beziehungsproblemen bedroht. Entscheidend für einen gelingenden Anpassungsprozess im Sinne einer entwicklungsfördernden und harmonischen Interaktion ist die Fähigkeit der Eltern, sich auf die Schwierigkeiten und Besonderheiten ihres Kindes einstellen zu können. Faktoren wie die soziale Schichtzugehörigkeit und das Bildungsniveau der Eltern und auch die Schwere der Beeinträchtigung des Kindes sind für den Interaktionsstil der Mütter mit ihrem Kind ebenfalls von Bedeutung, entscheidender wirkt sich in diesem Zusammenhang jedoch ihr psychisches Wohlbefinden und das Ausmaß der subjektiv erlebten Belastungen aus. Der Grad der Belastungen hängt zu einem Teil von der Art und Schwere der Erkrankung oder Behinderung ab, wobei in diesem Zusammenhang die soziale Interaktionsbereitschaft, das Kommunikationsvermögen, Verhaltensprobleme sowie die Anforderungen an die Pflege eine wesentliche Rolle spielen.

7.2.4 Psychische Belastung von Eltern

Ist ein Familienmitglied in seiner Gesundheit nachhaltig beeinträchtigt bzw. behindert, hat dies Auswirkungen auch auf die übrigen Familienmitglieder. Begreift man die Familie als System, dann wird deutlich, dass die chronische Erkrankung bzw. Beeinträchtigung eines Kindes stets auch alle übrigen Familienmitglieder betrifft. Dies bedeutet, dass Eltern und alle anderen Familienmitglieder Anpassungsleistungen erbringen müssen. In vielen Studien wurde festgestellt, dass Eltern von Kindern mit Behinderungen, Entwicklungsverzögerungen und Lernschwierigkeiten oder anderen chronischen oder komplexen Erkrankungen einem außergewöhnlichen Druck ausgesetzt sind, die emotionalen und körperlichen Bedürfnisse des betroffenen Kindes zu erfüllen und gleichzeitig das Funktionieren der Familie aufrechtzuerhalten (Sartore, Pourliakas & Lagioia, 2021). Die täglichen Betreuungsaktivitäten und Verantwortlichkeiten der Eltern sind deutlich zeitaufwändiger und körperlich als auch emotional anstrengender als bei einem normal entwickelten Kind (Sartore et al., 2021). Diese erhöhten Anforderungen an die Eltern können deren verfügbare Ressourcen für gesundheitsfördernde Aktivitäten deutlich verringern. Familiäre und soziale Beziehungen werden gestört, was wiederum zur Isolation und mangelnde Unterstützung führen kann.

Zusätzlich zu den Belastungen, die direkt mit der Erkrankung des Kindes zusammenhängen, müssen sich Eltern von Kindern mit komplexen Bedürfnissen auch an neue Rollen anpassen und sich auf eine erhöhte Belastung der Familienressourcen einstellen. Neben der Befriedigung der Bedürfnisse des betroffenen Kindes müssen auch die aller anderen Familienmitglieder, insbesondere der anderen Geschwister, befriedigt werden. Eltern müssen ihren eigenen chronischen Stress verarbeiten, aber auch mit Familienkrisen und herausfordernden Situationen umgehen können (Bourke-Taylor, Howie & Law, 2010). Herausfordernde Verhaltensweisen, die auf die Behinderung des Kindes zurückzuführen sind und von anderen als »seltsam« angesehen werden, können soziale Kontakte der Eltern erschweren und damit zur Isolation führen. Eltern können sich stigmatisiert fühlen, entweder durch die direkten Handlungen und Kommentare anderer oder indirekt durch ihre eigenen Zuschreibungen und Ängste darüber, was andere über sie denken. Auch dies kann dazu beitragen, dass Eltern ihre sozialen Aktivitäten einschränken oder sich nur mit anderen Familien treffen, deren Kinder eine ähnliche Diagnose haben. In anderen Fällen werden die Familien auch direkt von gesellschaftlichen Zusammenkünften ausgeschlossen (Gray, 2002). Insgesamt variieren die krankheitsspezifischen Belastungen, denen die Familienangehörigen ausgesetzt sind, je nach Krankheitsbild und Krankheitsschwere. Weiterhin kommen auf viele Familien hohe finanzielle Belastungen für Therapien und Hilfsmittel, aber auch durch die eingeschränkte Möglichkeit zur Berufsausübung, hinzu. Durch den erheblichen Aufwand, den die Pflege eines solchen Kindes bedeutet, haben viele Eltern nur eingeschränkte Möglichkeiten zur Selbstregeneration und zur Pflege sozialer Kontakte und sind oft isoliert. All dies zusammengenommen, stellt für Eltern eines chronisch kranken oder behinderten Kindes eine erhebliche Anforderung dar, welche sich in einem geringen psychosozialen Wohlbefinden mit einer reduzierten Lebensqualität oder Lebenszufriedenheit äußern kann. Gleichzeitig finden Studien ein erhöhtes

Maß an psychischen Belastungen wie Depressionen, Ängste oder Stress. Untersuchungen mit repräsentativen Stichproben von Kindern mit geistiger Behinderung und ihren Eltern haben durchweg gezeigt, dass bei Eltern von Kindern mit geistiger Behinderung im Vergleich zu Kindern ohne geistige Behinderung ein wesentlich höheres Maß an Psychopathologie und ein schlechteres Wohlbefinden vorliegt (Hatton & Emerson, 2009). Obwohl oft angenommen wird, dass die Unterschiede in der Psychopathologie eine unvermeidliche Folge der Behinderung des Kindes sei, legen die Autoren in ihrer Übersichtsarbeit dar, dass Armut und sozioökonomische Probleme eine wichtige Rolle bei der Entwicklung und Aufrechterhaltung von elterlichen Psychopathologien spielen können. Eine Sekundäranalyse von Müttern einer repräsentativen Stichprobe in Großbritannien zeigte, dass 35 % der Mütter von Kindern mit geistigen Behinderungen ein Risiko für eine psychische Störung hatten (Emerson, 2003). Bei den Müttern von Kindern ohne geistige Behinderungen waren dies nur 25 %. Eine ähnliche Sekundäranalyse von Müttern 3-jähriger Kinder aus der britischen Millennium Cohort Study ergab, dass 24 % der Mütter von Kindern mit frühen kognitiven Verzögerungen psychisch erkrankt waren, verglichen mit 10 % der Mütter von Kindern mit normaler Entwicklung (Emerson et al., 2009). Es kann also festgehalten werden, dass die psychische Gesundheit der Eltern sowohl durch die Erkrankung oder Behinderung ihres Kindes als auch durch familiäre und gesellschaftliche Faktoren beeinflusst wird (▶ Tab. 7.1). Soziokulturelle Zwänge, wie wahrgenommene Stigmatisierung, finanzielle Not und geringe Unterstützung, haben einen deutlich negativeren Effekt auf das elterliche Wohlbefinden als die Anforderungen, die mit der Erziehung des Kindes selbst verbunden waren (Mas, Giné & McWilliam, 2016; McConnell, Savage & Breitkreuz, 2014). In einer türkischen Stichprobe fanden Uskun und Gundogar (2010) bei Eltern behinderter Kinder deutlich erhöhte Angst und Depressionswerte. Die Teilnehmenden gaben als größte Alltagsbelastungen die »Einstellung der Gesellschaft gegenüber behinderten Menschen«, die »begrenzte Freizeit« und »finanzielle Probleme« an.

Tab. 7.1: Belastungen, denen Familien kranker oder behinderten Kinder ausgesetzt sind

Psychosoziale Belastungen	Strukturelle Belastungen
Daueraufmerksamkeit für das Kind (Krankheitssymptome, Verhalten etc.)	Einschränkung von Alltags- und Freizeitaktivitäten
Abnahme von Sozialkontakten/Isolation	Probleme mit der Fremdbetreuung
Verlust an Lebensfreude/Unbeschwertheit Anstieg an depressiven Symptomen	Einschränkung/Aufgabe der Berufstätigkeit
Zukunftsängste	finanzielle Belastungen
Berücksichtigung der Bedürfnisse aller Familienmitglieder	

7.2.5 Unterstützung für Eltern

Die wenigsten Eltern hatten vor dem Bekanntwerden der Diagnose ihres Kindes kaum Kontakt zu Menschen mit einer ähnlichen Erkrankung oder Behinderung. Somit können sie also weder auf eigene positive Erfahrungen im Umgang mit Menschen mit Behinderung zurückgreifen, noch kennen sie andere Eltern und deren Bewältigungsstrategien (Sarimski, 2021). Möglicherweise haben sie selbst negative Einstellungen oder stereotype Vorurteile von Menschen mit Behinderung, die sie aus ihrem sozialen Umfeld übernommen und verinnerlicht haben (Lotz, 2004). Durch die Behinderung ihres Kindes sehen sie sich mit der Tatsache konfrontiert, von einem Tag auf den anderen selbst einer Randgruppe anzugehören (Kandel & Merrick, 2007). Um neue Sichtweisen auf das eigene Kind und die Elternschaft mit einem chronisch kranken Kind zu entwickeln ist auch eine Auseinandersetzung mit der eigenen, möglicherweise negativen Einstellung in Bezug auf Behinderungen notwendig. So hat beispielsweise Paul (2020) anhand qualitativer Interviews mit Müttern und Vätern eines Kindes mit geistiger Behinderung festgestellt, dass die mit der Behinderungsdiagnose ihres Kindes verbundenen Gefühle und traumatisch erlebten Erfahrungen auch Jahre nach der Diagnosemitteilung noch die Beziehung zum Kind belasteten. Jedoch gewannen jene Eltern den verlorenen Spielraum für ihre Beziehungsgestaltung zum Kind zurück, welche in der Lage waren, das Trauma zu verarbeiten. Diese Eltern spielen häufiger zweckfrei und responsiv mit ihren Kindern. Im Gegensatz dazu waren Eltern ohne Auflösung des Diagnosetraumas stark von Handlungsdruck getrieben, um mit Förder- und Lernspielen gegen die Behinderung ihres Kindes aktiv werden zu müssen. In einer musiktherapeutischen Untersuchung, welche die Autoren ebenfalls durchführten, zeigten sich die Auswirkungen der elterlichen Behinderungsverarbeitung auch in Freispielsituationen mit den Kindern. Kinder von Eltern mit Auflösung des Diagnosetraumas waren deutlich häufiger in einem dialogischen Verhältnis mit ihren Eltern. Dagegen waren Kinder bei fehlender, elterlicher Auflösung im freien Musikspiel weniger gut in der Lage, ihre Handlungssteuerung und Gesprächsführung dialogisch mit ihrem Gegenüber auszutarieren. Dunst und Trivette (2009) wiederum konnten mit Hilfe einer metaanalytischen Strukturgleichungsmodellierung die direkten und indirekten Einflüsse in der familienzentrierten Betreuung aufzeigen. Die Ergebnisse der Analysen von mehr als 2.900 Familien aus 15 Studien zur familienzentrierten Betreuung zeigten, dass jene Mütter, die sich nicht durch vielfältige Aufgaben überlastet fühlten, Unterstützung erlebten und ihr Familienleben als funktionierend beschrieben, am ehesten in der Lage waren positiv-responsiv und elaboriert mit dem Kind zu interagieren. Demgegenüber führten zu hohe Erwartungen an das Kind und ständige Förderungsversuche seitens der Eltern zu erhöhtem Stress und Enttäuschung auf Seiten der Eltern. Dadurch reduzierten sich positive Interaktionen mit und die Freude am Kind.

In diesem Zusammenhang kommt entsprechend Fachpersonen, die das Kind von Beginn an betreuen (z. B. Kinderärzten, Psychotherapeuten, Heilpädagogen) ein besonderer Stellenwert zu, da sie die Eltern mit Informationen zur Erkrankung und zu Bewältigungsmöglichkeiten versorgen, vernetzen und positive Interaktionserfahrungen anbieten können.

7.2.6 Positive Aspekte der Erziehung eines Kindes mit komplexen Bedürfnissen

Obwohl, wie in den vorausgegangenen Abschnitten beschrieben, Eltern von Kindern mit komplexen Bedürfnissen mit einer Reihe von Herausforderungen konfrontiert sind, wurden in den letzten Jahrzehnten auch die positiven Aspekte der Erziehung eines solchen Kindes zunehmend anerkannt (McConnell et al., 2014). Viele Eltern berichten, dass sie durch die Sorge für ihr krankes oder behindertes Kind ein stärkeres Gefühl für Sinn und Zweck und persönliches Wachstum empfinden. Die elterliche Rolle wird zum Teil sehr positiv wahrgenommen. Blacher and Baker (2007) untersuchten in zwei Studien, wie Eltern die positiven Auswirkungen eines Kindes mit geistiger Behinderung wahrnehmen. In beiden Studien stand die positive Wirkung in umgekehrtem Verhältnis zu den Verhaltensproblemen der Kinder. Außerdem moderierte eine positive Einschätzung der Elternschaft die Beziehung zwischen kindlichen Verhaltensproblemen und elterlichem Stress. Diese Effekte waren je nach ethnischer Zugehörigkeit der Eltern verschieden. Mütter lateinamerikanischer Herkunft berichteten über einen stärkeren positiven Einfluss als angloamerikanische Mütter, wenn das Kind eine Behinderung hatte. Diese Befunde lassen den Schluss zu, dass gesellschaftliche und kulturelle (inkl. religiöser) Einflüsse und Überzeugungen im engen Zusammenhang mit dem Befinden von Eltern mit einem chronisch kranken oder behinderten Kind stehen.

7.2.7 Beziehungsaufbau, Bindung und Eltern-Kind-Interaktionen bei Kindern mit komplexen Bedürfnissen

Nach der Geburt müssen Eltern ihr Kind kennen lernen, sich an es binden und miteinander vertrauter werden. Dies braucht bei vielen Familien mit einem kranken oder behinderten Kind länger (Howe, 2006). Frühe oder häufige Trennungen aufgrund von Krankenhausaufenthalten des Kindes, aber auch ein untypisches Aussehen oder fehlende kindliche Bindungsverhaltensweise können den Aufbau einer Beziehung zwischen Eltern und Kind erschweren (Bolten, Schanz & Equit, 2021). Krankheiten und Fehlbildungen, die das Aussehen des Kindes betreffen (z. B. Lippen-Kiefer-Gaumenspalte oder Hydrozephalus) können das Bonding der Eltern an ihr Kind und damit langfristig auch den Bindungsaufbau zwischen dem Kind und seinen Eltern beeinträchtigen (Veleminsky, Veleminsky, Fedor-Freybergh, Witzanyova & Stastna, 2019). Es gibt auch Hinweise darauf, dass die elterliche Sensitivität durch die angeborene Reaktivität, die Erregbarkeit und die Fähigkeit zur Selbstregulierung eines Kindes beeinflusst werden könnte. Kinder, die sehr empfindlich und leicht erregbar sind, stellen höhere Anforderungen an ihre Eltern und können somit auch mehr Stress auslösen. Dies deutet darauf hin, dass solche Kinder besonders gefährdet sind, unsichere Bindungen zu entwickeln (Vaughn, Bost & van IJzendoorn, 2008). Es liegt daher die Vermutung nahe, dass bestimmte Verhaltens-, Interaktions- und Kommunikationsmerkmale von Kindern mit bestimmten Behinderungen die Qualität der Eltern-Kind-Interaktion und damit die Sicherheit der Bindung beeinflussen können.

Die elterliche Sensitivität, emotionale Einstimmung, Kongruenz und Reaktionsfähigkeit gegenüber Kleinkindern hängen weitgehend von der Fähigkeit der Eltern ab, das Verhalten, die Körpersprache, die Mimik und die Sprache ihrer Kinder zu erkennen, zu verstehen und zu interpretieren. Bei vielen behinderten Kindern kann jedoch die Fahigkeit, ihre Bedürfnisse oder mentalen Zustände mitzuteilen, durch funktionelle und sensorische Beeinträchtigungen zu sein. Beispielsweise können sich Eltern eines blinden Babys eher verunsichert und abgewiesen fühlen, da dieses keinen Augenkontakt oder kein soziales Lächeln zeigt. Tröster und Brambring (1992) stellten außerdem fest, dass blinde Kinder weniger emotionale Ausdrücke und damit oft ein ausdrucksloses Gesicht zeigen. Bei der Bindungsentwicklung scheint aber vor allem eine wichtige Rolle zu spielen, ob die Eltern und ihr Kind dieselbe sensorische Beeinträchtigung aufweisen. Wenn Eltern und Kind die gleiche Beeinträchtigung haben, ist die Kommunikation zwischen ihnen tendenziell effektiver bzw. sie nutzen die gleichen Kommunikationskanäle (Gregory, 1995). So berichtet Jamieson (1997), dass gehörlose Mütter ihre gehörlosen Babys häufiger anschauen und dabei lebhaftere und ausdrucksvollere Gesichter machen als hörende Mütter. Jamieson und Pederson (1993) fanden außerdem heraus, dass gehörlose 5-jährige Kinder gehörloser Eltern bei einer Reihe von kognitiven Aufgaben besser abschnitten als gehörlose 5-jährige Kinder mit hörenden Eltern. Die soziale Interaktion zwischen Eltern und ihren Kindern hängt also stark davon ab, ob beide Interaktionspartner ein gemeinsames Kommunikationssystem nutzen. Bei einer Kongruenz der Kommunikationsmittel hatte dies eher positive Entwicklungseffekte (Gregory, 1995). Pipp-Siegal und Biringen (1998) untersuchten die emotionale Kommunikation zwischen hörenden Eltern und ihren gehörlosen Kindern, insbesondere den Grad der emotionalen Verfügbarkeit, die elterliche Sensitivität und den Grad des feindseligen bzw. intrusiven Verhaltens. Die Studie ergab, dass hörende Mütter von hörgeschädigten Kindern im Vergleich zu hörenden Müttern von hörenden Kindern rigider, intrusiver und negativer waren. Die gehörlosen Kinder hörender Mütter schienen weniger aktiv, ansprechbar und involvierend zu sein.

Kinder mit Down-Syndrom verarbeiten Informationen langsamer als neurotypisch entwickelte Kinder, was zur Folge hat, dass sie zwar viele der Entwicklungsfähigkeiten von Kindern mit normaler Entwicklung erreichen, aber dass diese Meilensteine im Allgemeinen verzögert erreicht werden (Rachidi & Lopes, 2008). Entsprechend haben Kinder mit Down-Syndrom häufiger auch Sprachentwicklungsverzögerungen. Dies kann dazu führen, dass beispielsweise Eltern im Gespräch mit ihren Kindern weniger Worte für innere Zustände zu verwenden (Channell & Bosley, 2021). Dies hat zur Folge, dass zwischen Eltern und Kindern weniger Informationen über eigene Gedanken und Gefühle und die der anderen ausgetauscht werden. Dies wiederum kann die Qualität der Kommunikation und die gemeinsame Affektregulation zwischen Eltern und Kindern negativ beeinflussen. Obwohl Kinder mit Down-Syndrom ein Verständnis für die Gedanken anderer entwickeln (»Theory of Mind«), ist ihr Verständnis für die inneren Zustände anderer, einschließlich deren Emotionen, tendenziell einfacher und weniger subtil. Auch bei Kindern mit Autismus können deren Entwicklungsbesonderheiten zu großen Problemen in der Eltern-Kind-Interaktion, vor allem bei der gemeinsamen Aufmerksamkeit, den sozialen Beziehungen und der Kommunikation, führen. Es scheint, dass Kinder mit Autismus Schwierigkeiten haben, Emotionen zu verstehen und angemessen darauf zu reagieren. Keenan et al. (2016) weisen darauf hin, dass die mangelnde zwischenmenschliche Reaktionsfähigkeit autistischer Kinder oft eine Quelle elterlichen Stresses ist.

Auch bei Kindern mit motorischen Schwierigkeiten (z. B. Spina bifida, zerebrale Lähmung) können Hirnschäden nicht nur die motorischen Funktionen, sondern auch andere Aspekte der Entwicklung beeinträchtigen. So haben etwa drei Viertel dieser Kinder einen IQ unter 85 hat (Lewis, 2003). Die Kombination von motorischen, wahrnehmungsbezogenen und kognitiven Schwierigkeiten kann zu Problemen in der Eltern-Kind-Kommunikation und sozialen Interaktion führen (Lewis, 2003).

7.2.8 Partnerschaft

Die Geburt eines Kindes stellt für viele Eltern eine erhöhte Stressbelastung dar, welche sich negativ auf die Partnerschaftsqualität auswirken kann (Twenge et al., 2003). Im Vergleich zu Nicht-Eltern geben Eltern in den meisten Untersuchungen eine geringere Zufriedenheit in der Ehe an. Die Auswirkung der Elternschaft auf die Ehezufriedenheit ist bei Eltern mit einem höheren sozioökonomischen Level und jüngeren Geburtsjahrgängen negativer. Je größer die Anforderungen, welche das Kind an seine Eltern stellt, sind, umso größer ist auch die Belastung für die Partnerschaft. Insbesondere bei schon zuvor bestehenden Problemen innerhalb der Familie kann diese beim Übergang zur Elternschaft erheblich leiden. Obwohl die Erziehung eines Kindes mit einer chronischen Erkrankung oder Behinderung mit viel Stress, Trauer und anderen Belastungsfaktoren verbunden ist, was sich potenziell negativ auf die Partnerschaftsqualität auswirken könnten, wird diese Annahme durch empirische Daten kaum gestützt (Sobsey, 2004). Die Forschung zeigt eher, dass die Ehen von Eltern kranker oder behinderter Kinder das gesamte Spektrum von Funktion und Dysfunktion aufweisen können, das auch in der Allgemeinbevölkerung zu beobachten ist. Es kann also davon ausgegangen werden, dass die meisten Eltern behinderter Kinder normale Ehen führen und dass die gleichen Faktoren, die gesunde und ungesunde Ehen in der Allgemeinbevölkerung vorhersagen, auch für Eltern behinderter Kinder gelten. Risdal und Singer (2004) verwendeten metaanalytische Methoden, um eine Reihe von Forschungsliteratur über die Ehezufriedenheit und Scheidungsraten bei Eltern von Kindern mit und ohne Entwicklungsstörungen zu untersuchen. Der Überblick über die Literatur zeigt ebenfalls, dass die Auswirkungen auf die ehelichen Beziehungen der Eltern deutlich geringer sind, als dies in älteren Studien zur Auswirkung einer Behinderung eines Kindes auf die Familie angenommen wurde.

Sehr viele Studien finden also keinen Unterschied in den Scheidungsraten zwischen Eltern von Kindern mit Behinderungen und Eltern entwicklungstypischer Kinder. Aus den Studien, die einen sehr geringen Anstieg der Scheidungsraten bei Eltern von Kindern mit Behinderungen fanden, kann jedoch nicht geschlossen werden, dass die Zunahme der Eheprobleme auf die Behinderungen der Kinder zurückzuführen ist. Es ist mindestens ebenso wahrscheinlich, dass eine familiäre Dysfunktion das Risiko für eine Scheidung auch bei Eltern von Kindern mit Behinderungen erhöht. Zwar wurde in zahlreichen Forschungsarbeiten versucht nachzuweisen, dass Kinder mit Behinderungen den Ehen ihrer Eltern schaden, doch wurde bisher kaum untersucht, ob elterliche Konflikte den Entwicklungsverlauf von Kindern mit Behinderungen negativ beeinflussen. Die Beziehung zwischen den Eltern wiederum ist vermutlich nicht ohne Auswirkung auf die kindliche Entwicklung. Tragen Eltern ihre Konflikte in sehr negativer Weise aus, kann dies mit vermehrt auffälligem Verhalten (z. B. Aggressionen, Rückzug, Ängste) bei den Kindern einhergehen. Die Zufriedenheit mit der Partnerschaft war in der Studie von Robinson und Neece (2015) sowohl mit dem elterlichen Stress als auch Verhaltensproblemen der Kinder assoziiert. Je unzufriedener Eltern mit ihrer Partnerschaft waren, umso mehr Stress erlebten sie und um so mehr Verhaltensprobleme konnten bei den Kindern beobachtet werden. Auf der anderen Seite ist eine harmonische Beziehung zwischen den Eltern eine Ressource für die Kinder, da eine hohe Partnerschaftsqualität eher mit feinfühligem und liebevollem Erziehungsverhalten assoziiert ist (Camisasca, Miragoli, Di Blasio & Feinberg, 2019). Ein geringeres Maß an Co-Elternschaft mediiert den Zusammenhang zwischen einer niedrigen Partnerschaftsqualität und Verhaltensproblemen der Kinder.

Kersh et al. (2006) untersuchten inwiefern sich die Qualität der ehelichen Beziehung auf die psychische Gesundheit, den Erziehungsstress und die Erziehungswirksamkeit von Müttern und Vätern von Kindern mit Entwicklungsstörungen auswirkte. Es zeigte sich, dass sowohl für Mütter als auch für Väter eine höhere Ehequalität das psychische Wohlbefinden deutlich steigere. Die Eltern mit einer besseren Partnerschaft hatten weniger Erziehungsstress und niedrigere depressive Symptome.

Andere Studien berichten, dass Partnerschaftskonflikte auch häufig dann entstehen, wenn sich nur ein Partner (häufig die Mutter) mit der Erkrankung oder der Entwicklung auseinandersetzt (Dai, Futris, Stanford, Richardson & Koss, 2022).

7.2.9 Eltern und das Helfersystem

Die Zusammenarbeit mit den Eltern ist ein zentrales Element der professionellen Arbeit mit Kindern mit chronischen Krankheiten oder Behinderungen. In diesem Zusammenhang muss der professionelle Blick auf die Lebenswirklichkeit von Familien geschärft werden. Der Alltag vieler Familien hat sich in den vergangenen Dekaden gravierend verändert. Familienkonstellationen sind vielfältiger und komplexer geworden (Daly et al., 2015). Eltern müssen jeweils für sie passende Wege finden, die Erkrankung oder Behinderung ihres Kindes zu akzeptieren und ins eigene Leben zu integrieren, ohne die eigenen Bedürfnisse zu vernachlässigen. Den meisten Eltern gelingt dies und sie können ihr persönliches und das familiale Gleichgewicht wieder herstellen (Thimm & Wachtel, 2002). Dieser Prozess kann durch Fachpersonen unterstützt werden. Das Helfersystem übernimmt dabei betreuende, beratende und unterstützende Aufgaben in den verschiedenen Entwicklungsphasen des Kindes. Fachpersonen hören zu, geben Eltern Informationen und beraten, machen Mut, entlasten, vermitteln Kontakte und unterstützen im Erlangen elterlicher Selbstwirksamkeit. Wie bereits in den vorangegangenen Abschnitten dargestellt, ist die Unterstützung der Eltern bei der Verarbeitung der Diagnose und der Bewältigung möglicher Schwierigkeiten besonders im Hinblick auf die Gestaltung förderlicher Entwicklungsbedingungen für das Kind von großer Bedeutung. Folglich sollten sich alle Fachpersonen im Helfernetzwerk von der Prämisse leiten lassen, dass die Entwicklung des Kindes in direktem Zusammenhang mit dem Wohlbefinden seiner Bezugspersonen steht. Aktuelle Analysen (Head & Abbeduto, 2007) zeigen, dass die Unterstützung der ganzen Familie und ein psychosozialer Support der Eltern langfristig wirksamer sind als eine alleinige Förderung des Kindes.

Die meisten Eltern von Kindern mit komplexen Bedürfnissen leiden während und nach der Diagnose unter einer hohen Stressbelastung und einer niedrigeren Lebensqualität. Dies trifft insbesondere auf den Elternteil zu, der primär die Versorgung des Kindes übernommen hat. Bei der Erziehung von Kindern mit komplexen Bedürfnissen sollten Familien deshalb auf verschiedene Art und Weise gestärkt werden, z. B. durch die Förderung der Zusammenarbeit innerhalb der Familie und zwischen der Familie und Fachleuten oder Behörden (Sartore et al., 2021). Jedoch kann es für die Eltern schwierig sein, Zugang zu den von ihnen benötigten Dienstleistungen und Ressourcen zu erhalten (Banach, Iudice, Conway & Couse, 2010). Insbesondere für diese Fälle ist eine gute Vernetzung zwischen den verschiedenen Stellen und therapeutischen Anbietern wichtig. Insbesondere in der Arbeit mit Familien in besonders komplexen Lebenslagen ist die Unterstützungs- und Vernetzungssituation oftmals noch nicht zufriedenstellend gelöst. Angesichts einer Kumulation von Problemen in solchen Familien (z. B. Arbeitslosigkeit, Überschuldung, Traumatisierung der Eltern durch eigene belastende Kindheitserfahrungen, Suchterkrankungen) bleibt den Eltern kaum Energie, um auf die Bedürfnisse und Entwicklungsprobleme ihres Kindes hinreichend einzugehen (Weiß, 2023).

In der Unterstützung von Eltern von Kindern mit komplexen Bedürfnissen sollte ein system-ökologische Ansatz gewählt werden, bei dem das Konzept der »Partnerschaftlichen Kooperation« handlungsleitend ist und Eltern als gleichberechtigte und kompetente Partner akzeptiert werden (Beck & Meier, 2023). Dabei muss die Verschiedenheit der Lebenswelten der Familien berücksichtigt und die Unterstützung an den Bedürfnissen der Eltern und Kinder ausrichtet werden. Im Zentrum der Unterstützung steht die gesamte Familie und nicht das Kind allein. Fachleute und Eltern werden dabei zu Bündnispartnern, die gemeinsam nach Wegen suchen, unter den jeweils gegebenen Bedingungen Lösungen zu finden, die beide Seiten zufriedenstellen (Beck & Meier, 2023). Dabei geht es weniger um eine Problem- oder Defizitorientierung als vielmehr um eine Kompetenz- bzw. Ressourcenorientierung. Ziel sollte in der Arbeit mit Eltern chronisch kranker oder behinderter Kinder eine symmetrische Kommunikationskultur sein, in der beide Seiten als gleichberechtigte und kompetente Gesprächs- und Interaktionspartner*innen anerkannt sind. Dabei steht das Gelingen dieser Kooperation in unmittelbarem Zusammenhang mit

Kontextfaktoren, die die Vorstellungen und das Verhalten von Eltern und Fachpersonen prägen.

Schwierigkeiten bei der Unterstützung von Familien mit Kindern mit komplexen Bedürfnissen können entstehen, wenn Eltern und Fachleute unterschiedliche Einschätzungen hinsichtlich der Behinderung und den Möglichkeiten des Kindes haben (Eckert, 2014). Weiteres Konfliktpotenzial besteht, wenn beide Seiten ihre Erwartungen an den jeweils anderen als nicht erfüllt sehen. Dies kann bewirken, dass sich Fachleute in ihrem Engagement und ihrer professionellen Arbeit von den Eltern nicht wertgeschätzt fühlen und Eltern sich in ihrem Engagement zu wenig anerkannt fühlen. In Bezug auf das elterliche Engagement gibt es seitens der Fachpersonen widersprüchliche Aussagen. Einerseits scheint es Eltern zu geben, welche nur ein geringes Interesse an einer aktiven Kooperation mit Fachpersonen haben. Andererseits setzen sehr hohe elterliche Erwartungen an die Therapeuten oder andere Mitglieder des Helfernetzwerkes diese stark unter Druck oder es kommt zur verstärkten Einmischung in den Arbeitsalltag der Fachpersonen.

7.2.10 Eltern und die Gesellschaft

Eltern von Kindern mit besonderen Bedürfnissen zu stärken, bezieht sich jedoch nicht nur auf die Förderung der elterlichen Handlungskompetenz, sondern erfordert auch Veränderungen der gesellschaftlichen Strukturen, damit sich diese an den Bedürfnissen aller Familien und nicht nur an den sogenannten Normalfamilien orientieren. Es braucht ein gesellschaftliches Klima, das die Diversität von Menschen anerkennt und notwendige Hilfen zur Teilnahme am allgemeinen Leben auch in Zeiten knapper Ressourcen nicht in Frage stellt. Notwendig sind Rahmenbedingungen, die es Familien ermöglichen, unterschiedliche Lebensentwürfe im Zusammenleben mit ihrem Kind zu verwirklichen und allen Familienmitgliedern Freiräume für die eigene Entwicklung zu erlauben. Behinderungen der körperlichen oder geistigen Entwicklung eines Menschen dürfen in der Gesellschaft nicht als »Worst case« betrachtet werden, den es grundsätzlich zu vermeiden gilt. Denn solange Familien unter dem Druck stehen, ein Kind zu haben, dass den Ansprüchen der Leistungsgesellschaft entspricht, solange müssen sich Eltern für die Kosten, die ihr Kind verursacht, rechtfertigen.

7.3 Zusammenfassung

Wird bei einem Kind eine schwere chronische Erkrankung oder Behinderung diagnostiziert, bricht für viele Eltern eine Welt zusammen. Durch die Diagnose ihres Kindes sehen sie sich mit der Tatsache konfrontiert, sich von einem Tag auf den anderen von Vorstellungen und Wünschen verabschieden zu müssen und Teil einer Randgruppe zu sein. In der modernen Leistungsgesellschaft ist eine solche Elternschaft für viele anfangs nur schwer zu akzeptieren. Die wenigsten Eltern hatten vor dem Bekanntwerden der Diagnose ihres Kindes keinen Kontakt zu Menschen mit einer solchen Erkrankung oder Behinderung und können somit nicht auf eigene positive Erfahrungen im Umgang mit den damit verbundenen Herausforderungen zurückgreifen. Manche Eltern haben sogar negative Einstellungen oder stereotype Vorurteile. Die meisten Eltern von Kindern mit komplexen Bedürfnissen leiden während und nach der Diagnosestellung unter einer hohen Stressbelastung. Die Behinderung eines Kindes stellt für das gesamte Familiensystem, inklusive der Partnerschaft, eine große Herausforderung dar. Nach der Geburt müssen Eltern ihr Kind kennen lernen, sich an es binden und miteinander vertrauter werden. Trennungen aufgrund von Krankenhausaufenthalten des Kindes, aber auch ein untypisches Aussehen oder fehlende kindliche Bindungsverhaltensweisen können den Aufbau einer Beziehung zwischen Eltern und Kind erschweren. Neuere Studien betonen aber auch die positiven Auswirkungen eines Kindes mit besonderen Bedürfnissen auf die Eltern. Viele Eltern berichten, dass sie durch die Sorge für ihr krankes oder behindertes Kind ein stärkeres Gefühl für Sinn und Zweck sowie persönliches Wachstum empfinden. Bei der Unterstützung von Eltern von Kindern mit komplexen Bedürfnissen sollte ein system-ökologischer Ansatz handlungsleitend sein, bei dem Eltern gleichberechtigte und kompetente Partner des Behandlungsteams sind.

7.4 »Therapeutischer Werkzeugkoffer«

7.4.1 Grundsätzliches

Psychosoziale Interventionen für Eltern von Kindern mit komplexen Bedürfnissen zielen auf eine direkte Entlastung und praktische Hilfen, Vernetzung sowie eine langfristige Stabilisierung der Eltern ab. Ein wichtiger Schwerpunkt der therapeutischen Begleitung liegt dabei in der Förderung der Ressourcen der betroffenen Eltern bzw. gesamten Familie. Die Grundlage der psychotherapeutischen Begleitung bildet ein stützendes und informatives Beziehungsangebot an die Eltern. Das therapeutische Handeln und die Unterstützungsmaßnahmen müssen entwicklungsphasenspezifisch und an den Belastungen und Ressourcen der Eltern orientiert sein. Therapeuten sollten in ihrer Arbeit immer die individuelle Art und Fähigkeit der Eltern zur Bewältigung von Krisen berücksichtigen.

Verarbeitung der Diagnose

Eltern, die neu mit der Erkrankung ihres Kindes konfrontiert wurden und in der Phase der Diagnoseverarbeitung sind, brauchen häufig eine intensivere psychotherapeutische Begleitung. Eltern, welche sich im Diagnoseschock befinden, müssen eine Fülle von Informationen verarbeiten und in ihrem Alltag integrieren. Die Familie sollte von Anfang an dabei begleitet und unterstützt werden, um den Verarbeitungsprozess der komplexen Gesundheitssituation des Kindes günstig zu beeinflussen.

Hilfen in Problemsituationen

Im Entwicklungsverlauf können immer wieder Probleme bei den Eltern oder beim Kind selbst (z. B. Trennungsängste im Krankenhaus, Partnerschaftskonflikte) auftreten. Je nach Situation können in diesen Fällen therapeutische Einzelgespräche oder Verhaltensübungen zur Problemlösung beitragen.

7.4.2 Adaptiertes SPIKES-Protokoll[11] zur Übermittlung der kindlichen Diagnose an die Eltern

Die Übermittlung schlechter Nachrichten an Eltern kann mit einer adaptierten Version des SPIKES-Protokolls erfolgen. Dabei wurde das Vorgehen (Novak, Morgan, McNamara & te Velde, 2019) so angepasst, dass es sich zur Übermittlung der Nachricht an Eltern, dass bei ihrem Kind eine lebenslange Behinderung diagnostiziert wurde, eignet. Dabei wurden Ratschläge aus der qualitativen Elternliteratur und anderen verfügbaren Best-Practice-Leitlinien für die Übermittlung schwieriger Nachrichten berücksichtigt.

Schritt 1: S (Setting Up) – Das Gespräch vorbereiten

Als Fachperson sollte man sich gut darauf vorbereiten, auch schwierige Fragen der Eltern beantworten zu können. Dies gelingt am ehesten, wenn man das Gespräch für die Mitteilung an die Eltern zuvor mental durchgeht und überlegt, wie man auf starke Emotionen oder schwierige Fragen reagieren würde. Als Überbringer schlechter Nachrichten sollte man immer damit rechnen, dass die Eltern mit starken negativen Emotionen und Frustration reagieren. Es kann hilfreich sein, wenn man sich vor Augen führt, dass diese schlechten Nachrichten zwar traurig, die Informationen für Eltern aber trotzdem sehr wichtig sind, damit diese ihre Zukunft mit dem Kind planen können.

Die Eltern möchten neben der Diagnosevermittlung oft auch eine Prognose. Dies ist jedoch meist nicht präzise möglich. Hilfreich ist jedoch, positive Informationen über das Kind (z. B. eine Beschreibung seiner Stärken) zu geben, um die Hoffnung der Eltern in Bezug auf das Kind als Person und seine Zukunftsaussichten zu fördern.

---

11 vgl. auch Baile, W. F., Buckman, R., Lenzi, R., Glober, G., Beale, E. A. & Kudelka, A. P. (2000). SPIKES—A Six-Step Protocol for Delivering Bad News: Application to the Patient with Cancer. *The Oncologist, 5*(4), 302–311

Weitere hilfreiche Richtlinien zur Vorbereitung des Gesprächs sind:

- *Sorgen Sie für Privatsphäre.* Das Gespräch mit den Eltern sollte in einem möglichst ruhigen Raum und ohne ständige Unterbrechungen durchgeführt werden.
- *Sorgen Sie für ausreichend Zeit.* Für das Übermitteln der Nachricht sollte ausreichend Zeit eingeplant werden. Idealerweise finden mindestens zwei persönliche Informationsgespräche zur Diagnose statt. Auch das Aushalten von Schweigen und Sprachlosigkeit ist wichtig.
- *Das Kind steht im Zentrum.* Falls möglich, sollte das Kind beim Gespräch mit den Eltern anwesend sein, damit diese die Informationen als persönlich und individuell auf ihr »echtes Kind« zugeschnitten empfinden können.
- *Stellen Sie eine Verbindung zum Patienten her.* Es mag unangenehm sein, Augenkontakt zu halten, aber es ist ein wichtiges Mittel, um eine Beziehung zu den Eltern aufzubauen. Halten Sie Taschentücher bereit.

Schritt 2: P (Perception) – Einschätzung der elterlichen Wahrnehmung bzw. des elterlichen Wissens über die Situation des Kindes

Um die Eltern und ihre momentane Lebenssituation und ihr Vorwissen zu Situation des Kindes besser verstehen zu können, sollten primär Fragen gestellt und weniger Fakten berichtet werden. Verwenden Sie offene Fragen, um sich ein genaues Bild davon zu machen, was die Eltern bereits wissen. Anhand der elterlichen Antworten können die Informationen auf das Kind zugeschnitten oder Missverständnisse ausgeräumt werden

Beispiel: *Was hat man Ihnen bisher gesagt? Was denken Sie, warum die Ärzte ein MRT gemacht haben?*

Eltern wollen ehrliche, transparente und spezifische Informationen über die Prognose ihres Kindes.

Beispiel: *Das hört sich an, als würden Sie mich fragen, ob Ihr Kind laufen wird? Anhand der MRT-Untersuchung können wir sehen, dass sich die Hirnverletzung nur auf einer Seite des Gehirns befindet. Kinder mit dieser Art von Verletzung gehen fast immer selbständig.*

Schritt 3: I (Invitation) – Einladung der Familie

Auf ausdrücklichen Bitten der Eltern um weitere Informationen sollte eingegangen werden, da dies in der Regel den Prozess der Übermittlung schlechter Nachrichten weniger angstauslösend macht. Bitten Sie die Eltern um konkrete Fragen. Es sollte ausdrücklich kommuniziert werden, dass die Fragen sowohl jetzt als auch in Zukunft aufgenommen und beantwortet werden.

Beispiel: *Wie soll ich Ihnen die Ergebnisse mitteilen?* ODER *Die meisten Eltern haben eine Menge Fragen. Was sind Ihre Fragen?*

Schritt 4: K (Knowledge) – Wissen an die Familie weitergeben

Warnen Sie die Familie, dass eine schlechte Nachricht bevorsteht. Warnungen können den Schock mildern und die Informationsverarbeitung erleichtern. Es empfiehlt eine einfache, und direkte Sprache mit einem hoffnungsvollen, einfühlsamen und unterstützenden Ton. Seien Sie in Ihren Aussagen klar und bestimmt. Wenn Eltern keine eindeutige Diagnose gegeben wird, ist ihre Wahrnehmung über ihr Kind variabler und kann die Ambivalenz und Abwehr in Bezug auf das Nicht-Veränderbare steigern, was Ausdruck für die Sehnsucht der Eltern nach einer normalen Zukunft ist. Da sich Eltern nicht immer an das Gesagte erinnern können, ist es sinnvoll, schriftliche Informationen abzugeben. Dies kann helfen, die Nachricht später zu verarbeiten oder diese mit Verwandten zu teilen.

Beispiel: Ich habe eine schlechte Nachricht, die ich Ihnen heute mitteilen muss. Ich wünschte, die Nachrichten wären anders. Die Untersuchungen deuten darauf hin, dass Ihr Kind an einer Zerebralparese leidet. Eine Zerebralparese ist eine körperliche Behinderung, die auf eine Schädigung des Teils des Gehirns zurückzuführen ist, der die Bewegungen steuert. Eine Zerebralparese ist eine dauerhafte Behinderung, aber die Lebenserwartung ist fast immer normal. Zwei von drei Kindern mit zerebraler Lähmung werden laufen und drei von vier werden sprechen können. Die gute Nachricht ist, dass alle Kinder mit zerebraler Lähmung lernen und Fortschritte machen können. Wir wissen, wie wir helfen können. Möchten Sie mehr darüber erfahren?

Schritt 5: E (Emotions) – Ansprechen von elterlichen Emotionen

Beobachten und benennen Sie die Emotionen der Eltern, ermitteln Sie die Gründe für die Emotionen und erlauben Sie den Eltern, ihre Gefühle auszudrücken. Im Gespräch mit Eltern ist es sinnvoll diese zu ermutigen, ihre Gefühle zu zeigen und diese zu validieren. Sprechen Sie mit den Eltern über ihre Gefühle und deren Bedeutung, denn dies ermöglicht eine bessere Bewältigung der Situation.

Beispiel: Ich sehe, dass Sie das sehr traurig macht. Das ist verständlich, dass Sie sich bei dieser Art von Nachrichten traurig und gestresst fühlen. Möchten Sie mir mehr darüber erzählen, was Sie denken und fühlen?

Schritt 6: S (Strategy) – Strategie, Zukunftsplanung und Zusammenfassung

Beziehen Sie die Eltern in den Behandlungsplan ein. Dies trägt dazu bei, dass sie sich weniger ängstlich und unsicher über ihre Zukunft fühlen. Klären Sie zunächst mit den Eltern, ob sie für ein solches Gespräch bereit sind. Dabei ist es wichtig, den Eltern aufzuzeigen, dass ein solcher Behandlungsplan sowohl die Behandlung des Kindes als auch eine Unterstützung der Eltern bzw. der Familie enthält, um die langfristige Bewältigung zu fördern. Dabei ist es auch wichtig zu beachten, dass viele Eltern eine aktive Rolle in der Behandlung ihres Kindes übernehmen wollen, um Selbstwirksamkeit und Kontrolle zu erleben. Die Sitzung sollte deshalb möglichst mit etwas Praktischem und Hilfreichem enden, so dass die Eltern etwas für ihr Kind tun können.

Vereinbaren Sie eine Nachbesprechung und geben Sie Ihren Namen und Ihre Telefonnummer oder einer anderen Kontaktperson an. Für Eltern ist es wichtig einen Hauptbetreuer als Fallführenden zu haben, der ggf. weitere Termine zur Nachbesprechung und zur weiteren Unterstützung anbieten kann.

Beispiel: *Wen haben Sie in Ihrem Leben, der Sie unterstützt? Gibt es jemanden, den Sie anrufen oder besuchen können, um die heutige schwierige Nachricht zu besprechen? Viele Eltern sagen mir, dass sie auch gerne mit anderen Eltern sprechen, die diese Situation schon einmal erlebt haben. Möchten Sie, dass ich das arrangiere?*

7.4.3 Unterstützung der Verarbeitung der kindlichen Diagnose

Eltern haben unterschiedliche Bewältigungsstrategien zur Verarbeitung der kindlichen Diagnose. Die zwei häufigsten sind die »aktive Veränderung« und die »Akzeptanz«. Der primäre Unterschied bei der »aktiven Veränderung« ist, dass die Eltern aktiv Schritte unternehmen, um die Folgen der schlechten Nachricht zu ändern, während bei der »Akzeptanz« die Energie der Eltern darauf gerichtet ist, die schlechte Nachricht zu akzeptieren und sich auf ihr Kind einzustellen.

Elterliches Reaktionsmuster »Aktive Veränderung«

Bei der Reaktion »Aktive Veränderung« sind Eltern sehr beunruhigt, wenn sie erfahren, dass negative Folgen der Diagnose sehr wahrscheinlich sind (z. B. Gehunfähigkeit, die einen Rollstuhl erforderlich macht). Der Therapeut sollte Eltern kontinuierlich mit Informationen versorgen, um ihre Ängste abzubauen. Es kann dabei notwendig sein, Informationen immer wieder zu wiederholen, da es den Eltern manchmal schwerfällt, alles zu behalten, was sie hören. Schriftliche Informationen bereitzuhalten und diese den Eltern abzugeben, so dass sie alle Informationen zu Hause noch einmal nachlesen und langsam verarbeiten können, hat sich in diesem Kontext als sinnvoll erwiesen.

Eltern sollten motiviert werden, sich aktiv mit der Diagnose auseinanderzusetzen. Oft liegt der verzweifelten Suche der Eltern nach einer Diagnose die Hoffnung zugrunde, dass die Diagnose behandelbar ist und sie somit etwas für ihr Kind tun können. Es ist deshalb hilfreich, Eltern aufzuzeigen, wie sie ihrem Kind helfen können:

1. Eltern sollten die Informationen über evidenzbasierten Behandlungen und wie ihr Kind Zugang zu diesen Behandlungen erhält, gegeben werden. Es ist auch wichtig, offen über komplementär- und alternativmedizinische Ansätze sowie über neue Behandlungen zu sprechen, die sich noch in der klinischen Erprobung befinden. Viele Eltern wollen sicher sein, dass alles versucht wurde, um ihrem Kind zu helfen. Deshalb ist es wichtig, sie zu unterstützen, zu informieren und offen zu sein, wenn sie um Informationen über Behandlungen bitten. Außerdem ist es hilfreich, Kontakte zu anderen Eltern, die ähnliche Erfahrungen gemacht

haben, herzustellen, damit Eltern ein Unterstützungsnetzwerk aufzubauen können,
2. Es sollten möglichst rasch Maßnahmen ergriffen werden, um eine Verschlechterung des Zustands des Kindes, aber auch seiner Eltern zu verhindern. Der Zugang zu Informationen ist dabei eine wichtige Grundlage, um die Eltern zu befähigen, ihr Wissen zu erweitern und ihr Leben selbst in die Hand zu nehmen.
3. Die Förderung der Entwicklung des Kindes sollte im Zentrum stehen und dabei die Eltern in einer aktiven Rolle einbeziehen. Bei der »aktiven Veränderung« sind die Eltern sehr motiviert, wirksame Maßnahmen für ihr Kind zu ergreifen. Zur Stärkung der Eltern gehört auch die Förderung der elterlichen Problemlösungskompetenz und die Sensibilisierung für die Bedürfnisse ihres Kindes, damit sie die Versorgung ihres Kindes koordinieren und planen können. Häufig ist auch eine Schulung und ein Coaching der Eltern im Umgang mit ihrem Kind erforderlich. Das Coaching der Eltern kann zudem auch zur Reduktion des elterlichen Stresses beitragen.

Elterliches Reaktionsmuster Akzeptanz

Akzeptanz als Reaktion auf die Diagnosevermittlung besteht darin, dass Eltern die Situation ihres Kindes akzeptieren und in der Lage sind, dem damit verbundenen Verlust einen Sinn zu geben, ihre Angst vor dem, was vor ihnen liegt, zu verringern und Unterstützung zu suchen. Die Aufgabe des Therapeuten besteht darin, den Eltern dabei zu helfen, sich auf eine unbekannte Reise einzustellen. Eltern, die auf schlechte Nachrichten mit Akzeptanz reagieren, richten ihre Energie darauf aus, vorwärtszugehen und sich mit den Entwicklungsproblemen ihres Kindes zu befassen. Dabei schauen Eltern über das Negative hinaus auf die Möglichkeit zukünftiger Hoffnung. Zur Akzeptanz gehören zwei Verhaltensweisen seitens der Eltern:

1. Weitergabe von Informationen über ihre Geschichte an andere. Dies kann Eltern helfen, ihre soziale Realität zu akzeptieren, Unterstützung von Freunden und der Familie zu erhalten und ihre Geschichte »neu zu schreiben«
2. Aktive Integration der Diagnose des Kindes in das Familienleben, indem Eltern ihre Prioritäten neu ordnen und sich auf eine neue Zukunft einstellen.

7.4.4 Nützliche Webseiten für Eltern

Deutschland

Bundesverband für körper- und mehrfachbehinderte Menschen e.V.
Brehmstr. 5–7, 40239 Düsseldorf
Telefon: +49 211 640 040
E-Mail: info@bvkm.de
www.bvkm.de

Familienratgeber: Onlineservice der Aktion Mensch
Informationen, Rat und Adressen für Menschen mit Behinderung und ihre Angehörigen
www.familienratgeber.de

Bundesarbeitsgemeinschaft Selbsthilfe von Menschen mit Behinderung, chronischer Erkrankung und ihren Angehörigen (BAG SELBSTHILFE e.V.)
Kirchfeldstraße149, 40215 Düsseldorf
Telefon: +49 211 310 060
E-Mail: info@bag-selbsthilfe.de
www.bag-selbsthilfe.de

Bundesvereinigung Lebenshilfe e.V.
Raiffeisenstr. 18, 35043 Marburg
Telefon: +49 64 214 910
E-Mail: bundesvereinigung@lebenshilfe.de
www.lebenshilfe.de

Verein Eltern beraten Eltern Deutschland
www.eltern-beraten-eltern.de
Selbstorganisiertes Netzwerk von Familien, das sich für Inklusion einsetzt

Allianz Chronischer Seltener Erkrankungen (ACHSE e.V.)
c/o DRK Kliniken Berlin | Mitte
Drontheimer Straße 39, 13359 Berlin
Telefon: +49–30 330 070 80
E-Mail: info@achse-online.de
www.achse-online.de

Bundesverband Herzkranker Kinder (BVHK e.V)
Vaalser Str. 108, 52074 Aachen
Telefon: +49 241 91 23 32
E-Mail: info@bvhk.de
www.bvhk.de

Österreich

Hilfreiche Ausgangspunkte für eine Suche sind die Websites www.oesterreich.gv.at, www.sozialministerium.at und www.kindertraum.at.

Angelman Verein Österreich
Schulerstraße 18/7, 1010 Wien
Telefon: +43 664 166 76 55
E-Mail: info@angelman.at
www.angelman.at

Down-Syndrom Österreich
Fadingerstraße 15, 5020 Salzburg
Telefon: +43 664 213 34 90
E-Mail: office@down-syndrom.at
www.down-syndrom.at

Österreichischer Gehörlosenbund (ÖGLB)
Waldgasse 13–15, 1100 Wien
E-Mail: office@oeglb.at
www.oeglb.at

Blinden- und Sehbehindertenverband Österreich (BSVÖ)
Hietzinger Kai 85 / DG, 1130 Wien
Telefon: +43 1 982 75 84 201
E-Mail: office@blindenverband.at
www.blindenverband.at

Hand in Hand – Osttirol: Verein für Kinder mit besonderen Bedürfnissen
Moarfeldweg 66, 9900 Lienz
Telefon: +43 676 33 123 64
E-Mail: info@hih-osttirol.at
www.hih-osttirol.at

Schweiz

insieme21
Verein für Menschen mit Trisomie 21 in der deutschsprachigen Schweiz
CH 8000 Zürich
Telefon: +41 55 243 18 55
E-Mail: info@insieme21.ch
www.insieme21.ch

insieme Schweiz
Vereinigung der Elternvereine für geistig Behinderte
Gesellschaftsstr. 30, Postfach 6819, 3001 Bern
Telefon: +41 31 300 50 20
E-Mail: sekretariat@insieme.ch
www.insieme.ch

KVEB Konferenz der Vereinigungen von Eltern behinderter und langzeiterkrankter Kinder
KVEB c/o Epi-Suisse
Seefeldstrasse 84, 8008 Zürich
Telefon: +41 43 488 68 80

E-Mail: maja.cuk@vereinigung-cerebral.ch
https://www.behindertekinder.ch

Pro Infirmis Schweiz
Feldeggstr. 71, Postfach 1332, 8032 Zürich
Telefon: +41 58 775 20 00
E-Mail: contact@proinfirmis.ch
www.proinfirmis.ch

Vereinigung Cerebral Schweiz (SVCG)
Zuchwilerstr. 43, Postfach 810, 4501 Solothurn
Telefon: +41 32 622 22 21
E-Mail: info@vereinigung-cerebral.ch
www.vereinigung-cerebral.ch

Pro Pallium – Schweizer Palliativstiftung für Kinder und junge Erwachsene
Leberngasse 19, 4600 Olten
Telefon: +41 62 212 21 37
E-Mail: info@pro-pallium.ch
www.pro-pallium.ch

8 Tod eines Kindes

8.1 Fallbeispiele

Fallbeispiel 1

M. erkrankt im Alter von 7 Jahren an einer akuten lymphoblastischen Leukämie. Zunächst spricht sie gut auf die Behandlung an. Während der Dauertherapie kommt es zu einem erneuten Auftreten von Krebszellen mit Beteiligung des Gehirns, so dass eine Bestrahlung erfolgen muss. Leider wird gegen Ende der Dauertherapie erneut ein Hirntumor diagnostiziert. M. ist inzwischen 9 Jahre alt. Die Prognose für die weitere onkologische Behandlung ist gemäß den behandelnden Ärzten sehr ungünstig und die Eltern stehen unter diesen Bedingungen einer nochmaligen intensiven Behandlung mit vielen Nebenwirkungen und Einschränkungen der Lebensqualität von M. skeptisch gegenüber, gleichzeitig möchten Sie alles für ihre Tochter tun, was ihr langfristig helfen könnte.

Die Entscheidung eines palliativen Vorgehens wird vom Ärzte- und Pflegeteam der kinderonkologischen Abteilung gemeinsam mit den Eltern getroffen. Als primäres Behandlungsziel wird eine gute Lebensqualität von M. und ihrer Familie definiert. In enger Absprache mit der Kinderärztin der Familie erfolgen Hausbesuche durch das Palliativteam. Die psychologische Begleitung der Eltern, Geschwister und von M. selbst erfolgt durch die Psychologin des Kinderkrankenhauses, welche die Familie schon während der stationären Behandlungen betreut hat. M. fühlt sich im Kreise ihrer Familie und Freunde sehr wohl. Sie verstirbt im Beisein ihrer Eltern und Geschwister 10 Monate nach Wiederauftreten des Hirntumors. Die Eltern melden sich für eine Nachbetreuung bei der Psychologin und arbeiten mit ihr den Verlust ihres Kindes auf. Acht Monate nach M.‹s Tod gelingt es der Familie langsam wieder einen normalen Alltag zu leben.

Fallbeispiel 2

Die Zwillinge von Familie P. werden in der. 24. Schwangerschaftswoche nach In-vitro-Fertilisation aufgrund von längerer Kinderlosigkeit und multiplen Schwangerschaftskomplikationen geboren. Beide Kinder befinden sich nach der Geburt in kritischem Zustand und müssen auf der Neonatologie intensivmedizinisch versorgt werden. Bei Zwilling A. kommt es innerhalb weniger Tage nach der Geburt zu einer Sepsis und anschließendem Multiorganversagen, woran er schließlich verstirbt. Auch Zwilling B. ist seit seiner Geburt sehr krank. Über

Wochen hinweg kämpft das Personal auf der Intensivstation um das Leben des kleinen Babys. Immer wieder treten Komplikationen mit seiner Lunge und seinem Darm auf. Zwar gibt es auch Phasen der Stabilisierung und leichter Besserung, so dass die Eltern Hoffnung schöpfen, jedoch kommt es meist schnell wieder zu einer Verschlechterung des Gesundheitszustandes von B. Nach fünf Wochen des Hoffens und des emotionalen Auf und Abs kommt es zu einer massiven Verschlechterung des Gesundheitszustandes von B. Trotz aller Bemühungen das Leben des Kindes zu retten, verstirbt auch das zweite Kind des Paares. Beide Eltern hatten den Verlust ihres ersten Kindes noch nicht verarbeiten können. Über Wochen hinweg flossen ihre ganzen körperlichen und psychischen Ressourcen in die Begleitung von B., so dass beide die Eltern, aber auch das Team der Neugeborenenintensivstation, in ein tiefes emotionales Loch fallen. Es macht sich eine Art Lähmung und Energielosigkeit breit, die beide Eltern über Wochen blockiert und ihnen jeden Lebensmut raubt. Erst durch die Begleitung einer auf den frühen Kindsverlust spezialisierten Psychotherapeutin, gelingt es den Eltern schrittweise und über Monate hinweg, wieder in ihren Alltag und das Leben zurückzufinden.

8.2 Zusammenfassung des wissenschaftlichen Kenntnisstandes

8.2.1 Der Tod von Kindern und Jugendlichen als Extremereignis

Das Sterben eines sehr jungen Menschen ist in unserem Kulturkreis ein relativ seltenes Ereignis. Nur ca. 6.000 Kinder oder Jugendliche bis 18 Jahren starben 2021 in Deutschland (Statistisches Bundesamt Deutschland). In der Schweiz waren es ca. 500 (Bundesamt für Statistik Schweiz, 2023) und ca. 330 in Österreich[12] (Bundesanstalt Statistik Österreich). Hierzu beigetragen haben in den vergangenen Dekaden vor allem die Verbesserungen der Gesundheitsversorgung, die Verfügbarkeit von ausreichend Nahrung, Trinkwasser und Sanitäreinrichtungen sowie Impfungen zum Schutz vor vermeidbaren gefährlichen Krankheiten wie Polio, Tetanus oder Masern (Liu et al., 2012). Die meisten Kinder versterben in unserer Gesellschaft um die Geburt herum. In der öffentlichen Wahrnehmung wird zwar Krebs als häufigste Todesursache bei Kindern vermutet, jedoch sind Krebserkrankungen nur für ca. 5 bis 15 % der Todesfälle im Kindes- und Jugendalter verantwortlich. Das entspricht etwa 2–3 auf 100.000 Kinder, welche jährlich an Krebs versterben (BFS, 2021).

Mehr als die Hälfte aller Todesfälle im Kindes- und Jugendalter gehen auf plötzliche Ereignisse, z. B. peripartale Todesfälle, aber auch Gewalteinwirkungen

---

12 Kinder und Jugendliche zwischen 0 und 15 Jahren

von Erwachsenen oder Unfälle zurück (Destatis, 2017). Hier sind vor allem der Plötzliche Säuglingstod und Unfälle als häufigste Ursachen zu nennen. Ab dem 10. Lebensjahr kommen zudem noch Suizide als eine weitere plötzliche Todesursache hinzu. Unter den chronisch verlaufenden Erkrankungen sind bei Kindern vor allem die Folgen angeborener Fehlbildungen (z. B. Herzerkrankungen), Störungen der Hirnfunktion und Stoffwechselstörungen Ursachen, die zu einem frühen Tod führen.

Die Seltenheit des Todes von Kindern und Jugendlichen in Industrienationen, aber auch die Verlagerung des Sterbens in den medizinischen Bereich hat zu einer starken Verdrängung und Tabuisierung des Todes in unserer Gesellschaft geführt. Folglich trifft der Verlust eines Kindes Eltern häufig vollkommen unvorbereitet. Gerade weil der Tod eines Kindes oder Jugendlichen zu einem seltenen Extremereignis geworden ist und die wenigsten Menschen sich mit dem Sterben und Tod vertraut fühlen, fühlen sich betroffene Familien oft allein gelassen und isoliert. Häufig ziehen sich Nachbarn, Bekannte aber auch Freunde der betroffenen Familien zurück, weil sie sich von der Situation selbst überfordert fühlen. Es scheint fast so, als schrecken der Schmerz und die starken Emotionen, die der Tod eines Kindes bei den verwaisten Eltern, aber auch bei den nicht direkt Betroffenen auslöst, ab und führen zu einer Art Sprachlosigkeit. Oft steckt hinter dem Rückzug der Umwelt die Angst, nicht die richtigen Worte zu finden, nichts Tröstendes sagen oder helfen zu können. Doch betroffene Eltern fühlen sich durch den Rückzug des Umfelds verletzt. Einsamkeit und Isolation ist also etwas, was Familie von verstorbenen Kindern und Jugendlichen häufig begleitet.

Ein weiterer Aspekt, den es bei trauernden Eltern zu beachten gilt, ist die Tatsache, dass sich unsere Gesellschaft im Umgang mit dem Tod und Trauern deutlich gewandelt hat. So sind beispielsweise wichtige Trauerrituale kaum noch vorhanden. Werte und Bräuche verlieren an Bedeutung oder für Trauer bleibt in unserer schnelllebigen Zeit kaum Platz und Raum.

8.2.2 Trauer als emotionale Reaktion auf einen Verlust

Für alle Hinterbliebenen verändert sich ihr Leben in dem Moment, in dem sie vom Tod eines geliebten Menschen erfahren. Der Tod bedeutet Verlust und löst deshalb unweigerlich Trauer aus. Trauer ist eine universell beobachtbare menschliche Reaktion auf den Verlust von wichtigen und geliebten Personen oder anderen Verlusterfahrungen und geht mit Gefühlen intensiver Traurigkeit, Angst, aber auch Wut einher. Trauer ist also ein psychologisches Phänomen, das sich am besten als Anpassung an einen Todesfall und die anschließende Abwesenheit einer bedeutenden Person begreifen lässt (Morris, Fletcher & Goldstein, 2019). Es handelt sich um einen komplexen, multidimensionalen Prozess, der physische, psychologische, soziologische und spirituelle Erfahrung einschließt (Rodgers & DuBois, 2018) (▶ Tab. 8.1), wobei die Stärke der Bindung zwischen dem Verstorbenen und den Hinterbliebenen als zentral gilt (Bowlby, 2006).

Tab. 8.1: Die vier Ebenen der Trauerreaktionen nach Worden (2018):

Ebene	Ausprägung
(I) emotionale Ebene	• Traurigkeit, Verzweiflung, Niedergeschlagenheit, Schmerz • Angst, Einsamkeit, Sorgen • Müdigkeit, Hilflosigkeit • Schuldgefühle, Selbstvorwürfe, Selbstbeschuldigungen • Anhedonie (Verlust von Freude) • Einsamkeit • Sehnsucht, Verlangen • Schock, Gefühlstaubheit • Wut • Erleichterung (kann vor allem dann empfunden werden, wenn das Kind an einer langwierigen oder schmerzhaften Krankheit stirbt).
(II) physiologische Ebene	• Appetitverlust, Völlegefühl im Magen • Beklemmung in der Brust und in der Kehle • Kurzatmigkeit, Gefühl der Kurzatmigkeit • Erschöpfung, Energielosigkeit, Muskelschwäche • Überempfindlichkeit gegenüber Geräuschen • Gefühl, dass nichts real ist, vielleicht sogar das Gefühl, dass man selbst nicht real ist • Schlafstörungen (Einschlafprobleme oder zu frühes Erwachen) • Anfälligkeit für Krankheiten
(III) kognitive Ebene	• intrusive Gedanken, Grübeln • Gefühl der Anwesenheit der verstorbenen Person • Verdrängung, Verleugnung • reduziertes Selbstbewusstsein • Hilflosigkeit, Hoffnungslosigkeit • Suizidgedanken • Gefühl der Unwirklichkeit Gedächtnis- und Konzentrationsschwierigkeiten
(IV) Verhaltens-ebene:	• Agitation, Angespanntheit, Ruhelosigkeit • Müdigkeit • Weinen • Sozialer Rückzug • Zu viel oder zu wenig essen • Vermeiden von Erinnerungen an den Verstorbenen • Aufsuchen von Orten oder Tragen von Gegenständen, die an die verstorbene Person erinnern • Starkes Bewahren von Gegenständen, die dem Verstorbenen gehörten

Der nordamerikanische Trauerforscher William Worden (2018) formuliert vier konkrete Traueraufgaben, die Menschen im Rahmen des Trauerprozesses aktiv lösen und bewältigen müssen:

- *Den Verlust als Realität akzeptieren:* Akzeptanz, dass die verstorbene Person nicht mehr lebt. Überzeugung gewinnen, dass ein Wiedersehen mit dem Verstorbenen in diesem Leben nicht mehr möglich ist.

- *Den Trauerschmerz erfahren und Gefühle durchziehen lassen:* Sich dem Schmerz stellen, auftretende körperliche und/oder seelische Schmerzen annehmen und verarbeiten.
- *Sich anpassen an eine Umwelt, in der die verstorbene Person fehlt:* Anerkennung der veränderten Lebensumstände ohne die verstorbene Person und Anpassung an den Verlust.
- *Emotionale Energie abziehen und in eine andere Beziehung investieren:* Neue Bindungen zu anderen Menschen eingehen können.

Der Verlust eines Kindes ist eines der schwierigsten Erfahrungen, die Eltern machen können. Er widerspricht unseren Erwartungen an die natürliche Ordnung der Dinge, in der Eltern vor ihren Kindern versterben. Wenn Eltern ihr Kind verlieren, ist dies für die Familie eine emotional enorm belastende Situation, unabhängig davon, ob es sich um eine Totgeburt handelt oder ob das Kind später im Leben verstirbt. Wie bereits oben beschrieben, löst der Verlust eines Kindes bei Eltern eine Vielzahl von emotionalen, aber auch physiologischen und kognitiven Reaktionen aus. Der Verlust eines Kindes wird durch extreme Traurigkeit und ein Gefühl der Isolation von anderen begleitet (Kreicbergs, Lannen, Onelov & Wolfe, 2007). Rando (1986) weist auch darauf hin, dass Kriterien, die normalerweise zur Definition abnormaler Trauer herangezogen werden, normale Bestandteile der elterlichen Trauer nach Verlust ihres Kindes sind.

8.2.3 Theoretische Trauermodelle

Im Laufe der letzten Jahrzehnte wurde anhand verschiedener Phasenmodelle versucht, den dynamischen und teilweise verwirrenden Ablauf der Trauer zeitlich zu strukturieren und Ähnlichkeiten im menschlichen Trauerprozess hervorzuheben. Die bekanntesten Trauermodelle sind:

- Das Phasenmodell nach Kübler-Ross (vgl. Kübler-Ross & Student, 2014) geht davon aus, dass Menschen fünf Phasen der Trauer durchleben: (1) Verleugnung, (2) Wut, (3) Verhandlung, (4) Depression und (5) Akzeptanz. Diese Phasen werden nacheinander und klar voneinander abgrenzbar durchlebt.
- Bowlby (2006) wiederum geht davon aus, dass Menschen nach Verlust und Trauer mehrere Phasen mehrmals durchleben können. Die von ihm beschriebenen Phasen sind: Betäubung, Sehnsucht und Suche nach der verlorenen Bindung, Desorganisation und Verzweiflung, Reorganisation, Verleugnung, Wut und Zorn, Verhandeln, Depression. Dabei stellt die Trauer den Versuch dar, die Bindung zur verlorenen Person wieder aufrechtzuerhalten. Entsprechend sind die Reaktionen des Einzelnen auch abhängig von der Stärke der Bindung zum Verstorbenen.
- Die Psychoanalytikerin Verena Kast (2020) beschreibt vier Trauerphasen, die die meisten Menschen durchlaufen: Nicht-Wahrhaben-Wollen, aufbrechende Emotionen; Suchen und Sich-Trennen und neuer Selbst- und Weltbezug.

1. In der *Phase des Nicht-wahrhaben-Wollens* können Eltern nicht glauben, was geschehen ist. Die Situation wird als unreal wahrgenommen und das Geschehene kann nicht erfasst oder begriffen werden. Teilweise können Eltern in dieser Phase noch keine Emotionen zeigen. Sie erscheinen wie in Trance. Meist werden Hilfs- und Gesprächsangebote in dieser Phase abgelehnt.
2. In der *Phase der aufbrechenden Gefühle* brechen plötzlich alle schmerzhaften Gefühle über die Eltern herein. Oft sind diese kaum kontrollierbar und schwanken zwischen Wut, Zorn, Angst und Hilflosigkeit. Häufig fühlen sich Eltern in dieser Phase isoliert und allein gelassen.
3. In der *Phase des Suchens und Sich-Trennens* kann es seitens der Eltern zu Schuldzuweisungen kommen, welche gegen sich selbst oder andere Familienmitglieder, aber auch gegen das Pflegepersonal oder die Ärzte gerichtet sein können. Viele Eltern versinken in einem Chaos aus Gefühlen und Sorgen, die diese Phase begleiten, jedoch sind die Emotionen oftmals weniger stark als in der Phase davor. In dieser Phase ist es für viele Eltern besonders wichtig, mit jemandem über ihre Emotionen und die Schuldzuweisungen sprechen zu können. Gibt es dazu keine Gelegenheit, kann es zu einem Verfestigen der Schuldzuweisungen (gegen sich selbst oder andere) kommen, wodurch eine Weiterentwicklung im Trauerprozess blockiert wird.
4. Die *Phase des neuen Selbst- und Weltbezuges* kann als der Abschluss des Trauerwegs betrachtet werden. Eltern suchen nun neue Ziele und Perspektiven für sich und ihre Familie und entwickeln neue Lebensstrategien. Der Blick wird nach vorne in die Zukunft gerichtet und die Trauer wird davon abgelöst. Neue Perspektiven beeinflussen das Handeln und Tun der trauernden Eltern. Sie sind mehr und mehr bereit und fähig, ihr Leben selbst zu gestalten und in die Hand zu nehmen.

- Bei dem dualen Prozessmodell von Stroebe, Schut und Stroebe (2007) steht nicht primär und ausschließlich die Verarbeitung der Trauer und die Loslösung von dem Verstorbenen im Zentrum, sondern parallel dazu auch die Bewältigung der neuen veränderten Situation ohne die verstorbene Person. Dementsprechend betont dieses Modell das kontinuierliche Oszillieren zwischen den zwei Foki: (A) verlustorientierte Bewältigung (z.B. Trauerarbeit, Lösen von emotionalen Bindungen zu der verstorbenen Person) und (B) wiederherstellungsorientierte Bewältigung (z.B. Eingehen neuer Beziehungen, Aufnehmen neuer Aktivitäten). Ziel dieses dynamischen Prozesses ist sowohl die Integration des Verlustes wie auch die Orientierung auf neue Lebensziele.

Trauer hilft also den Verlust zu begreifen, Abschied zu nehmen und sich dem Leben zuwenden zu können. Somit ist der Trauer ein gesunder Bewältigungsmechanismus in Bezug auf die veränderte Lebenssituation. Dieser Prozess wird von den meisten Menschen gut verarbeitet und integriert.

8.2.4 Der Trauerprozess und Trauerbewältigung der Eltern nach Verlust ihres Kindes

Die empirische Trauerforschung hat versucht, den Verlauf normaler Trauerreaktionen zu verstehen (Maciejewski, Zhang, Block & Prigerson, 2007) und auf welche Weise Trauernde den Tod eines geliebten Menschen in ihr Leben integrieren und dem Geschehen einen Sinn geben (Lichtenthal, Neimeyer, Currier, Roberts & Jordan, 2013). In den ersten Monaten nach dem Tod ihres Kindes erleben Eltern intensive Emotionen der Traurigkeit, Sehnsucht nach ihrem Kind und Gefühle der Leere. Diese Symptome der akuten Trauer nehmen in der Regel mit der Zeit an Intensität ab, wenn der Verlust in die Identität und das Leben der Eltern integriert wird (Morris et al., 2019).

Während Trauer aufgrund der Arbeiten der schweizerisch-US-amerikanischen Psychiaterin Elisabeth Kübler-Ross mit sterbenden Patienten (Kübler-Ross & Student, 2014) häufig als Stufenmodell konzeptualisiert wird, geht man heute eher davon aus, dass normale Trauer als ein in höchstem Maße individueller Prozess betrachtet werden muss. Wellen verstärkter Emotionen im Rahmen von normaler Trauer werden als ein Kernelement betrachtet. Aus bindungstheoretischer Sicht wird davon ausgegangen, dass die Bindung zwischen den Eltern und ihrem verstorbenen Kind dabei eine wichtige Rolle spielt (Bowlby, 2006). Gemäß diesen bleiben im Trauerfall die Bindungen zwischen Eltern und Kind bestehen.

Trauer um einen nahestehenden Menschen geht häufig mit weiteren Symptomen (z. B. Ängste, Depressionen oder Alkoholkonsum) einher. Solche Symptome sind meist ein Teil des Trauerprozesses, können allerdings auch in eine eigenständige manifeste psychische Erkrankung (z. B. Angststörung, Depression, Substanzabhängigkeit) münden. Es hat sich gezeigt, dass Trauer das Risiko psychischer und physischer Erkrankungen und sogar der Sterblichkeit erhöht (Ströbe et al., 2007). Hinterbliebene Eltern scheinen für solche Gesundheitsrisiken besonders anfällig zu sein (Li, Precht, Mortensen & Olsen, 2003). Kreicbergs et al. (2004) berichten, dass hinterbliebene Eltern langfristig häufiger unter Angstzuständen und Depressionen leiden. Auch eine Studie von Kersting et al. (2007) zeigte, dass beinahe jede fünfte Frau, die ihr Kind in der Spätschwangerschaft aufgrund fetaler Fehlbildungen verloren hatte, 14 Monate nach dem Verlust an einer manifesten psychischen Störung litt. Dabei wurden zwei Wochen nach dem Verlust weitaus mehr psychische Symptome berichtet (u. a. Angststörungen, Essstörungen und akute Belastungsreaktionen), wohingegen es 14 Monate nach dem Verlust ausschließlich Depressionen und Angsterkrankungen waren. Auch das Risiko für körperliche Erkrankungen ist nach dem Verlust eines geliebten Menschen deutlich erhöht. So berichten Ströbe et al. (2007) in einer Übersichtsarbeit, dass der Tod eines geliebten Menschen zu Veränderungen verschiedener physiologischer Parameter führte, wie z. B. erhöhter Herzschlag und erhöhter Blutdruck, erhöhter Cortisolspiegel, Schlafstörungen und Veränderungen des Immunsystems. Auch Gewichtsverlust, Schmerzen und vermehrte allgemeine körperliche Beschwerden fanden sich in den Studien. Weiterhin besteht ein erhöhtes Risiko für einen Herzinfarkt oder eine Kardiomyopathie. Darüber steigt das Mortalitätsrisiko des Verbliebenen nach dem Tod einer geliebten

Person insgesamt an. Dies gilt besonders für die Zeit direkt nach dem Verlust, wobei das erhöhte Risiko mindestens sechs Monate nach dem Verlusterleben beobachtet wurde.

Gelingt Eltern die Verarbeitung des Verlustes ihres Kindes nicht, kann der Trauerprozess in eine pathologische Trauerreaktion oder in eine andere psychische Erkrankung (Depression, Angsterkrankungen oder psychosomatische Beschwerden) münden (Bylund-Grenklo, Furst, Nyberg, Steineck & Kreicbergs, 2016). Jedoch ist weithin unbekannt, welche spezifischen Methoden der Trauerbewältigung wirksam sind. In der Metaanalyse von Ströbe et al. (2005) wurde bewertet, ob primäre Interventionen, in denen der Ausdruck bzw. die Mitteilung von Emotionen in vier spezifischen Bereichen (soziale Unterstützung, emotionale Offenlegung, experimentell induzierte emotionale Offenlegung und Trauerintervention) gemessen wurde, zu einer besseren Anpassung an den Verlust bei einem normalen Trauerfall beitrug. Die Auswertung zeigte, dass dieser Ansatz, bei dem alle trauernden Personen unterstützt wurden, nicht zu einer schnelleren und besseren Trauerbewältigung führte. Auch anderen Studien betonen, dass die meisten Eltern die Trauer über den Verlust ihres Kindes mit der Zeit verarbeiten (Kreicbergs et al., 2007). Die Autoren zeigten, dass die meisten Eltern, die ein Kind durch Krebs verloren haben, ihre Trauer vier bis neun Jahre nach dem Tod des Kindes verarbeitet hatten. Obwohl sich Frauen und Männer im Allgemeinen nicht in der Wahrscheinlichkeit unterscheiden, ihre Trauer zu verarbeiten, gab es doch einige Unterschiede in Bezug auf Faktoren, die diesen Prozess erleichtern. So zeigte sich in diesem Zusammenhang, dass langfristig das Teilen der emotionalen Last mit anderen den Trauerprozess entlastet. Es scheint also, dass nicht alle Hinterbliebenen per se von einer Beratung profitieren. Die Forschung hat gezeigt, dass die routinemäßige Überweisung an eine Beratung ohne spezifischen Grund als dem, dass sie einen Trauerfall erlitten haben, keinen Nutzen bringt. Eine Intervention ist aber hilfreich, wenn die Initiative bei den Hinterbliebenen selbst liegt.

Im Rahmen neonatologischer Palliativversorgung empfehlen Garten et al. (2020) eine auf die Familie ausgerichtete Trauertherapie. Dabei sollte die Planung der Trauerbegleitung bereits bei der Einführung von Palliativdiensten und nicht erst nach dem Tod des Kindes beginnen. Kreicbergs et al. (2007) fanden heraus, dass Eltern, die angaben, im letzten Lebensmonat ihres Kindes psychologische Unterstützung in Anspruch genommen zu haben, eher in der Lage waren, ihre Trauer langfristig zu bewältigen. Wenn die Eltern das Gefühl hatten, dass das Personal die Initiative ergriff, um ihnen während der Krankheit ihres Kindes Beratung anzubieten und dass sie die Möglichkeit hatten, den Zustand ihres Kindes mit dem behandelnden Personal zu besprechen, war die Wahrscheinlichkeit höher, dass sie ihre Trauer verarbeiteten. Daraus lässt sich klar ableiten, dass Eltern während der Sterbephase und nach dem Verlust durch ein interdisziplinäres Team (Ärzte, Pflege, Psychotherapeuten, Sozialarbeiter etc.) unterstützt werden sollten, da dies die langfristige Trauerbewältigung der Eltern positiv unterstützt.

8.2.5 Einflussfaktoren auf die Trauerbewältigung

Die Bewältigung eines bedeutenden Verlustes wird von vielen Faktoren beeinflusst, darunter die Art des Todes, die Beziehung zum Verstorbenen und der soziale und kulturelle Kontext, in dem die Trauer erlebt wird (Ströbe et al., 2007). So untersuchten beispielsweise Lichtenthal et al. (2013), ob verschiedene Arten des Todes eines Kindes, ob gewaltsam (tödlicher Unfall, Selbstmord, Mord) oder gewaltlos (Krankheit), mit unterschiedlichen Mustern der Sinngebung in einer Stichprobe von 155 trauernden Eltern verbunden war, von denen viele mit tiefgreifenden und langwierigen Komplikationen in ihrer Trauer nach dem Tod ihres Kindes zu kämpfen hatten. Die Ergebnisse machen deutlich, dass mehr als die Hälfte der Eltern (53 %), deren Kind einen gewaltsamen Tod starb, keinen Sinn in ihrem Verlust sehen konnten, im Vergleich zu 32 % der Eltern, deren Kind keinen gewaltsamen Tot erlitten hatte. Insgesamt überschneiden sich die Strategien zur Sinnfindung bei den verschiedenen Todesursachen, wobei viele Eltern spirituelle und religiöse Bedeutungen und die Kultivierung von Empathie für das Leiden anderer nutzten. Dennoch beschreiben die Eltern nach einem gewaltsamen Verlust in ihren Erzählungen häufiger die Unvollkommenheit der Welt und die Kürze des Lebens, berichteten aber auch öfter über eine höhere Wertschätzung des Lebens. Eltern, die ihr Kind ohne gewaltsame Ursachen verloren hatten, konnten ihrerseits eher einen Nutzen aus dem Verlust im Sinne von persönlichem Wachstum ziehen. Suttle et al. (2022) befragten Eltern 6 und 13 Monate nach dem Tod ihres Kindes auf einer pädiatrischen Intensivstation in Bezug auf verschiedene Symptome komplizierter Trauer (z. B. depressive Symptome, posttraumatischen Belastungssymptome). Die Daten ergaben, dass zwar die Symptome bei allen Eltern im Verlauf der Zeit abnahmen, jedoch zeigte sich auch, dass gewisse Risikofaktoren eine verlängerte Trauerreaktion förderten. Gemäß den Autoren der Studie waren dies ein unsicherer Bindungsstil, ein plötzlicher unerwarteter Tod (im Vergleich zu einem vorhersehbaren Tod), die Zugehörigkeit zur Gruppe der »Black American« und ein High-School-Abschluss (im Vergleich zu einem Hochschulabschluss oder höher).

In Bezug auf die Rolle des Geschlechts trauernder Eltern hinsichtlich der Stärke der Trauersymptome gibt es widersprüchliche Befunde. Youngblut und Kollegen (2017) befragten Mütter und Väter von 140 Kindern (Neugeborene–18 Jahre) über einen Zeitraum von 13 Monaten regelmäßig (1, 3, 6 und 13 Monate nach dem Tod) zu ihren Trauersymptomen. Dabei zeigte sich, dass die Trauersymptome (Verzweiflung, Panik, Desorganisation) bei den Müttern im Vergleich zu den Vätern an den meisten der Messzeitpunkte intensiver waren. Die Symptome der Trauer reduzierten sich bei den Vätern auch schneller als bei den Müttern. Außerdem trauerten Mütter, die ein Kind im Jugendalter und nach Hirntod verloren hatten, stärker. Zu ähnlichen Befunden kommen auch Ströbe et al. (2013), die niederländische Paare 6, 13 und 20 Monate nach dem Tod ihres Kindes befragten. Die Trauer bei den Müttern war in dieser Stichprobe größer als bei Vätern. Auch bei Michon et al. (2003) zeigte sich eine größere Intensität der Trauer bei Müttern bis zu vier Jahre nach dem Tod des Kindes als bei Vätern. In einer Stichprobe von 25 Paaren, deren Kind durchschnittlich 33 ± 7,0 Monate zuvor auf der Neugeborenen-Intensivstation verstorben waren, stand jedoch die elterliche Trauer nicht im Zusammenhang mit dem Geschlecht der Eltern (Caeymaex et al., 2013). Lannen et al. (2008) fanden in einer schwedischen nationalen Stichprobe von 449 Eltern vier bis neun Jahre nach dem Krebstod ihres Kindes ebenfalls heraus, dass Mütter nicht schneller oder besser als Väter ihre Trauer verarbeitet hatten.

In der Studie von Kreicbergs et al. (2007) gaben mehr Mütter an, mit Freunden, anderen trauernden Eltern und Familienmitgliedern gesprochen zu haben, während die Väter häufiger bei der Trauerbegleitung auf die Familie beschränkt blieben. Diese Unterschiede stehen im Einklang mit anderen Ergebnissen über die Unterstützungsquellen von Männern im Vergleich zu Frauen (Ströbe, Ströbe & Abakoumkin, 1999).

Die Unterscheidung zwischen normaler Trauer und einer komplizierten Trauerreaktionen war in den letzten Jahrzehnten Gegenstand zahlreicher Forschungsarbeiten (Lichtenthal et al., 2013). Obwohl der emotionale Ausdruck und die Rolle des Trauernden im spezifischen kulturellen Kontext eine wichtige Rolle spielen, hat die Forschung auch wiederkehrende Reaktionen auf verschiedenen Todesursachen bei Hinterbliebenen unterschiedlicher Altersstufen auf der ganzen Welt identifiziert (Morris et al., 2019). Eine anhaltende komplexe Trauerreaktion kann nach jedem Verlust auftreten, dennoch ist die Beziehung zur verstorbenen Person von großer Bedeutung. Dabei zeigte sich, dass das Risiko für anhaltende oder komplizierte Trauer bei Eltern, die ihr Kind verloren haben, deutlich höher ist. Beispielsweise fanden Kersting et al. (2011) in einer bevölkerungsbasierten Stichprobe eine Prävalenz von 23,6% anhaltender Trauer bei verwaisten Eltern. Goldstein et al. (2018) berichten sogar eine Prävalenz von 50% anhaltender Trauer bei Müttern, deren Babys am plötzlichen Kindstod verstorben war. In der Studie von Meert et al. (2011) litten 6 Monate nach dem Verlust eines Kindes 59% und 12 Monate später 38% der befragten Eltern unter einer Symptomatik einer anhaltenden komplexen Trauerreaktion. Eine bereits bestehende Traumatisierung, das Erleben früherer Verluste, eine psychische Vorerkrankung sowie spezifischen Persönlichkeitsmerkmale (z.B. geringer Selbstwert, unsicherer Bindungsstil, wenig soziale Unterstützung) wurden bisher als Risikofaktoren für eine Chronifizierung des Trauerprozesses identifiziert (Ströbe et al., 2007). Daneben hat aber auch der genaue Todesumstand (erwartet vs. unerwartet, gewaltsam vs. nicht gewaltsam, etc.) einen Einfluss auf die Verarbeitung des Verlustes. Der Verlust durch Suizid ist mit einem deutlich erhöhten Risiko für eine anhaltende komplexe Trauerreaktion verbunden. Aber auch andere plötzliche oder gewaltsame Todesumstände (z.B. Unfall) erhöhen das Erkrankungsrisiko. Zu den weiteren Risikofaktoren gehören Alkohol- und/oder Substanzmissbrauch der Trauernden, ein niedriger sozioökonomischer Status, höheres Lebensalter, weibliches Geschlecht sowie mehrfache Verluste (Shear, 2015).

Persönlichkeitsmerkmale wie eine hohe Kontrollüberzeugung und ein hoher Selbstwert können wiederum als Schutzfaktoren im Trauerprozess agieren. Auch der Bindungsstil ist für die Anpassung an den Verlust eines nahestehenden Menschen von Bedeutung. Dabei stellt ein sicherer Bindungsstil einen Schutzfaktor und ein unsicherer Bindungsstil einen Risikofaktor für die Entwicklung einer anhaltenden Trauerstörung dar (Simon, 2013). Die wichtigste Ressource bei der Trauerbewältigung scheint aber die Unterstützung durch Angehörige und Freunde sowie das soziale Umfeld zu sein. So konnte gezeigt werden, dass Personen, die nach einem

Verlust soziale Unterstützung erhielten, weniger häufig an einer Depression, Posttraumatische Belastungsstörungen oder Symptome einer komplexen Trauerstörung erkrankten (Rasouli, Aarseth Bo, Reinfjell, Moksnes & Eilertsen, 2021; Vig et al., 2021). Andersherum trägt das Fehlen sozialer Unterstützung bzw. soziale Isolation zu Anpassungsschwierigkeiten nach dem Verlust eines geliebten Menschen bei.

Morris et al. haben 2019 in ihrer Übersichtsarbeit mögliche Risikofaktoren für eine komplizierte und langanhaltende Trauer identifiziert. Diese Risikofaktoren sind zwar nicht alle spezifisch für den Tod eines Kindes, einige sind jedoch insbesondere bei Eltern relevant: Tod eines jüngeren Kindes, nahe Verwandtschaft, abhängige Beziehung und Mutterschaft (in der nachfolgenden Liste kursiv markiert):

- Psychiatrische Störungen in der Vorgeschichte,
- weibliches Geschlecht bzw. *Mutter*,
- Trennungsangst in der Kindheit, unsichere Bindung,
- Vorgeschichte von Missbrauch oder Vernachlässigung in der Kindheit,
- Gleichzeitiges Auftreten mehrerer Stressoren,
- frühere Verluste in der Kindheit,
- fehlende oder schlechte soziale Unterstützung,
- abhängige oder enge Beziehungen,
- todesbedingte Risikofaktoren,
- *Tod eines Kindes*/jüngeres Alter des Verstorbenen,
- Tod eines *Ehepartners*,
- traumatischer/plötzlicher Tod,
- mangelnde Vorbereitung auf den Tod,
- Tod im *Krankenhaus*,
- Unfähigkeit, im Tod einen Sinn zu finden,
- ungelöste Probleme oder unerledigte Angelegenheiten mit dem Verstorbenen.

Suttle et al. (2023) kommen in ihrer Studie zum Schluss, dass eine engere therapeutische Zusammenarbeit zwischen den Personen eines Behandlungsteam der Kinderintensivstation die Symptome einer komplizierten Trauer bei Eltern reduzieren kann. Sie befragten hinterbliebene Eltern sechs Monate nach dem Tod ihres Kindes auf einer pädiatrischen Intensivstation in Bezug auf Symptome für komplizierte Trauer, Depressionen, posttraumatischen Stress und den allgemeinen Gesundheitszustand. Die therapeutische Allianz zwischen den Eltern und dem Behandlungsteam wurde ebenfalls mittels Fragebogen erfasst. Die Ergebnisse zeigten: Je größer die therapeutische Allianz war, umso geringer waren die Symptome der komplizierten Trauer. Jedoch gab es keinen Zusammenhang zu den anderen psychischen Symptomen und dem allgemeinen Gesundheitszustand.

8.2.6 Positive Veränderungen im Trauerprozess

Obwohl trauernde Eltern sehr leiden, können einige von ihnen auch positive Veränderungen erleben, was als posttraumatisches Wachstum bezeichnet wird. Die Ergebnisse der Studie von Suttle et al. (2022) legen nahe, dass Eltern, die um ihr

Kind trauern, das auf einer pädiatrischen Intensivstation verstorben ist, in den ersten 13 Monaten nach dem Tod nur ein geringes posttraumatisches Wachstum an sich wahrnahmen. Es gab jedoch in Bezug auf das persönliche Wachstum eine große Variabilität, welch vor allem durch das Bildungsniveau und die Ausprägung komplizierter Trauersymptome beeinflusst wurde. Eltern mit einem höheren Bildungsgrad und mehr Symptomen einer komplizierten Trauer berichteten in dieser Untersuchung weniger posttraumatisches Wachstum nach dem Tod ihres Kindes.

8.2.7 Trauerbegleitung in pädiatrischen Kontexten

Wie in den vorausgegangenen Abschnitten dargestellt, hat sich gezeigt, dass es bei akuter Trauer nicht hilfreich ist, allen trauernden Erwachsenen eine spezifische Trauertherapie zu empfehlen. Hinzu kommt, dass systematische Übersichtsarbeiten, die sich auf die Wirksamkeit formeller Trauerinterventionen durch Fachleute konzentrierten, im Wesentlichen zu dem Ergebnis kommen, dass es keine Klarheit darüber gibt, welche formelle Unterstützung überhaupt nützlich ist (Ainscough, Fraser, Taylor, Beresford & Booth, 2022). Demgegenüber ist die *informelle Unterstützung* durch die Familie, Freunde und andere Personen im Unterstützungsnetz der trauernden Person durchaus hilfreich (Mancini, Griffin & Bonanno, 2012; Ströbe et al., 2007). Es ist jedoch noch nicht ausreichend untersucht, welche Aspekte der informellen Unterstützung von den trauernden Eltern als hilfreich empfunden wurden. Die Unterstützung durch Menschen, die als wichtig für eine Person angesehen werden, wie Familie und Freunde, kann hilfreich sein, um Trost zu spenden und die praktischen Bedürfnisse der Hinterbliebenen zu erfüllen (Basinger, Wehrman & McAninch, 2016).

Formen der informellen Unterstützung

- *Handlungsfördernde Unterstützung:* Konkrete Hilfe bei alltäglichen Aktivitäten (z. B. Besorgungen, Kochen, Kinderbetreuung), finanzielle Hilfe, Vermittlung von Informationen (z. B. Ratschlägen zur Trauerbewältigung)
- *Emotionale Unterstützung:* Bereitschaft, dem Elternteil zuzuhören und mit ihm über das verstorbene Kind zu sprechen bzw. diesem zu gedenken
- *Netzwerkunterstützung:* Selbsthilfegruppen und die Vernetzung mit anderen trauernden Eltern außerhalb einer Selbsthilfegruppe

Damit die Unterstützung als hilfreich angesehen wird, sollte sie jedoch als notwendig empfunden werden und für die Hinterbliebenen von Bedeutung sein (Breen & O'Connor, 2011).

Schoonover, Prokop und Lapid (2022) analysierten die aktuelle Studienlage hinsichtlich spezifischen Unterstützungsstrategien, die von den Eltern als hilfreich oder weniger hilfreich angegeben wurden. Zu den spezifischen Unterstützungsstrategien, die von den Eltern als hilfreich angegeben wurden, gehörten u. a. unterstützende Gespräche mit anderen Personen als dem Ehepartner, bei denen Eltern über das verstorbene Kind sprechen konnten, Treffen mit einer anderen Person, die einen ähnlichen Verlust erlitten hatte und Peer-Selbsthilfegruppen, die speziell auf die Art des Verlustes ausgerichtet waren. Weitere hilfreiche Strategien waren Peer-Selbsthilfegruppen im Allgemeinen, materielle Hilfe, Gespräche mit dem Ehepartner über das verstorbene Kind, das Akzeptanz der unterschiedlichen Trauerstile seitens des Partners und Gesten des Gedenkens durch andere an Geburts- und Jahrestagen.

Zu den spezifischen Maßnahmen und Strategien, die von den Eltern in den von Schoonover et al. (2022) ausgewerteten Studien als nicht hilfreich angegeben wurden, gehörten die Stigmatisierung oder Schuldzuweisung aufgrund der Todesart oder das Gefühl, dass die Todesart nicht als gleichwertig mit anderen Todesarten angesehen wurde, sowie Plattitüden und unsensible Kommentare. Ebenfalls nicht hilfreich waren Gespräche mit anderen Personen außer dem Ehepartner, die als nicht unterstützend empfunden wurden oder das Vermeiden von Gesprächen über den Verlust des Kindes sowie die Aussage, dass die trauernde Person den Verlust bis zu einem bestimmten Zeitpunkt überwunden haben sollte. Weitere nicht hilfreiche Unterstützungsstrategien waren, dass andere aktiv jede Kommunikation mit dem trauernden Elternteil vermieden oder abbrachen und dass ein Ehepartner den Trauerstil des anderen nicht akzeptierte oder nicht bereit war, über den Verlust zu sprechen.

Für trauernde Eltern scheint es also wichtig zu sein, die Möglichkeit zu haben, offen mit unterstützenden Personen und dem Partner über das verstorbene Kind zu sprechen und dabei eine einfühlsame mitfühlende und nicht wertenden Präsenz zu erleben. Darüber hinaus scheinen trauernde Paare, die eine Ähnlichkeit in der Trauerverarbeitung wahrnehmen, eine größere Beziehungszufriedenheit aufzuweisen (Albuquerque, Narciso & Pereira, 2018). Es ist auch wichtig zu beachten, dass es für trauernde Eltern sehr schwierig ist, wenn sie in ihrem sozialen Umfeld Rückzug, Vermeidung oder fehlende Kommunikation bzw. soziale Vermeidung erleben (Basinger et al., 2016; Dyregrov, 2004). Ratschläge von einem anderen hinterbliebenen Elternteil (statt von anderen Personen, die den Verlust eines Kindes nicht erlebt haben), scheinen für Eltern andererseits sehr hilfreich zu sein (Dyregrov, 2004). Dagegen wurden unsensible und klischeehafte Aussagen und Lösungsvorschläge sowie Aussagen, welche die Trauer der Eltern herunterspielen, als sehr negativ erlebt (Toller, 2011). Gründe für solche negativen Interaktionen bzw. fehlenden Kommunikationsangebote seitens der sozialen Umwelt von trauernden Eltern sind häufig die eigene Beklommenheit im Umgang mit dem Tod und der Trauer und die Unsicherheit darüber, ob die Eltern über das verstorbene Kind sprechen wollen. Dies bewirkt, dass Menschen passiv abwarten, ob oder bis der trauernde Elternteil das Kind zur Sprache bringt. Teilweise herrscht auch die Ansicht, dass weitere Gespräche mit den Eltern über das Kind vermieden werden sollten, um die Eltern emotional nicht weiter zu belasten.

8.2.8 Gesellschaftliche Aspekte der Trauer um ein verstorbenes Kind

Die Trauer um ein verstorbenes Kind ist für Eltern in einer Gesellschaft, in der der Tod eines Kindes viel seltener vorkommt als in der Vergangenheit ohnehin schwer genug. Umso mehr wird der Trauerprozess belastet, wenn Eltern keine Möglichkeit haben über ihre Trauer zu sprechen, sich isoliert fühlen oder das Gefühl bekommen, stigmatisiert, verurteilt oder herabgesetzt zu werden. Auch ist es besorgniserregend, wenn der Verlust eines Kindes z. B. nach einer Fehl- oder Todgeburt als trivial angesehen, bagatellisiert oder als weniger unterstützungswürdig als andere Todesfälle angesehen wird.

8.3 Zusammenfassung

Trauer ist eine normale und in allen Kulturen und Schichten gleichermaßen erlebte emotionale Reaktion auf den Verlust einer bedeutenden Person. Wobei der Verlust eines Kindes häufig zu einer besonders starken Trauerreaktion führt. Dabei handelt es sich um einen komplexen, multidimensionalen Prozess, der eine psychologische, eine physische, eine soziologische und eine spirituelle Ebene hat. Der normale Trauerprozess wird durch eine Vielzahl individueller und kultureller Faktoren beeinflusst. Psychische oder physische Belastungen und Symptome können Teil dieses Prozesses sein. Etwa 10 % der Trauernden können den Trauerprozess nicht abschließen und entwickeln eine anhaltende komplexe Trauerreaktion. Risikofaktoren für die Entstehung einer anhaltenden komplexen Trauerreaktion umfassen u. a. eine psychische Vorerkrankung, mehrfache Verluste, traumatische Todesumstände, eine bestehende Traumatisierung, sowie eine ambivalente Beziehung zu der verstorbenen Person.

Der Verlust eines geliebten Menschen, insbesondere eines Kindes kann zwar negative Gesundheitsprobleme auf psychischer und physischer Ebene nach sich ziehen, gleichzeitig muss festgehalten werden, dass Trauer ein normaler und natürlicher Prozess nach einem Todesfall ist. Die meisten Reaktionen sind nicht kompliziert, und für die meisten Hinterbliebenen bieten Familie und Freunde, religiöse und gemeinschaftliche Gruppen sowie verschiedene gesellschaftliche Ressourcen die notwendige Unterstützung. Ein professionelles psychologisches Eingreifen ist nur sinnvoll, wenn die Trauernden explizit nach Unterstützung suchen. Hier zeigt die aktuelle Studienlage, dass vor allem die soziale Unterstützung und Vernetzung für Trauernde, insbesondere für verwaiste Eltern, besonders hilfreich ist und bei der Bewältigung und Integration des Verlusts in das eigene Leben helfen kann.

8.4 »Therapeutischer Werkzeugkoffer«

8.4.1 Grundsätzliches

In der Trauerbegleitung ist wichtig zu beachten, dass jeder Mensch individuell trauert. Es gibt kein richtig oder falsch. Als Therapeut, welcher mit trauernden Eltern arbeitet, ist man gefordert, die unterschiedlichsten Situationen und Formen der Trauer auszuhalten. Trauern ist sehr individuell, sie kann lediglich professionell unterstützt werden, aber Trauerarbeit muss von den Eltern selbst geleistet werden. Das bedeutet im therapeutischen Kontext zu begleiten, aber nicht zu korrigieren, zu urteilen oder zu werten. Der Therapeut sollte Eltern so annehmen wie sie sind, sie akzeptieren, stärken, stützen und auf dem Weg des Loslassens begleiteten, damit eine Neuorientierung und der Weg zurück ins Leben möglich werden. Trauerbegleiter zeigen mögliche Wege der Trauerarbeit auf und unterstützen die Eltern dabei, vorhandene Ressourcen zu nutzen. Hilfreich ist dabei zu beachten, dass es nicht darum geht, die Trauer zu verkürzen, sondern dass mit Hilfe des Therapeuten die Trauer bewusst gelebt wird und einen Raum bekommen darf. Entsprechend geht es in diesem Prozess um das gemeinsame Aushalten von Gefühlen. Mitleid ist in der Trauerbegleitung kontraproduktiv, denn dies ist für trauernde Eltern eher abschreckend, empathisches Mitgefühl ist dagegen für verwaiste Eltern sehr wichtig.

In der akuten Phase der Trauer sollten vor allem die basalen alltäglichen Dinge, die grundlegend für eine erste Stabilisierung sind, unterstützt werrden: Regelmäßig Essen und Trinken, sich bewegen, morgens aufstehen, tagsüber irgendetwas zu tun zu haben, Menschen treffen, regelmäßig ins Bett gehen.

Auch gibt es einige Dinge, die besonders wichtig sind, damit die ungeheure Wunde, die der Verlust eines Kindes in die Seele der Eltern reißt, über die Zeit heilen kann. Dazu gehört, dass man ganz bewusst und intensiv Abschied vom verstorbenen Kind nimmt. Das verstorbene Kind nochmal zu berühren, ihm über die Wange zu streichen, hilft, zu verstehen, dass das Kind seinen Körper verlassen hat. Die Eltern realisieren dadurch, dass der Körper des Kindes nur noch wenig mit dem Kind von früher zu tun hat, und dass sie folglich nicht ihr Kind begraben, sondern nur den Leichnam ihres Kindes.

Eltern sollten ermutigt werden, ihr Kind so präsent wie möglich in ihrer Familie zu behalten. Hilfreich im Prozess der Bewältigung des Todes eines Kindes sind deshalb Rituale oder ein Erinnerungsort. Dieser kann in der Wohnung der Eltern oder an einem besonderen Ort im Freien (z. B. ein Baum) eingerichtet werden. Einige Eltern wählen hierfür einen Ort, mit dem sie bereits positive und kraftspendende Erinnerungen verbinden. Anderen ist das Gestalten eines Trauerplatzes in der Wohnung mit Fotos, Erinnerungsobjekten, Kerzen und anderen Materialien wichtig. Ein solcher Ort kann die Erinnerungen an das verstorbene Kind wach zu halten.

Wichtig ist in jedem Fall, den Gefühlen der Trauer aber auch anderen Gefühlen wie Wut oder Schuld und Scham Raum zu geben, diese auszusprechen oder in anderer Form zeigen zu dürfen.

Im Rahmen der Trauerbegleitung von Eltern ist es entscheidend, die Familie als Ganzes in den Blick zu nehmen. Die Unterstützung der Familie sollte, falls dies möglich ist, also im Falle eines nicht plötzlichen Todes, möglichst früh einsetzen. Insbesondere bei lebensbegrenzenden Erkrankungen, welche der Familie meist über einen längeren Zeitraum bekannt ist, kann eine Begleitung über Jahre erforderlich sein (Student, 2012). Jede Familie sollte auch Fachberatung zu Entlastungsmöglichkeiten und finanziellen Hilfen erhalten. In Phasen außergewöhnlicher Belastungen kann beispielsweise eine Haushaltshilfe organisiert werden.

Hilfreiche Webseiten

Verein Regenbogen: Verein für Eltern, die um ein verstorbenes Kind trauern:
www.verein-regenbogen.ch

Leben ohne dich e.V.: Selbsthilfe für Familien mit verstorbenen Kindern:
www.leben-ohne-dich.de

Bundesverband Verwaiste Eltern und trauernde Geschwister in Deutschland e.V.
www.veid.de

Selbsthilfegruppe trauernder Geschwister in München
www.trauernde-geschwister-muenchen.de

8.4.2 Kreative Methoden für die Trauerarbeit mit Eltern

Fotos, Erinnerungsbuch

Eine vielgenutzte Möglichkeit in der Trauerarbeit mit Eltern ist das Erstellen eines Erinnerungsbuchs oder das Zusammenstellen von Fotos. Rückblickend können sich die Eltern an die gemeinsame Zeit mit ihrem Kind und an schöne, für sie wertvolle Momente sehr bewusst erinnern. Dabei kann der Therapeut achtsam W-Fragen stellen. Auf Warum-Fragen sollte verzichtet, da sie Eltern in eine Situation von Rechtfertigung drängen könnte.

Erinnerungskiste

Auch durch Symbole kann der gemeinsame Lebensweg mit dem Kind beschrieben werden. Mit dem Sammeln von symbolischen Objekten und Erinnerungsstücken (z.B. ein Spielzeug, Medaillen, Kleidungsstücke) und dem späteren Betrachten dieser Symbole in der Erinnerungskiste können Eltern die Erinnerungen an ihr Kind immer wieder wachrufen. Das Sammeln der Symbole ergibt eine »Schatzkiste« des gemeinsamen Lebenswegs.

Bilder malen

Das Malen eines Bildes als kunsttherapeutische Methode kann beruhigend und stabilisierend wirken. Auch andere kreative Therapietechniken wie beispielsweise ein Erinnerungs-Mandala aus Naturmaterialien für das verstorbene Kind in der Natur oder im eigenen Garten können genutzt werden. Ein der »Natur-überlassen« dieses Erinnerungsobjektes ergibt einen weiteren Aspekt der Trauerarbeit, nämlich da Annehmen von Vergänglichkeit und Veränderungen des Lebens.

Ein Mobile oder Steine gestalten

Dies sind Möglichkeiten, die Eltern idealerweise zusammen mit den Geschwistern zur Trauerarbeit nutzen. Wünsche, Hoffnungen, Erinnerungen können auf Papier geschrieben oder gemalt und eventuell laminiert werden. Anschließend wird als Mobile in der Wohnung aufgehängt. Steine sind durch ihre Vielgestaltigkeit ein gutes Symbol, um Gefühle in Bezug auf den Tod des Kindes auszudrücken. Die Steine können mit Wörtern, Symbolen oder Bildern gestaltet werden, die die eigenen Gefühle ausdrücken.

Kerze anzünden bzw. Erinnerungsort schaffen

Entzünden einer Kerze oder das Schaffen eines Erinnerungsorts zum Gedenken an das Kind sind sichtbare Zeichen der Erinnerung.

Samen sähen/Baum pflanzen

Als Zeichen der Hoffnung können Eltern Weizenkörner, Sonnenblumenkerne etc. anpflanzen. Aus einem Samenkorn entsteht etwas Neues, Schönes. Die Schale kann später auch auf das Grab des Kindes oder an den Erinnerungsort gestellt werden. Das Pflanzen eines Baumes kann ebenfalls ein Zeichen der Erinnerung und Ausdruck der Hoffnung sein, dass das Leben weitergeht, wächst und blüht.

Bilderbücher mit den Geschwisterkindern anschauen

Mit Bilderbüchern kann man sowohl in akuten Situationen Emotionen auffangen als auch im Vorfeld das Thema in den Blick nehmen.

Gemeinsam Musik hören

Falls der verstorbene Jugendliche bestimmte Lieblingssongs oder Filme hatte, können Eltern diese gemeinsam mit den Geschwistern anhören oder ansehen und sich darüber austauschen.

8.4.3 Empfehlungen für die Trauerbegleitung von Eltern von Neugeborenen[13]

Den Fokus auf die Bedürfnisse der Eltern richten und Hoffnung vermitteln

Die Diagnose einer lebensbegrenzenden Krankheit zu Beginn des Lebens stürzt unvorbereitete Eltern und Familien in eine tiefe Lebenskrise. Dennoch sollten Eltern die Möglichkeit haben, ihr Kind kennen zu lernen und es auf seinem Weg zu begleiten sowie Zeit als Familie zu haben. Manchmal hoffen Eltern auch, dass sich die Situation des Kindes entgegen der Prognose besser entwickelt, als sie selbst und das Team erwarten. Unabhängig von den Behandlungsentscheidungen des Ärzte- und Pflegeteams, sollten die Eltern die Möglichkeit haben, ihre Hoffnungen bis zum Ende aufrechtzuerhalten, da Hoffnung oft als Kraftquelle dient und hilft, den schmerzhaften Prozess zu ertragen. Die Bereitstellung von Informationen und Unterstützung kann Eltern helfen, sich in der aktuellen Situation zurechtzufinden und mit ihr umzugehen. Dies erfordert Zeit und Raum für die Eltern. Die Individualität einer jeden Familie muss dabei respektiert werden. Eltern sollten unterstützt und ermutigt werden, ihre Wünsche, Werte und Hoffnungen zu äußern. Gleichzeitig ist es trotz der Extremsituation wichtig, dass die Familie einen geregelten Alltag so weit wie möglich aufrechterhält. Außerdem sollten Eltern Unterstützung in organisatorischen und finanziellen Belangen (z. B. Betreuung von Geschwistern, Haushaltshilfe) erhalten.

Die Elternschaft stärken

Wenn Geburt und Tod zusammenfallen, haben Eltern wenig Zeit, in ihre Elternrolle hineinzuwachsen, ihr Kind kennen zu lernen und ihm einen Platz in der Familie zu geben. Deshalb sollte das neonatologische Betreuungsteam des Kindes die Eltern-Kind-Beziehung unterstützen und aktiv fördern. Nicht selten kommt es vor, dass sich Eltern davor scheuen, sich an ihr Neugeborenes zu binden, da sie befürchten, dass der Schmerz des Verlustes dann noch größer werde. Die Eltern sollten jedoch ermutigt werden, sich emotional auf das Kind einzulassen, da dies den ersten Schritt zur Bewältigung des Verlustes durch einen bewusst gestalteten Abschied erlaubt. Wichtig ist aber in diesem Zusammenhang, dass Eltern therapeutische Unterstützung im Umgang mit ihrem Schmerz und den Vermeidungsreaktionen erhalten. Die Eltern sollten außerdem dabei aktiv unterstützt werden, ihr Kind kennenzulernen und ihm einen Platz in ihrer Familie zu geben. Da die Zeit mit dem Kind oft sehr begrenzt ist, brauchen Eltern so viele Gelegenheiten wie möglich, um mit ihrem Kind zusammen zu sein, es kennen zu lernen und in ihre Elternrolle hineinzuwachsen. Alle elterlichen Bemühungen, sich um das Kind zu kümmern, sollten deshalb geschätzt und aktiv gefördert werden. Die Eltern sollten auch ermutigt werden, Geschwister und andere wichtige Personen aus ihrem familiären und sozialen Umfeld einzubeziehen und ihnen die Möglichkeit zu geben, das Kind

---

13 in Anlehnung an die Empfehlungen der deutschen PaluTiN Gruppe (Garten et al., 2020)

ebenfalls kennen zu lernen. Indem das Kind einen Platz in der Familie und im Freundeskreis erhält, erfahren auch die Vertrauenspersonen der Eltern, um wen diese trauern. So sind sie besser in der Lage, die trauernde Familie mit Verständnis und langfristiger Unterstützung zu begleiten. Dadurch verringert sich für die trauernden Eltern die Gefahr der sozialen und emotionalen Isolation. Der natürliche und fürsorgliche Umgang des Personals mit dem sterbenden oder verstorbenen Kind kann den Eltern als Vorbild dienen. Es kann ihnen den Umgang mit ihrem sterbenden oder verstorbenen Kind erleichtern und die Bindung vertiefen.

Professionell, ehrlich, aufmerksam und transparent kommunizieren

Die Beziehung zwischen Familie und Pflegeteam beruht auf Partnerschaft und Professionalität. Die Kommunikation sollte professionell, kontinuierlich, ehrlich, einfühlsam, konsequent und transparent sein. Die Eltern sollten darauf vertrauen können, dass ihnen aufmerksam zugehört wird und dass ihnen keine Informationen vorenthalten werden. Das grundsätzliche Auftreten der Mitglieder des Betreuungsteams ist geprägt von Akzeptanz, Respekt, Wertschätzung, Empathie, Achtsamkeit und Authentizität.

Krisengespräche und andere Begegnungen brauchen einen geschützten, angemessenen Rahmen. Sie sollten in einer ruhigen Umgebung stattfinden, möglichst ohne Zeitdruck und Störungen. Besonders wichtige Gespräche sollten möglichst verlässlich terminiert werden, um beiden Elternteilen die Möglichkeit zu geben, teilzunehmen und sich vorzubereiten. In kritischen oder sich verändernden Situationen sollten die Gespräche zeitnah und ohne Verzögerung geführt werden und Ansprechpartner jederzeit zur Verfügung stehen. Gleichzeitig sollte auch der Wunsch auf Nichtwissen respektiert werden. Eltern müssen darauf vertrauen können, dass sie allen Mitgliedern des Gesundheitsteams alles sagen und fragen können, ohne negative Konsequenzen für sich und ihr Kind befürchten zu müssen. Es ist wichtig, dass sie in ihrer Haltung akzeptiert werden und dass ihre Ambivalenz, die in diesen Situationen häufig auftritt, respektiert wird.

8.4.4 Empfehlungen zur informellen Unterstützung von trauernden Eltern nach Schoonover et al. (2022)

1. Seien Sie bereit, sich die Geschichten des Kindes anzuhören und mit dem trauernden Elternteil offen und ohne Vorurteile über das Kind zu sprechen. Seien Sie auch respektvoll gegenüber dem trauernden Elternteil, der in diesem Moment nicht über das Kind sprechen möchte.
2. Bieten Sie konkrete Hilfe an z. B. Mahlzeiten zu liefern, Besorgungen und Hausarbeit zu erledigen und auf andere Kinder aufzupassen.
3. Machen Sie an wichtigen Jahrestagen oder Geburtstagen Erinnerungsgesten und -aktivitäten.
4. Erkennen Sie an, dass die Beziehung des trauernden Elternteils zu seinem verstorbenen Kind nicht mit dem Tod endet. Dieser Wunsch des Elternteils nach

einer fortbestehenden Bindung zum Kind ist wichtig und muss respektiert werden.
5. Erkennen Sie an, dass sich der Schmerz über den Verlust eines Kindes nicht mit einfachen Aussagen auflösen oder verringern lässt. Dazu gehören Hinweise darauf, dass die Zeit alle Wunden heilen wird, dass Gott einen Engel braucht, dass das Kind an einem besseren Ort ist, dass alles aus einem bestimmten Grund geschieht, dass ein Paar noch weitere Kinder bekommen kann.
6. Erkennen Sie an, dass die trauernden Eltern von Fehl- und Totgeburten, Selbstmorden und Tötungsdelikten die gleiche Trauer wie bei jedem anderen Verlust eines Kindes erleben und dass diese Trauer nicht bagatellisiert, verurteilt oder vermieden werden darf.

8.4.5 Hauptelemente der Behandlung komplizierter Trauer bei Eltern[14]

1. Beschreiben von Erinnerungen an das verstorbene Kind, Beschreibung eines imaginierten Gesprächs bzw. einer Situation mit dem verstorbenen Kind
2. Beschreibung des Verlustes und des Trauererlebens, Erfassung komplizierter Trauersymptome und deren Auswirkungen auf den Alltag
3. Stärkung der Selbstregulation, der Selbstbeobachtung und der Reflektion, Neubewertung negativer Gedanken und Überzeugungen, Regulation des emotionalen Schmerzes durch Konfrontation und Ablegen
4. Soziale Beziehungen und Unterstützung fördern, gemeinsames Teilen von Schmerz, Hilfe durch andere
5. Suchen und Setzen persönlicher Ziele (kurz- und langfristig), Förderung von positiven Aktivitäten, die Hoffnung, Begeisterung und andere positive Emotionen auslösen
6. Unterstützung bei der Konfrontation mit vermiedenen Situationen

---

14 Adaptiert nach Shear (2015)

9 Psychische Erkrankungen und Suizid in der Familie

9.1 Fallbeispiele

Fallbeispiel 1

Die alleinerziehende Mutter des 8-jährigen Kindes E. leidet an einer Persönlichkeitsstörung mit Alkoholabusus. Seit Jahren ist sie immer wieder für Monate in psychiatrischen Kliniken. Dieser Zustand besteht seit E. vier Jahre alt ist. Während einer ersten Akutsituation mit Hospitalisierung der Mutter konnte das Kind vorübergehend bei Nachbarn wohnen und den Kindergarten weiterhin besuchen. Das Jugendamt wurde auf Meldung der Klinik auf die Situation des Kindes aufmerksam und schaltete sich umgehend ein. Die Gefährdung für das Kind bestand darin, dass die Mutter E. aufgrund ihrer Erkrankung erheblich vernachlässigte. Frau F. liebt zwar ihr Kind, vermochte jedoch nicht, dessen Bedürfnisse wahrzunehmen und angemessen darauf zu reagieren und E. ein förderliches Umfeld zu bieten. Zudem kam es immer wieder zu längeren Trennung von Mutter und Kind aufgrund der wiederholten und teilweise länger dauernden Aufenthalte der Mutter in der psychiatrischen Klinik. Aufgrund der instabilen Familiensituation ordnete das Jugendamt eine Beistandschaft für E. an, welche die Mutter unterstützten und das Wohl des Kindes gewährleisten sollte. Es fanden Abklärungen in der Familie und im direkten Umfeld des Kindes statt und es wurde nach einem geeigneten Pflegeplatz für das E. in unmittelbarer Nähe der Wohnung der Mutter gesucht. Seither lebt das Kind bei Pflegeeltern in der Nachbarschaft. Diese Platzierung fand im Einvernehmen mit der Mutter statt. Mit dieser Maßnahme konnte der Schutz für das Kind sichergestellt werden. Durch Platzierung, aber auch durch die beistandschaftliche Begleitung ist nicht nur das Wohl des Kindes gesichert, sondern wird auch die Beziehung zwischen Mutter und Kind gefördert. Da die Mutter weitgehend krankheitseinsichtig und kooperationsbereit ist, konnten sich die eingeleiteten Unterstützungsmaßnahmen zum Wohle des Kindes entfalten.

Fallbeispiel 2

Familie B. hat 3 Kinder (4, 7, 10 Jahre). Herr B. ist in leitender Position in einem großen Industrieunternehmen tätig, Frau B. hat primär die Kindererziehung übernommen und ist im Haushalt tätig. Seit Jahren kämpft Herr B. gegen eine Depression. Ambulante Behandlungen wechseln sich mit Aufenthalten in psychiatrischen Kliniken ab. Nach einer längeren stabilen Phase fällt Herr B. im Verlauf der coronabedingten Einschränkungen und Schließung vieler Einrichtungen erneut in eine tiefe Depression. Seine Frau bemüht sich wiederholt um einen Therapieplatz für ihn, jedoch sind alle kontaktierten Therapeuten massiv überlastet und haben lange Wartelisten. Schließlich kann sie für ihn einen Termin für ein Erstgespräch bei einem niedergelassenen Therapeuten vereinbaren. Kurz vor diesem Termin nimmt sich Herr B. jedoch das Leben, indem er sich vor eine S-Bahn stürzt. Die Nachricht über seinen Tod wird Frau B. am nächsten Morgen überbracht und löst eine massive psychische Krise bei ihr aus. Sie muss selbst akutpsychiatrisch in einer Klinik versorgt werden. Ihre Kinder werden während dieses Klinikaufenthaltes durch Freunde bzw. ihre Schwester betreut. Sehr lange kann sie mit ihnen nicht über das Ereignis sprechen. In der Familie breitet sich eine große Sprachlosigkeit aus. Lange Zeit kennen die Kinder die Gründe für den plötzlichen Tod ihres Vaters nicht. Die Familie wird sehr durch das soziale Netz gestützt. Nach sechs Monaten ist die Mutter wieder in der Lage, ihren Kindern durch ausreichend Stabilität ein weitgehend normales Familienleben zu ermöglichen.

9.2 Zusammenfassung des wissenschaftlichen Kenntnisstandes

9.2.1 Epidemiologie und Prävalenzen

In ihrer wegweisenden Arbeit konnten Kessler und Kollegen (2005) eindrücklich zeigen, dass nahezu die Hälfte (46%) aller Menschen im Laufe ihres Lebens an irgendeiner psychischen Erkrankung leiden wird. In der reproduktiven Lebensphase zwischen 18 und 40 Jahren ist diese Häufigkeit der psychischen Erkrankungen sogar noch etwas höher (54%). Entsprechend lässt sich aus diesen Zahlen schließen, dass ein erheblicher Teil von Kindern mit mindestens einem psychisch kranken Elternteil aufwächst. In einer großen epidemiologischen Studie von Stambaugh et al. (2017) litten insgesamt 3,8% aller amerikanischen Eltern im zurückliegenden Jahr unter einer schweren psychischen Erkrankung, also einer oder mehreren psychischen, verhaltensbezogenen oder emotionalen Störungen, die zu einer schweren Behinderung der Funktionsfähigkeit führten und die eine oder mehrere wichtige Lebensaktivitäten (z. B. die Versorgung der Kinder, Arbeitsfähigkeit) erheblich beeinträchtigten oder einschränkten. In der Bundesrepublik Deutschland präsentiert sich ein ähnliches Bild. Gemäß vorsichtigen Schätzungen von Mattejat und Lisofsky (2014) leben 2,6 Millionen Kinder und Jugendliche mit mindestens einem psychisch kranken Elternteil.

9.2.2 Psychische Störungen von Eltern als Risikofaktor für die kindliche Entwicklung

Aus verschiedenen Studien wissen wir, dass das Aufwachsen mit einem psychisch kranken Elternteil ein erhebliches Entwicklungsrisiko für die Kinder darstellt. Insbesondere die transgenerationale Weitergabe psychischer Störungen ist hier zu nennen. In Abhängigkeit von der Art und Schwere der elterlichen Erkrankung schwankt die Gefahr für die Kinder zwischen einem zwei- bis neunfachen Risiko, selbst psychisch zu erkranken (Micco et al., 2009; Rasic, Hajek, Alda & Uher, 2014). Ein gehäuftes Auftreten von psychischen Störungen ist beispielsweise für Angststörungen (Hirshfeld-Becker et al., 2012; Micco et al., 2009) und depressiven Störungen (Weissman et al., 2005) in zahlreichen Familienstudien dokumentiert. Bei den Angsterkrankungen fanden Micco et al. (2009) für die verschiedenen Gruppen von Angststörungen (z. B. Phobien, Generalisierte Angststörung, Zwangsstörungen) gepoolte Chancenverhältnisse (Odds Ratio; OR) zwischen zwei und annähernd neun. Das Risiko für eine Depression ist bei einer elterlichen depressiven Erkrankung ebenfalls etwa um das zwei- bis sechsfache erhöht (Tracy, Salo, Slopen, Udo & Appleton, 2019; Weissman et al., 2005). Dabei haben Weissman und Kollegen (2005) in einer Längsschnittuntersuchung zeigen können, dass dieser Effekt sogar über drei Generationen hinweg besteht. Das Risiko selbst an einer Depression zu leiden, war in dieser Studie auch in der Enkelgeneration deutlich erhöht. Die Lebenszeitprävalenz psychiatrischer Störungen und Funktionsstörungen bei den Enkeln, in deren Familie frühere Generationen in Befragungen Depressionssymptome im klinischen Ausmaß angegeben hatten, lag bei 59,2 %. Das Erkrankungsrisiko eines Kindes mit einem schizophrenen Elternteil an einer psychischen Störung zu erkranken, ist gemäß einer Metaanalyse von Rasic et al. (2014), in der insgesamt 33 Studien eingeschlossen bzw. mehr als 7.000 Familien untersucht wurden, sechsfach erhöht. Auch Kinder von Eltern mit Persönlichkeitsstörungen und Abhängigkeitserkrankungen sind erheblich gefährdet. Insbesondere Kinder von Müttern mit einer Borderline-Persönlichkeitsstörung leiden unter den Auswirkungen der mütterlichen Erkrankung (Barnow, Spitzer, Grabe, Kessler & Freyberger, 2006; White, Gunderson, Zanarini & Hudson, 2003).

Neben genetischen Ursachen für die transgenerationale Weitergabe betonen verschiedene Ätiologiemodelle die Rolle von Lernerfahrungen. So argumentiert beispielsweise das Modell des Angsterwerbs in sozialen Beziehungen von Rachman (1977), dass neben der klassischen Konditionierung, des Modell- und Instruktionslernen eine weitaus größere Bedeutung hat. Auch wissen wir, dass psychische Erkrankungen der Eltern häufig mit einer verminderten Funktionsfähigkeit der betroffenen Familien einhergehen. In den Familien mit psychisch kranken Eltern lassen sich vermehrte Konflikte, eine geringere Anpassungsfähigkeit und ein verminderter Zusammenhalt beobachten, was wiederum zu einer Behinderung des Familienlebens führen kann. Die meisten Studien wurden in diesem Zusammenhang in Familien mit elterlichen Depressionen durchgeführt (Cummings, Keller & Davies, 2005). Das Familienleben in Familien, in denen ein Elternteil an Depressionen litt, war im Vergleich zu einer nicht-klinischen Kontrollgruppe, aber auch im

Vergleich zu Familien mit anderen elterlichen psychischen Störungen deutlich beeinträchtigter und wies ein geringes Funktionsniveau auf. Ähnliche Befunde berichten Weinstock und Kollegen (2006), die in Familien mit Major Depressionen und Bipolaren Störungen eine erhebliche familiäre Dysfunktion beobachteten, welche sowohl während der depressiven Episoden als auch Phasen ohne psychische Symptome anhielt. Für die Angststörungen untersuchten Boegels und Brechman-Toussaint (2006) Familien mit elterlichen Angststörungen und verglichen sie mit Familien ohne und Familien mit anderen psychischen Störungen. Hier zeigte sich ein ähnliches Bild wie bei den Familien mit einem depressiven Elternteil. Der Prozentsatz dysfunktionaler Familienstrukturen war im Vergleich zu gesunden Kontrollfamilien und Familien, in denen anderen elterlichen Störungen vorlagen, erhöht. In Bezug auf mütterliche Borderline-Persönlichkeitsstörungen zeigte sich, dass gefühlloses oder emotional instabiles Verhalten von Borderline-Müttern den Leidensdruck von Kindern stark erhöht. In ihrer aktuellen Übersichtsarbeit, stellen Florange und Herpertz (2019) fest, dass Eltern mit Borderline-Persönlichkeitsstörung eher zu maladaptiven Interaktionen mit ihren Kindern neigen, die durch unsensibles, überfürsorgliches oder feindseliges Erziehungsverhalten gekennzeichnet sind. Zudem leiden Eltern mit Borderline-Persönlichkeitsstörung unter erhöhtem Erziehungsstress und zeigen ihren Kindern gegenüber borderline-typische Verhaltensmuster, die den Aufbau einer gesunden Eltern-Kind-Beziehung behindern und die emotionale Entwicklung der Kinder beeinträchtigen. Die Kinder haben ein höheres Risiko, misshandelt zu werden und selbst eine Borderline-Persönlichkeitsstörung zu entwickeln. Die Ergebnisse deuten darauf hin, dass die Vulnerabilität zur transgenerationalen Weitergabe zum Teil über die elterliche affektive Instabilität und maladaptive Erziehungsmaßnahmen weitergegeben wird.

Familiäre Prozesse spielen nicht nur für den Verlauf der elterlichen Erkrankung eine wichtige Rolle, sondern beeinflussen auch in hohem Maße die Entwicklung der Kinder. In verschiedenen Studien zeigte sich, dass ungünstige familiäre Interaktionen einen größeren Einfluss auf die kindliche Entwicklung haben als die elterliche Erkrankung selbst. Beispielsweise konnten Wiegand-Grefe und Kollegen (2019) zeigen, dass in Familien, in denen mindestens ein Elternteil psychisch erkrankt war, die Familienfunktion aber nicht beeinträchtigt war, weniger Kinder Probleme entwickelten als in der Gruppe der Familien mit starker Beeinträchtigung der Funktionsfähigkeit. Auf die Bedeutung der Eltern-Kind-Interaktion als Risiko- aber auch als Schutzfaktor weisen auch Murray et al. (1999) hin. Dabei konnten die Autoren zeigen, dass die Mutter-Kind-Interaktion bei depressiven Müttern, die über einen Zeitraum von fünf Jahren hinweg beobachtet wurden, einen bedeutsamen Einfluss auf die soziale Anpassung und verschiedene Aspekte der Entwicklung der Kinder hatten. Die mütterliche Depression in den ersten Monaten nach der Geburt hatte einen dauerhaften Einfluss auf die psychologische Anpassung des Kindes. Dabei war die Beziehung des Kindes zur Mutter mit fünf Jahren durch die Qualität der kindlichen Bindung im Alter von 18 Monaten vermittelt. Die mütterliche Funktionsfähigkeit wurde vor allem durch aktuelle psychische Symptome beeinflusst, aber auch durch Konflikte mit dem Vater des Kindes. Im Rahmen der Generation R Studie befragten Velders und Kollegen (2011) die Eltern von insgesamt 2.698 Kindern zu depressiven Symptomen, Feindseligkeit und dem Funktionieren der Familie während der Schwangerschaft bzw. drei Jahre nach der Geburt. Dabei erhöhten depressive Symptome der Eltern das Risiko für emotionale und Verhaltensprobleme des Kindes. Dieser Anstieg wurde jedoch durch postnatales feindseliges Verhalten der Eltern erklärt. Feindseligkeitssymptome der Eltern trugen jeweils unabhängig voneinander zum Risiko für emotionale und Verhaltensprobleme des Kindes bei, wobei die depressiven Symptome der Eltern eine untergeordnete Rolle zu spielen scheinen.

In den letzten Jahren wurden auch mehrere experimentelle Arbeiten vorgelegt, die die Bedeutung des Instruktionslernens beim Erwerb von Angstreaktionen bei Kindern im Grundschulalter eindrucksvoll belegen (Reynolds, Field & Askew, 2017). Field und Lawson (2003) entwickelten ein Paradigma, bei dem sechs- bis achtjährigen Kindern Bilder von unbekannten australischen Beuteltieren gezeigt wurden. Zu diesen Abbildungen wurden jeweils entweder keinerlei Zusatzinformationen, positive oder negative Informationen gegeben. Die Autoren konnten zeigen, dass die Kinder, welche negative Informationen zu den Tieren erhielten, signifikant mehr Angst im Selbstbericht, aber auch in der Verhaltensbeobachtung, zeigten als Kinder, die diese negativen Informationen nicht erhielten. Auch im vorsprachlichen Alter lassen sich solche Übertragungsprozesse zwischen Eltern und Kindern beobachten. Abseits vom sprachbasierten Instruktionslernen, wie es Field und Kollegen in ihren Studien untersucht haben, können emotionale Botschaften und die damit verbundene Situationsinterpretation einer Person bereits vor dem verbalen Spracherwerb von der Bezugsperson an das Kind vermittelt werden.

Ein in der Entwicklungspsychologie gut untersuchtes Phänomen in diesem Zusammenhang ist die sogenannte soziale Rückversicherung. Im letzten Drittel des ersten Lebensjahres beginnen die meisten Kinder sich mit ihrer Bezugsperson über Referenzobjekte oder -situationen auszutauschen. In neuen und ambivalenten Situationen schauen Kinder vermehrt zu ihrer Bezugsperson, um von ihr Informationen einzuholen und ihr eigenes Verhalten zu steuern (Sorce, Emde, Campos & Klinnert, 1985). Kinder gewinnen Informationen aus dem emotionalen Gesichtsausdruck, dem Verhalten oder aus anderen nonverbalen Informationen, welche die Bezugspersonen ihnen geben und organisieren auf dieser Basis ihr Verhalten (Stenberg, 2003; Vaish & Striano, 2004). So konnte z. B. gezeigt werden, dass positive Informationen (z. B. »Was für ein lustiges Ding« oder Lächeln) in Bezug auf ein ambivalentes Objekt Annäherungsverhalten (Stenberg & Hagekull, 1997) und dass negative Informationen (z. B. »Uuh, ist das ekelig«) die Vermeidung des Zielobjektes fördern. Untersuchungen haben auch zeigen können, dass das Verhalten von Kleinkindern gegenüber fremden unvertrauten Personen maßgeblich vom zuvor bei der eigenen Mutter beobachteten Verhalten abhängt (Murray et al., 2008). Zeigten sich Mütter ängstlicher in einer sozialen Interaktion reagierten auch ihre Kinder ängstlicher auf die fremde Person. In der Studie von Murray und Kollegen (2008) zeigte sich zudem, dass neben der mütterlichen Ängstlichkeit auch das Temperament des Kindes einen signifikanten Einfluss auf das Verhalten des Kindes gegenüber der fremden Person hatte. Die Zusammenschau dieser Studien zeigt, dass emotionale Hinweisreize speziell in ambivalenten Situationen von Kindern zur Informationsgewinnung und zur Verhaltenssteuerung herangezogen werden. Aufgrund der oben beschriebenen familialen Transmission von psychischen Störungen ist anzunehmen, dass Prozesse des verbalen und nonverbalen emotionalen Informationsaustauschs eine wichtige Rolle spielen. Aus den dargestellten Studienergebnissen kann abgeleitet werden, dass negativ gefärbte Informationen über bestimmte Situationen oder Dinge, welche das direkte Umfeld an Kinder weitergibt, ihre zukünftigen Reaktionen auf ähnliche Situationen prägen können. Im Kontext psychischer Störungen von Eltern kann es vermehrt zu negativen verbalen oder behavioralen Reaktionen auf neutrale Stimuli kommen, was wiederum zu langfristig ungünstigen Verhaltensmustern oder veränderten kognitiven Einstellungen bei den Kindern führen kann und einen Risikofaktor für eine eigene psychische Störung darstellt.

9.2.3 Belastungsfaktoren für die Kinder

Die oben beschriebenen Zusammenhänge machen aber auch deutlich, dass ein erheblicher Anteil von Kindern, die mit einem psychisch erkrankten Elternteil aufwachsen, selbst keine krankheitsrelevanten Symptome entwickeln. Nichtsdestotrotz können auch diese Kinder und Jugendliche erheblich unter den Lebensbedingungen leiden. Viele von ihnen schämen sich für ihrer Eltern und neigen deshalb dazu, sich zu isolieren. Manche Kinder suchen die Schuld für die elterliche Erkrankung bei sich selbst. Viele betroffene Kinder übernehmen sehr früh Verantwortung für sich und ihre Geschwister und es kann zu einer Rollenumkehr kommen. Oder es kommt aufgrund des sehr frühen Erwachsenenwerdens zu einer massiven Überforderung. Denn neben den elterlichen Symptomen können weitere Belastungsfaktoren (z. B. Arbeitslosigkeit, alleinerziehende Elternschaft, Partnerschaftskonflikte) vorliegen, welche die Funktionsfähigkeit der gesamten Familie weiter einschränken und damit das Risiko für die Kinder und Jugendlichen steigern können. Ökonomische Belastungen und kritische Lebensereignisse erhöhen das Gefährdungspotenzial (Albermann, 2012). Umgekehrt sind Kinder und Jugendliche trotz solcher Belastungen eher geschützt, wenn sie über vorteilhafte Persönlichkeitseigenschaften verfügen (z. B. das Vertrauen in die eigene Selbstwirksamkeit).

Auch die Organisation von familiären Abläufen, Strukturen und Rhythmen scheinen ein Moderator in Bezug auf den Zusammenhang zwischen elterlichen psychischen Symptomen und kindlicher Belastung bzw. kindlichem Erkrankungsrisiko zu sein. Iacono et al. (2018) stellten fest, dass chaotische familiäre Verhältnisse für die untersuchten Kinder ein unabhängiger Prädiktor für das Risiko an einer affektiven Erkrankung zu leiden, wenn diese Erkrankung bei den Eltern diagnostiziert wurde. Bei den Nachkommen von Eltern mit bipolarer Störung hatte ein niedriges Niveau der elterlichen Struktur robuste Auswirkungen auf emotionale und Verhaltensprobleme in der mittleren Kindheit, während sich das Niveau der elterlichen Kontrolle als stärkster Vermittler der Beziehung zwischen der bipolaren Störung der Eltern und der Psychopathologie der Kinder in der Pubertät erwies (Iacono et al., 2018).

Ein Risikofaktor, welcher sich im Kontext elterliche psychischer Erkrankungen besonders negativ auswirken kann, ist alleinerziehende Elternschaft. Meist übernehmen Mütter sehr viel häufiger die Kinderbetreuungsaufgaben und tun dies auch vermehrt im Falle einer psychischen Erkrankung. Aufgrund finanzieller Notwendigkeiten müssen alleinerziehende und psychisch kranke Mütter auch oft den Lebensunterhalt für die Familie verdienen, so dass auf ihnen eine Mehrfachbelastung liegt, welche sich verstärkend sowohl auf die psychischen Probleme als auch auf die innerfamiliären Konflikte auswirken kann (Gurny, Cassée, Gavez, Los & Albermann, 2007).

Ein weiterer Einflussfaktor kann aber auch der kulturelle Hintergrund sein. Bennett, Brewer und Rankin (2012) analysierten Daten aus dem US National Survey of Children's Health 2007 von 80.982 Kinder im Alter von 2–17 Jahren. Mittels logistischer Regressionen wurde der Zusammenhang zwischen der psychischen Gesundheit der Kinder und dem psychischen Gesundheitszustand der Eltern untersucht, wobei sozioökonomische, elterliche, familiäre und gesellschaftliche Faktoren berücksichtigt wurden. 11,1 % der Kinder hatten eine psychische Erkrankung (95 % CI = 10,5–11,6). Die Prävalenz psychischer Erkrankungen bei Kindern nahm zu, wenn sich der psychische Gesundheitszustand der Eltern verschlechterte. Die ethnische Zugehörigkeit war der einzige signifikante Einflussfaktor auf den Zusammenhang zwischen psychischer Gesundheit von Kindern und Eltern. Nach Bereinigung um Störfaktoren betrugen die schichtspezifischen Odds Ratios für psychische Erkrankungen bei Kindern im Zusammenhang mit einer Verschlechterung des psychischen Gesundheitszustands der Eltern um eine Stufe: zwischen 1,04 (für Hispanoamerikaner aus Einwanderer-Familien) und 1,44 (für nicht-hispanische Weiße). Die Autoren schließen aus ihren Ergebnissen, dass auf die Eltern ausgerichtete Interventionen zur Verhinderung oder Verbesserung der psychischen Gesundheit von Kindern möglicherweise am besten auf die kulturellen Untergruppen ausgerichtet werden sollten, bei denen die psychische Gesundheit von Eltern und Kindern am stärksten miteinander verbunden ist.

9.2.4 Gefährdung des Kindeswohls

Jedes 5. bis 10. Kind eines psychisch erkrankten Elternteils erfüllt die Kriterien für eine Kindeswohlgefährdung (Albermann, Wiegand-Grefe & Winter, 2019). Die Auswirkungen einer psychischen Erkrankung auf das Elternverhalten bzw. die Eltern-Kind-Interaktion kann im Rahmen der unterschiedlichen psychischen Erkrankungen sehr heterogen ausfallen. Ziegenhain und Deneke (2014) fassen in ihrem Aufsatz Studien zur Auswirkung von spezifischen psychischen Erkrankungen auf das Elternverhalten zusammen. Elterliche Interaktionsmuster können von »keiner Beeinträchtigung« über »Unterstimulation«, »verminderter Responsivität auf die Signale des Kindes«, »Überstimulation bis hin zu feindseligem und intrusivem Elternverhalten« reichen. Dabei können sich die elterlichen Kompetenzen und Verhaltensweisen im Verlauf der psychischen Erkrankung verändern. Aufgrund der Fokussierung der Eltern auf die eigene Befindlichkeit kann es jedoch in Familien mit einem psychisch erkrankten Elternteil mit einer höheren Wahrscheinlichkeit zur Vernachlässigung kindlicher Bedürfnisse mit insgesamt weniger Wärme oder Kontrolle kommen.

Gemäß dem Überblick von Ziegenhain und Deneke (2014) neigen depressive Eltern dazu, ihre Kinder übermäßig negativ zu sehen. Bei Eltern mit Erkrankungen aus dem schizophrenen Formenkreis besteht im Rahmen eines akuten Wahns die Gefahr, dass diese ihr Kind aktiv gefährden, wenn das Kinder zur »Bedrohung« wird bzw. wenn sich der Elternteil vom Kind verfolgt fühlt. Bei Eltern mit Angst- und Zwangsstörungen wiederum kann ein (über)protektiver Erziehungsstil das Kind daran hindern, wichtige Entwicklungsschritte zu bewältigen (z. B. zu lernen, sich zu trennen oder selbstständig Dinge zu tun). Eltern mit einer Borderline-Persönlichkeitsstörung wiederum haben Schwierigkeiten, kindliche Emotionen zu erkennen und richtig zu interpretieren. Diesen Eltern fällt es gleichzeitig schwer, mit den eigenen Emotionen in angemessener Art und Weise umzugehen und diese zu regulieren. Als Folge davon kann es zu eskalierenden Erziehungssituationen mit aggressiven Äußerungen oder Handlungen kommen. Impulsive und aggressive Verhaltensweisen lösen jedoch bei den meisten Kindern starke Ängste oder Verunsicherung aus und stellen eine Bedrohung für das körperliche und psychische Wohl dar, da die Eltern in diesen Situationen nicht mehr die sichere Basis für ihr Kind darstellen. Eltern nach Traumatisierungen bzw. mit einer posttraumatischen Belastungsstörungen reagieren auf normale kindliche Belastungsäußerungen (z. B. Schreien und Weinen) zum Teil mit inadäquaten, angstgeprägten Reaktionen, so dass Kinder in diesen Situationen nicht die nötige Co-Regulation ihrer Gefühle erleben. Ein besonderes Entwicklungsrisiko besteht bei Säuglingen und Kleinkinder. Bei diesen kommt es häufiger zur Etablierung einer hochunsicheren Bindungsbeziehung zum psychisch kranken Elternteil bzw. im Kontext von Vernachlässigung oder Misshandlung sogar zur Entwicklung einer Bindungsstörung (Ziegenhain & Deneke, 2014).

Tatsächlich ist eine psychische Erkrankung von Eltern ein Risikofaktor für Misshandlung und Vernachlässigung der eigenen Kinder (Sidebotham, Heron & Team, 2006). In einer deutschen Untersuchung fanden Liel et al. (2020), dass Gewalt gegen Kinder neben Partnerschaftsproblemen, negativen Kindheitserfahrungen, jungem Alter der Mutter und Armut auch durch Depressionen und Angstzustände vorhergesagt wurde. Ayers et al. (2019) zeigten in einer Metaanalyse, dass auch peripartale psychische Gesundheitsproblemen das Risiko für eine Kindesmisshandlung und -vernachlässigung erhöhen können. Sowohl die Metaanalyse von 17 Studien (n = 22.042), als auch die wenigen Studien, die Väter untersuchten (n = 6), fanden alle einen Zusammenhang zwischen der psychischen Gesundheit und dem Risiko der Kindesmisshandlung. Insgesamt ist das Risiko für eine Kindesmisshandlung im Kontext peripartaler psychischer Erkrankungen um OR 3,04 (95 % CI 2,29–4,03) erhöht.

Im Zusammenhang mit Persönlichkeitsstörungen (Borderline, dissoziative Identitätsstörung, dissoziative Persönlichkeitsstörung) scheint das Risiko für eine Kindeswohlgefährdung besonders groß, und zwar vor allem dann, wenn diese Erkrankungen mit einer starken Beeinträchtigung der elterlichen Emotionsregulation und mit Drogenkonsum einhergehen. In diesem Zusammenhang spielen transgenerationale Effekte eine bedeutsame Rolle (Hiraoka et al., 2016). Ein nicht geringer Teil von Müttern mit einer Geschichte von frühen Gewalterfahrungen und Misshandlung entwickeln im Laufe ihres Lebens eine Depression oder eine Borderline-

Persönlichkeitsstörung, wobei zwischen beiden Störungen eine hohe Komorbidität besteht (Kohne & Isvoranu, 2021) und diese überzufällig häufig als Reaktion auf eigene Misshandlungs- und Missbrauchserfahrungen in der Kindheit auftreten (Ibrahim, Cosgrave & Woolgar, 2018; Nelson, Klumparendt, Doebler & Ehring, 2017). Gleichzeitig stellen sowohl Depressionen als auch Borderline-Persönlichkeitsstörungen ein erhöhtes Risiko dar, selbst misshandelnde Eltern zu werden. Hiraoka et al. (2016) fanden heraus, dass der Zusammenhang zwischen Merkmalen der Borderline-Persönlichkeitsstörung, depressiven Störungen und des Kindesmissbrauchspotenzials dieser Eltern teilweise durch deren Schwierigkeiten bei der Emotionsregulation vermittelt wurde. Auch in der Studie von Dittrich et al. (2018) wurden Depressionen und Borderline-Persönlichkeitsstörungen der Mütter mit einem erhöhten Missbrauchspotenzial in Verbindung gebracht, wobei die Emotionsregulation als Vermittler fungierte. Darüber hinaus war ein erhöhtes Missbrauchspotenzial mit einer höheren Psychopathologie der Kinder in den untersuchten Familien verbunden. Eine Vorgeschichte an eigenen traumatischen Kindheitserfahrungen und daraus resultierender psychischer Folgeerscheinungen stellen also ein erhebliches Risiko für Kindesmissbrauch dar. Die Ergebnisse von Dittrich et al. (2018) deuten darauf hin, dass die Verbesserung der Emotionsregulation ein potenzielles Ziel für Interventionsprogramme darstellt.

Auch die Kinder von Eltern mit Schizophrenie wachsen teilweise unter ungünstigen Lebensbedingungen auf. Mehrere Faktoren tragen zu einer Benachteiligung dieser Kinder bei. Schizophrenie als Krankheit kann die elterlichen Kompetenzen beeinträchtigen (Campbell et al., 2018). Insbesondere hat sich gezeigt, dass Mütter mit Schizophrenie distanzierter, intrusiver und selbstbezogener sind, was wiederum zu Vernachlässigung der Kinder, Verschlechterung der sozialen und familiären Beziehungen, finanziellen Problemen und negative Emotionen führen kann (Lippi, 2016). Hinzu kommen Gewalt, fehlende soziale Unterstützung und Drogenmissbrauch. Das Risiko von kindeswohlgefährdenden Situationen im Zusammenhang von elterlichen psychischen Erkrankungen wird zudem durch Partnerschaftsgewalt, dysfunktionale Haushalte und in Kombination mit Alkoholabusus erhöht (Dube et al., 2001).

Mit einer Situationsanalyse müssen Fachpersonen entwicklungsfördernde und -hemmende Faktoren identifizieren und beurteilen, um die Art und das Ausmaß einer allfälligen Kindeswohlgefährdung einschätzen zu können. In der Folge gilt es, geeignete Maßnahmen zu finden, um der Gefährdung des Kindes entgegenzuwirken. Manchmal sind freiwillige Hilfsangebote ausreichend. Manchmal braucht es behördliche Anordnungen. Ein Forschungsprojekt unter Leitung von Johannes Münder, Reinhold Schone und Barbara Seidenstücker zeigte im Rahmen einer Fallerhebung in 16 Jugendämtern aus dem gesamten Bundesgebiet auf, dass bei knapp 18 % der Kinder, bei denen ein Sorgerechtsverfahren aufgrund von Kindeswohlgefährdung eingeleitet worden war, erhebliche bis gravierende Belastungen durch eine psychische Krankheit der Eltern aufwiesen (Münder et al., 2017). Ähnliche Resultate zeigte eine Aktenanalyse von Berichten der Jugendhilfe in zwei Berliner Bezirken. In 30 % der Fälle lag eine psychische Krankheit von mindestens einem Elternteil vor. Bei etwa 6.000 Sorgerechtsentzügen pro Jahr in Deutschland kommt man auf einen Wert zwischen 1.100 und 1.800 Kindern, bei den die elterliche Sorge aufgrund einer psychischen Erkrankung eingeschränkt wird (Schone & Wagenblass, 2006). Wenn die Lebenssituation der Kinder und Jugendlichen psychisch kranker Eltern objektiv als defizitär und belastend angesehen wird, können Mitarbeiter des Jugendamtes unterstützend tätig werden. Sie müssen im Interesse der Kinder aufgrund ihres sozialpädagogischen Auftrages Motivationsarbeit bei den Eltern zur Geltendmachung ihrer Rechtsansprüche leisten (Schone & Wagenblass, 2006). Problematisch gestaltet sich die Situation jedoch dann, wenn überforderte, ablehnende oder verängstigte Eltern sich weigern, notwendige und geeignete Hilfen zur Erziehung in Anspruch zu nehmen. Denn solange keine nachweisbare Gefährdung des Kindeswohls besteht, ist die Inanspruchnahme von Erziehungshilfen freiwillig. Maßnahmen zur Unterstützung der Familien können im Vorfeld einer Gefährdung des Kindeswohls nur mit Einverständnis der Eltern erfolgen. Diese lehnen Hilfen jedoch in vielen Fällen aus der Angst heraus ab, die Kinder könnten ihnen weggenommen werden. In der Praxis hat sich gezeigt, dass Hilfen für psychisch kranke Eltern vor allem dann akzeptiert werden, wenn die Schwelle zu den Angeboten möglichst gering ist (Schone & Wagenblass, 2006). Die Eltern sollten Gelegenheit haben, nicht nur direkt über die Auswirkungen ihrer Erkrankung auf die Kinder, sondern auch über allgemeine Erziehungsfragen in Kontakt mit Angeboten zu kommen. Regelmäßige Elternsprechstunden in psychiatrischen Kliniken bieten beispielsweise hierfür einen geeigneten Rahmen. Ein grundlegendes Bewusstsein darüber, dass psychisch kranke Menschen auch Eltern sind und die Bereitschaft, mit anderen Institutionen und Fachleuten zusammenzuarbeiten, bildet dabei die Grundvoraussetzung für frühzeitige und angemessene Hilfen.

9.2.5 Präventive Maßnahmen

Kinder und Jugendliche, die in Familien mit psychisch erkrankten oder suchtkranken Eltern aufwachsen, sind mit großen Herausforderungen konfrontiert. Sie haben ein höheres Risiko, eine eigene Verhaltensauffälligkeit, Suchterkrankung oder psychische Erkrankung zu entwickeln. Für Kinder psychisch kranker Eltern besteht der Leidensdruck häufig darin, dass sie das Verhalten des erkrankten Elternteils nicht verstehen und einordnen können. Das Alter des Kindes, die elterliche Krankheitseinsicht, deren Behandlungsbereitschaft und der Behandlungserfolg sind wesentliche Einflussfaktoren hinsichtlich des Wohlergehens beziehungsweise des Ausmaßes der Gefährdung betroffener Kinder (Schone & Wagenblass, 2006). Für ein Kind ist es beispielsweise schwer, die Symptome seiner depressiven Mutter oder seines an Schizophrenie erkrankten Vaters zu verstehen und die Ursachen für das Verhalten der Eltern nicht bei sich zu suchen, wenn niemand mit ihm darüber spricht.

Durch die Unterstützung der Kinder, aber auch ihrer Eltern und Familien kann die kindliche Widerstandskraft gestärkt werden. Da das Verhalten psychisch kranker Eltern im Umgang mit ihren Kindern eine große Bedeutung für die kindliche Funktionsfähigkeit hat, sollten sich Präventions- und Interventionsmaßnahmen besonders auf jene Symptome der Eltern konzentrieren, welche die Interaktion mit ihren Kindern beeinträchtigen. Präventionsmaßnahmen, welche explizit auf die

Reduktion von Stress und Belastungen psychisch kranker Eltern abzielen, können zu einer Reduktion von Verhaltensauffälligkeiten bei den Kindern beitragen (Resendes, Serravalle, Iacono & Ellenbogen, 2023). Insbesondere feindseliges Verhalten, Familienkonflikte und chaotische familiäre Verhältnisse sind dabei präventive Ansatzpunkte. Der Zusammenhang zwischen elterlichen Symptomen und Haushaltsdysfunktionalität zeigt, wie wichtig eine familienzentrierte Betreuung und die Berücksichtigung des häuslichen Umfelds bei der Betreuung von Familien mit psychisch kranken Eltern und ihren Kindern ist.

In diesem Kontext stellt aber die Tatsache, dass sich viele behandelnden Fachpersonen im Versorgungssystem für psychisch kranke Eltern oft nur ihren erwachsenen Patienten verpflichtet fühlen und deshalb deren Kindern bzw. die Elternschaft als Lebensthema ausblenden, eine Hürde dar. Gemäß Albermann (2012) wissen zwar nahezu alle befragten Fachpersonen, die mit psychisch erkrankten Eltern arbeiteten, ob ihre Klienten Kinder haben, jedoch wissen weniger als 50 % dieser Fachperson wie es diesen Kindern geht. Das der Einbezug von Elternschaftsthemen in die Behandlung erwachsener Patienten mit psychischen Erkrankungen zudem einen Prädiktor für einen guten Behandlungsverlauf darstellt, unterstreicht noch einmal die Wichtigkeit eines ganzheitliche Therapieansatzes (Jones et al., 2017; Reck, von Tettenborn & Hagl, 2022).

Thanhäuser et al. (2017) analysierten in einer Metaanalyse, die 96 Artikel mit 50 unabhängigen Stichproben aus randomisierten kontrollierten Studien zu den Auswirkungen von Präventionsmaßnahmen für Kinder psychisch kranker Mütter einschloss. Dabei fanden die Autoren gute Effektstärken der Maßnahmen in Bezug auf Mutter-Kind-Interaktionen, sowie das Verhalten der Mütter und der Kinder, welche über einen zwölfmonatige Nachbeobachtungszeitraum stabil blieben, mit Ausnahme des Verhaltens der untersuchten Säuglinge. Interventionen, die sich an Eltern und Kinder gemeinsam richten, hatten insgesamt größere Effekte.

Der Schwerpunkt der kindbezogenen Prävention im Altersbereich zwischen null und drei Jahren liegt sehr stark auf der Förderung von elterlichen Beziehungs- und Erziehungskompetenzen. Hierfür haben sich bindungsbasierte Kurzzeitinterventionen mit dem Fokus auf das elterliche Verhalten als effektiv zur Förderung der elterlichen Feinfühligkeit bzw. eines sicheren Bindungsmusters erwiesen (Bakermans-Kranenburg, van IJzendoorn & Juffer, 2003). Feinfühliges Elternverhalten und eine sichere Eltern-Kind-Bindung sind gerade in Familien mit psychischen Erkrankungen ein wichtiger Schutzfaktor. Als wirkungsvolle frühe bindungsbasierte Intervention wird beispielsweise das Steps Toward Effective and Enjoyable Parenting (STEEP) als Primärpräventionsprogramm zur Förderung der Bindungssicherheit im deutschsprachigen Raum häufig eingesetzt (Egeland & Erickson, 1993). In einer Kombination aus Einzel- und Gruppenterminen thematisiert STEEP u. a. die Förderung der Feinfühligkeit über Video-Feedback, den Einfluss früheren und gegenwärtigen Beziehungsverhaltens auf die Elternschaft und die Nutzung bzw. Implementierung sozialer Unterstützung. Eine randomisierte Kontrollstudie (Erickson & Egeland, 2004) und eine quasi-experimentelle Studie (Suess, Bohlen, Carlson, Spangler & Frumentia Maier, 2016) untersuchten den Einfluss von STEEP auf die Bindungssicherheit. Die randomisierte Kontrollstudie von Erickson and Egeland (2004) zeigte keinen Unterschied in der Bindungssicherheit zwischen der

STEEP-Bedingung und einer Kontrollgruppe. Die quasi-experimentelle Studie von Suess und Kollegen (2016) (n = 107) ergab im Alter von zwölf Monaten, nicht aber im Alter von 24 Monaten im Fremde-Situation-Test einen höheren Anteil sicher gebundener Kinder in der STEEP-Gruppe (Suess et al., 2016). In einem Fragebogenmaß war der Unterschied im Alter von 24 Monaten marginal signifikant. Zusammengefasst, ist die Evidenz zur Förderung der Bindungssicherheit durch das STEEP-Programm daher gemischt.

Ein anderes bindungsorientiertes Präventionsprogramm ist die Entwicklungspsychologische Beratung für Familien mit Säuglingen und Kleinkindern (EPB) von Ziegenhain, Fries, Bütow und Derksen (2004). Es handelt sich dabei um ein Kurzzeitpräventionsprogramm zur Förderung der elterlichen Feinfühligkeit in der frühen Kindheit (0–3 Jahre). Es kann als aufsuchende Hilfe oder in regulären Therapiesetting durchgeführt werden. Die EPB dient dem Aufbau einer gelingenden Eltern-Kind-Beziehung und einer sicheren emotionalen Bindung beim Kind. In allen Phasen der Beratung steht das Kind im Mittelpunkt. Die Eltern erfahren mehr über die Entwicklung von Säuglingen und Kleinkindern und beobachten die Fähigkeiten und Stärken ihres eigenen Kindes. Die Familie wird ganzheitlich betrachtet, die Bedürfnisse der Eltern sowie des Kindes werden gleichermaßen in der Beratung berücksichtigt und zusammengeführt. Dadurch werden die Eltern in ihrer Elternrolle gestärkt. Zentrales diagnostisches und therapeutisches Instrument stellt dabei die Video-Analyse und das Video-Feedback dar. Die Beratung erfolgt in Anwesenheit des Säuglings bzw. Kleinkindes und ermöglicht damit eine unmittelbare Erprobung des am Video Gelernten. Pillhofer et al. (2015) haben die Wirksamkeit der EPB in einer Pilotstudie mit insgesamt 96 Kindern zwischen sechs und zwölf Monaten untersucht. Die Ergebnisvariablen waren dabei die mütterliche Sensitivität, gemessen mit dem CARE-Index vor und nach der Intervention und der Entwicklungsquotient, gemessen mit dem Entwicklungstest ET6–6 im Alter von sechs und zwölf Monaten. Bei Familien mit moderatem Risiko für Vernachlässigung und Missbrauch des Kindes gab es keine Unterschiede in den Outcome-Variablen zwischen der Treatment- und der Kontrollgruppe, weder in Bezug auf die mütterliche Sensitivität noch in Hinblick auf den Entwicklungsquotienten des Kindes. Jedoch verbesserte sich die mütterliche Sensitivität signifikant in der Hochrisikogruppe. Die Effektstärke lag hier bei $d = 1.02$. In Bezug auf den Gesamtentwicklungsquotienten zeigte sich jedoch auch in der Hochrisikogruppe kein Effekt der EPB. Nur auf der Subskala »emotionale Entwicklung« gab es eine Verbesserung bei den Hochrisikokindern durch das Interventionsprogramm. Somit kommt die EPB als mögliches Interventionsinstrument zur Verbesserung der Beziehungsqualität vor allem für sehr belastete Familien in Frage.

Obwohl der systemische Blick auf die ganze Familie auch bei der Behandlung psychischer Erkrankungen im Erwachsenenalter eine große Bedeutung hat, findet eine engmaschige Vernetzung zwischen Kinder- und Jugendlichenpsychotherapeuten und Erwachsenentherapeuten häufig nicht statt. Für eine gute Versorgung der Familien sind jedoch niederschwellige Angebote, eine gute Kooperation und die Vernetzung verschiedener Systeme eine wichtige Voraussetzung.

Für die wirksame Unterstützung älterer Kinder psychisch erkrankter Eltern, sind sowohl universelle als auch selektive Präventionsmaßnahmen sinnvoll. Die Mehrzahl der evaluierten Programme der universellen und selektiven Prävention richten sich an Kinder von Eltern mit depressiven oder Suchterkrankungen (Christiansen et al., 2014). Ein familienorientiertes Präventionsprogramm ist das CHIMPs Programm, das auf dem Entwicklungsmodell bzw. dem Familienberatungsansatz von William Beardslee und einer individuellen Bedarfsanalyse beruht (Wiegand-Grefe, Halverscheid & Plass, 2011). Ziel des Programms ist, die Familien bei der Krankheitsbewältigung zu unterstützen und die Familienbeziehungen zu verbessern. Das zugrundeliegende Konzept wurde um psychodynamische Komponenten ergänzt und für eine störungsübergreifende Anwendung erweitert. Es eignet sich für den Einsatz bei Kindern ab drei Jahren und für Jugendliche bis ins junge Erwachsenenalter. Im Fokus des Programms stehen die Art und Angemessenheit der Krankheitsbewältigung aller Familienmitglieder und die Qualität der Familienbeziehungen.

Ein anderes Angebot zur primären Prävention von psychischen Störungen und Verhaltensauffälligkeiten bei Kindern psychisch erkrankter Eltern(-teile) ist das Präventionsprojekt KANU (Reinisch & Schmuhl, 2012). Dieses Programm orientiert sich sehr am CHIMPS Programm und besteht aus insgesamt vier Modulen, die nach dem jeweiligen Unterstützungsbedarf der Familien individuell in Anspruch genommen werden können. Es werden Eltern- bzw. Paargespräche mit dem betroffenen Elternteil und ggf. dem Partner, Einzelgespräche mit jedem Kind und Familiengespräche, an denen alle Familienmitglieder teilnehmen durchgeführt. Im Zentrum der Elterngespräche stehen neben der Elternschaft die partnerschaftliche Beziehung und Akzeptanz der Erkrankung sowie das elterliche Beziehungsnetzwerk. In den Einzelgesprächen mit den Kindern geht es vor allem um deren Informiertheit und das Krankheitsverständnis. Die anschließende altersangepasste Psychoedukation soll das kindliche Krankheitsverständnis fördern und möglicherweise vorhandene Schuldgefühle abbauen. Des Weiteren werden mit den Kindern Bewältigungsstrategien erarbeitet und individuelle Ressourcen identifiziert, die bei der Bewältigung helfen können. Die anschließenden Familiengespräche bieten einen Rahmen, in dem die Hauptanliegen und Problembereiche, aber auch die vorhandenen familiären Ressourcen, identifiziert werden. Es werden gemeinsame Lösungen zur Bewältigung der Erkrankung entwickelt und Notfallpläne sowohl für die Familie als auch für jedes einzelne Kind erstellt, auf die in Krisensituationen zurückgegriffen werden kann.

Bezüglich der Wirksamkeit universeller und selektiver Präventionsprogramme liegen sowohl national als auch international nur eingeschränkt Evaluationsstudien vor, wobei von einer Risikoreduktion herkömmlicher Präventionsprogramme von 40 % auszugehen ist (Christiansen et al., 2014).

9.3 Zusammenfassung

> Kinder von Eltern mit psychischen Erkrankungen weisen deutlich häufiger Verhaltensauffälligkeiten und Störungen in sozialen, emotionalen und kognitiven Bereichen auf. Jedoch stellen Familien mit einem psychisch erkrankten Elternteil eine sehr heterogene Gruppe dar. Die Belastung für ein Kind hängt stark von der Art und dem Ausmaß der psychischen Erkrankung, aber auch von den vorhandenen Ressourcen des Familiensystems ab. Für die Kinder ist es von großer Relevanz, wie stark die Funktionsfähigkeit des Elternteils beeinträchtigt bzw. auf welche Weise sie sich auf die familiären Beziehungen, die Kommunikation und die Alltagsorganisation auswirkt und wie lang die Erkrankung besteht. Frühe Interventionen für die Eltern und Präventionsmaßnahmen für die Kinder haben einen günstigen Einfluss auf die kindliche Entwicklung. Dabei sollte insbesondere die Eltern-Kind-Interaktion im therapeutischen Fokus stehen, da von einer Verbesserung der Beziehung sowohl die erkrankten Eltern als auch ihre Kinder profitieren.

9.4 »Therapeutischer Werkzeugkoffer«

9.4.1 Grundsätzliches

Praktische Unterstützung und Netzwerkaufbau

Eltern mit psychischen Erkrankungen sind zuallererst einmal Eltern. Wie andere Eltern auch, wünschen sie sich Unterstützung und Orientierung bei der Übernahme der Elternrolle. Sie haben genau die gleichen Fragen und Bedürfnisse wie psychisch gesunde Eltern und stehen vor ähnlichen Herausforderungen beim Hineinwachsen in die neue Rolle.

Zentral in der Unterstützung von Familien mit einem oder mehreren psychisch erkrankten Elternteilen ist, dass die Hilfe auf die Bedürfnisse der jeweiligen Familie zugeschnitten wird. Nicht jede Familie benötigt dieselben Unterstützungsangebote. Je nach Krankheitsstadium, ob es sich also um eine einmalige Krankheitsmanifestation oder einen chronischen Krankheitsverlauf handelt, braucht es andere Maßnahmen. Abhängig von den familieninhärenten Kompetenzen und Netzwerken ist darauf zu achten, dass Hilfsangebote nicht zu invasiv sind. Familiäre Ressourcen sollten deshalb mit den Hilfsangeboten abgestimmt werden. Entsprechende Unterstützung kann von Hebammen, von Fachärzten, Sozialarbeitern, Psychotherapeuten oder durch die aufsuchende Arbeit Ehrenamtlicher angeboten werden. Auch Familienbildungsstätten, Erziehungsberatungsstellen, Frühförderstellen oder Gynäkologen sind wichtige Ressourcen.

Bei Eltern mit psychischen Erkrankungen kann es jedoch unter Umständen einen erhöhten Unterstützungsbedarf geben, wenn aufgrund der Erkrankungen die elterlichen Beziehungs- und Erziehungskompetenzen eingeschränkt sind. Daneben ist auch die Kinder- und Jugendhilfe ein bedeutender Zugangsweg in Belastungssituationen. Die Kinder- und Jugendhilfe kann weitergehende, pädagogische Hilfen und Leistungen implementieren. Diese erstrecken sich von der Vermittlung eines Kita-Platzes, über die Beratung in Entwicklungs- und Erziehungsfragen bis hin zur engmaschigen Unterstützung in der Erziehung durch eine sozialpädagogische Familienhilfe. Das Jugendamt als wichtiger Akteur in der Kinder- und Jugendhilfe ist darüber hinaus zuständig für die Sicherstellung des Kindeswohls.

Eine Hürde bei der Implementierung von Unterstützung in den betroffenen Familien ist oft die Angst der Eltern, dass ihnen die Kinder entzogen werden (Sommer, Zoller & Felder, 2001). Es ist deshalb sehr wichtig, dass die betreuenden Fachpersonen die Ängste der Eltern thematisieren und Verständnis zum Ausdruck bringen. Ausgehend von der Grundannahme, dass Eltern grundsätzlich das »Beste« für ihr Kind möchten, sollte versucht werden, die Bedürfnisse das Kindes in den Mittelpunkt zu rücken und mit den Eltern die Voraussetzungen zu erörtern, welche ein Kind braucht, um seine Fähigkeiten zu entfalten und sich zu einem selbstbestimmten, glücklichen Menschen entwickeln zu können. Es muss herausgearbeitet werden, dass ein Kind seinem Alter entsprechend gefördert werden muss. Ein Kind braucht sichere und verlässliche Bindungsbeziehungserfahrungen, die eine sichere, geborgene und stabile Umgebung notwendig machen. Falls dies im Moment durch die Eltern aufgrund ihrer psychischen Erkrankung nicht gewährleistet werden kann, muss diese Diskrepanz zwischen IST- und SOLL-Zustand aufgezeigt werden. An dieser Stelle ist wichtig zu betonen, dass dies teilweise ein sehr langer Prozess ist. Nichtsdestotrotz ist es zielführend, sich die Zeit zu nehmen. Das Kind sollte dabei immer wieder in den Mittelpunkt der Überlegungen gestellt werden. Gleichzeitig ist aber auch zu betonen, dass es unrealistisch wäre, zu erwarten oder darauf hinzuarbeiten, dass betroffene Familien ein 100-prozentiges Funktionsniveau erreichen. Gleichwohl ist zu fordern, dass Familien mit einem psychisch erkrankten Elternteil eine bestmögliche Unterstützung erhalten und annehmen.

Eltern sollten an ihre Bedeutung und ihren Einfluss auf die Entwicklung ihrer Kinder hingewiesen werden. Die Erziehungsaufgaben wahrnehmen ist zentral für eine gesunde Entwicklung ihrer Kinder. Wenn Eltern aufgrund ihrer psychischen Erkrankung die Erziehungsverantwortung vorübergehend oder dauerhaft nicht übernehmen können, spricht es für ihre große Verantwortungsbereitschaft, diese auf andere Personen zu übertragen.

Eine gelingende Unterstützung von Familien mit einem psychisch erkrankten Elternteil sollte sich immer an den Symptomen und den damit verbundenen Funktionsbeeinträchtigungen der Eltern, am Erkrankungsstadium sowie an den Ressourcen der Familie und der Kinder orientieren. Ziel der Hilfsmaßnahmen sollte vor allem eine Reduktion der Belastungen und die Krankheitsbewältigung der ganzen Familie und damit auch eine Minimierung der Entwicklungsrisiken für die Kinder und Jugendlichen sein. Besonders wichtig ist die zur Verfügungstellung von ausreichenden Zeitressourcen, denn die Arbeit mit psychisch erkrankten Eltern und deren Familien erfordert häufig einen erheblichen zeitlichen Zusatzaufwand.

Der Klinikaufenthalt eines Elternteils bringt für die Kinder gravierende Veränderungen mit sich, insbesondere bei sehr jungen Kindern oder wenn die Mutter oder der Vater alleinerziehend sind. Oft ist dann ein gut funktionierendes familiäres Netzwerk entscheidend, in dem Großeltern, Freunde oder Nachbarn die Betreuung der Kinder übernehmen können. Ist dies nicht der Fall, müssen Kinder vorübergehend in einer Pflegefamilie oder einem -heim betreut werden. Manche Familien können auf ein funktionierendes Netzwerk zurückgreifen und erhalten von diesem entsprechende Unterstützung. Jedoch hängt dies oft sehr stark von der Symptomausprägung bzw. Chronizität ab. Bei einer Erstmanifestation kann häufig noch auf ein familiäres Unterstützungssystem und Ressourcen zurückgegriffen werden, diese erschöpfen sich aber nicht selten mit der Zeit und es kann zu einer Überforderung des gesamten Familiensystems kommen. Dies hängt insbesondere auch davon ab, wie gut die bereits vor der Erkrankung in ein Netzwerk aus Verwandten, Freunden und Nachbarn eingebettet war bzw. ist. Wenn die Familie aktuell nicht auf private Netzwerke zurückgreifen kann, ist der Einbezug öffentlicher Netzwerke und Hilfsangebote umso wichtiger. Dabei muss die Komplexität der Hilfsangebote mit den Problementwicklungen der Familie angepasst werden.

Kindgerechte Informationen und Wissen über die Erkrankung vermitteln

Häufig stehen sowohl die Partner des erkrankten Elternteils als auch die Kinder den durch die psychische Krankheit bedingten Veränderungen und Prozessen weitgehend hilflos gegenüber. Viele Kinder sind verunsichert, ängstigen und sorgen sich um ihre Mutter oder ihren Vater. Kinder müssen ihrem Alter und ihrem Wissensstand entsprechend informiert und einbezogen werden. Jüngere Kinder wünschen sich Informationen durch den betroffenen Elternteil, Jugendliche hingegen bevorzugen den Einbezug und Informationen durch Fachpersonen in Praxis oder Klinik. Sie sind allerdings mitunter recht kritisch und befürchten, keine objektiven Informationen zu erhalten. Psychisch erkrankte Eltern, Familien und ihre Kinder erhalten jedoch in den meisten Fällen weder während des stationären Aufenthaltes noch nach der Entlassung entsprechende Informationen.

Oft zeigen Kinder auch starke Trennungsängste, weil sie befürchten eine weitere geliebte Person verlieren zu können. Darum ist es wichtig, dass der betreuende Elternteil sehr viel Sicherheit ausstrahlt und im Falle einer notwendigen Trennung das Kind darüber informiert, wann und warum er sich trennen muss und wann er wieder zurück sein wird. Außerdem ist es sehr wichtig, dass der Alltagsrhythmus des Kindes so gut wie möglich beibehalten wird. Bekannte Abläufe und Rhythmen wirken sich angstreduzierend aus. Eltern sollten also angeleitet werden die Mahlzeiten und Bettzeiten beizubehalten und dem Kind nach Möglichkeit die Teilnahme an bisherigen Aktivitäten wie z. B. Vereinssport zu ermöglichen. Auch hier kann der Einbezug des direkten Umfelds sehr wichtig sein.

Umgang mit den eigenen Emotionen und den Emotionen des Kindes

Eltern sollte psychoedukativ vermittelt werden, dass es absolut in Ordnung ist, vor dem Kind zu weinen oder andere negative Emotionen zu zeigen. Es ist wichtig, darauf hinzuweisen, dass Eltern Vorbilder für ihre Kinder im Umgang mit Emotionen sind. Ohnehin sind Kinder für die emotionale Verfassung ihrer Eltern sehr sensibel und nehmen kleinste Signale wahr. Sie merken entsprechend schnell, wenn Eltern aufgewühlt oder traurig sind und es trägt zu einer Stabilisierung des Kindes bei, wenn es diese Beobachtungen einordnen kann. Hierfür ist es wichtig, dass der Elternteil mit dem Kind über seine Gefühle in einfacher und altersgerechter Art spricht. Älteren Kindern oder Jugendlichen kann es helfen, über die eigenen Gefühle sprechen zu können. Es ist allerdings wichtig, nur Gesprächsangebote zu machen bzw. ein »Klima des offenen Ohrs« zu leben und nicht darauf zu drängen, dass das Kind über seine Gefühle sprechen muss.

Mit dem Kind über den Suizid sprechen

Wenn ein Kind einen Elternteil durch dessen Entscheidung, sterben zu wollen, verliert, ist dies meist ein gravierender Einschnitt in seiner Entwicklung und häufig tauchen Fragen auf. Auch für den anderen Elternteil oder andere Bezugspersonen stellt sich die Frage »Was soll ich/was darf ich meinem Kind über den Suizid seines Vaters/seiner Mutter erzählen?« Viele Eltern haben kaum Erfahrung darin, über den Tod und insbesondere über Suizid zu sprechen. Sie haben Angst, ihr Kinder zu traumatisieren bzw. Angst, dass es langfristig negativ beeinflusst werden könnte. Viele Eltern fragen sich, wie viel sie ihren Kindern über den Suizid erzählen dürfen. Oft haben Kinder aber bereits vor dem Ereignis von verschiedenen Seiten (z. B. soziale Medien, Freunde) über das Thema Suizid gehört. Weiterhin sollten Eltern nicht unterschätzen, dass Kinder zufällig Gespräche belauschen könnten und dann eventuell Informationen in unangebrachter und vielleicht auch unsensibler Art und Weise übermittelt bekommen. Wenn Kinder mit diesen Informationen allein gelassen werden, kann es sie eher verwirren und Ängste auslösen. Deshalb ist es empfehlenswert, mit den Kindern ehrlich und aufrichtig zu sein.

In ihrem Wissen über die Welt verlassen sich Kinder auf die Informationen, die sie von ihren Eltern oder Bezugspersonen erhalten. Vertrauen ist ein zentraler Bestandteil des Familienlebens. Das Verschweigen des Suizids kann das Vertrauensverhältnis stören. Das Kind sollte über die Sachverhalte in einer ruhigen und Sicherheit vermittelnden Atmosphäre durch die Bindungspersonen aufgeklärt werden. Zudem ist das Wissen darüber, wie eine Person gestorben ist für den Trauerprozess des Kindes von großer Bedeutung. Wenn Kinder diese Informationen nicht haben, kann dies ihren Trauerprozess und ihre langfristige Adaptation beeinflussen.

Die Befürchtung, dass sich Kinder durch Gespräche über den Suizid des Vaters oder der Mutter übermäßig mit dem Tod befassen könnten, ist unbegründet. Kinder fragen meistens nur das, was sie wissen wollen. Selbst wenn sie nach den genauen Details der Todesumstände fragen, geht es ihnen nicht um das Schockierende, sondern darum den Tod besser verstehen zu können. Manche Kinder fragen vielleicht von Zeit zu Zeit noch einmal nach, sind aber meist mit einer knappen Antwort zufrieden.

Der Befürchtung von Eltern, dass das Kind einen Suizid nachahmen könnte, kann man begegnen, dass die Ermutigung, offen über Gefühle und Ängste sprechen zu dürfen, eine wichtige Ressource für Kinder darstellt. Den Eltern sollte vermittelt werden, dass ein offener Umgang mit Gefühlen in einer Familie zur positiven Bewältigung von Problemen beiträgt und dass dies wiederum psychischen Erkrankungen und Suizid vorbeugt.

Auch sollte thematisiert werden, warum es wichtig ist, mit Kindern über das Ereignis bzw. über den Suizid zu sprechen. Kinder spüren in der Regel ganz genau, dass in ihrer Familie etwas vorgeht, von dem sie noch nichts wissen. Wird mit ihnen nicht über das, was geschehen ist, gesprochen, entwickeln sie in ihrer Fantasie möglicherweise Geschichten, um damit ihre Wissenslücken bezüglich des Todes zu füllen. Wenn sich das Kind selbst eine Mitschuld am Tod des Elternteils gibt, kann dies zu einer Spirale aus negativen Gefühlen, Grübeln und Rückzug führen. Möglicherweise fragt sich das Kind, ob es vielleicht nicht liebenswert und gut genug ist, denn sonst wäre die Mutter/der Vater doch bei ihm geblieben.

Sollte das Kind Schuldgefühle entwickeln, ist es sehr wichtig, dass Eltern unmissverständlich klar machen, dass die Verantwortung für die Selbsttötung nur bei der jeweiligen Person liegt und sie zu keinem Zeitpunkt Schuld am Tod des Verstorbenen haben. Die Eltern sollten ihren Kindern versichern, dass der verstorbene Elternteil sie geliebt hat. Das ist besonders dann wichtig, wenn der Elternteil vor seinem Suizid aufgrund seiner psychischen Erkrankung Aggressionen, Beschimpfungen oder Gleichgültigkeit den Kindern gegenüber gezeigt hat.

Eltern im Begleiten des Trauerprozesses nach Suizid unterstützen

Der Suizid eines nahestehenden Menschen löst bei den meisten Menschen eine Vielzahl negativer Emotionen aus: emotionale Lähmung, Schock, Unglauben, Wut oder Trauer. Jedoch reagieren Kinder und Jugendliche, die einen Elternteil durch einen Suizid verlieren, genauso individuell darauf wie Erwachsene. Manche drücken unmittelbar nach dem Tod intensive Emotionen aus, andere unterdrücken ihre Gefühle, verdrängen das Geschehene und sie reagieren erst viel später. In jeder Entwicklungsstufe haben Kinder und Jugendliche ein neues Verständnis von der Bedeutung des »Totseins« und dementsprechend auch von »Suizid«. Entsprechend reagieren sie auch unterschiedlich auf das Ereignis und drücken ihre Emotionen anders aus. Es kann also gut sein, dass man dem Kind im ersten Moment nichts anmerkt und es sich so verhält wie immer. Dies bedeutet jedoch nicht, dass es nicht trauert.

Es ist wichtig, Kinder wissen zu lassen, dass die Art, wie sie mit der Situation umgehen in Ordnung ist. Es sollte nicht die Erwartung an das Kind herangetragen werden, seine Trauer möglichst sichtbar nach außen tragen zu müssen. Kinder trauern anders als Erwachsene. Sie trauern nicht kontinuierlich, sondern in Etappen. Dadurch, dass die Trauer immer wieder unterbrochen wird, kann sie länger dauern als bei Erwachsenen. Auch hängt es vom jeweiligen Entwicklungsstand des Kindes ab, wie es den Tod begreift.

Zudem verfügen Kinder über eingeschränkte Fähigkeiten, ihre Gefühle zu verbalisieren und belastende Gefühle über einen längeren Zeitraum auszuhalten. Deshalb brauchen sie kindgerechte Ausdrucksformen für ihre Trauer und trauerfreie Zeiten (z. B. Spiel- und Ablenkungsmöglichkeiten). Sie brauchen oft mehr Zeit, um den Verlust einzuordnen und um die Veränderungen zu verstehen. Kinder drücken einen Großteil ihrer Emotionen in ihrem Verhalten aus. Entsprechend können sie oft anhänglicher, nervöser oder reizbarer sein. Andere Kinder reagieren mit Verhaltensauffälligkeiten wie Konzentrationsproblemen, Ängsten oder Einnässen. Eltern sollten darüber informiert werden, dass dies normale Reaktionen auf ein belastendes Lebensereignis bei Kindern sind.

Hilfreich im Prozess der Trauerverarbeitung ist es, wenn Eltern die Struktur des kindlichen Alltags weitgehend unverändert lassen, so dass die Zeiten zum Aufstehen, für die Mahlzeiten und das Zubettgehen beibehalten werden und dass Gewohnheiten wie das Abendritual, der Ausflug am Wochenende oder das Kontrollieren der Hausaufgaben bestehen bleiben. Eltern sollten angeleitet werden, so viel Normalität wie möglich zu schaffen.

Auch sollten Eltern Erinnerungen (z. B. Fotos, Briefe, Erinnerungsstücke, besondere Geschichten) an den verstorbenen Elternteil aufbewahren, damit das Kind im Laufe seiner Entwicklung etwas über den Vater oder die Mutter erfahren kann. Eine Erinnerungskiste, in der das Kind wichtige Andenken aufbewahren kann, ein Foto im Kinderzimmer, eine Kerze oder Blumen können für Kinder und Jugendliche wichtige Erinnerungsrituale sein.

Selbsthilfeorganisationen

Nebelmeer: Perspektiven nach dem Suizid eines Elternteils geführte Selbsthilfegruppe für Jugendliche und junge Erwachsene; *www.nebelmeer.net*

Refugium: Verein für Hinterbliebene nach Suizid; *www.verein-refugium.ch*

9.4.2 Kinderbücher über Psychische Erkrankungen und Suizid

Psychische Erkrankung eines Elternteils

Sigrun Eder und Petra Rebhandl-Schartner (2013). Annikas andere Welt – Hilfe für Kinder psychisch kranker Eltern – Hilfe für Kinder psychisch kranker Eltern, Edition Riedenburg (116 Seiten).
Azimeh Maleki und Franziska Beham (2019). Dunkle Farben im Wunderwald: Ein Buch für Kinder, deren Eltern psychisch krank sind (84 Seiten).
Erdmute von Mosch (2011). Mamas Monster: Was ist nur mit Mama los?, BALANCE Buch + Medien Verlag (44 Seiten).

Karen Glistrup und Knut Krüger (2014), Was ist bloß mit Mama los? Wenn Eltern in seelische Krisen geraten. Mit Kindern über Angst, Depression, Stress und Trauma sprechen, Kösel (72 Seiten).

Anja Möbest und Barbara Korthues (2017). Als Mama nur noch traurig war: Wenn ein Elternteil an Depression erkrankt, Coppenrath (32 Seiten).

Hannah-Marie Heine und Heribert Schulmeyer (2021). Papas schwarze Löcher: Kindern Depression erklären, BALANCE Buch + Medien Verlag (40 Seiten).

Claudia Gliemann und Nadia Faichney (2014). Papas Seele hat Schnupfen, Monterosa Verlag (62 Seiten).

Laura Zeibig (2019). Besuch vom Seelenmonster, Papierfresserchens MTM-Verlag (36 Seiten).

Christiane Tilly, Anja Offermann und Anika Merten (2012). Mama, Mia und das Schleuderprogramm: Kindern Borderline erklären, BALANCE Buch + Medien Verlag (40 Seiten).

Suizid

Britta Teckentrup (2013). Der Baum der Erinnerung, Ars-Edition (32 Seiten).

Verena Gärtner, Melanie Gräßer und Annika Botved (2022). Leben ohne Mama Maus. Ein Kinderfachbuch über Suizid in der Familie, Mabuse Verlag (104 Seiten).

Chris Paul und Suse Schweizer (2021). Gelbe Blumen für Papa: Mit Kindern über Suizid sprechen, BALANCE Buch + Medien Verlag (44 Seiten).

Anne Booth, David Litchfield und Mechthild Schroeter-Rupieper (2021). Ein Ort für meine Traurigkeit: Eine Geschichte über den Umgang mit dem Traurigsein, Gabriel Verlag (40 Seiten).

Kai Lüftner und Katja Gehrmann (2013). Für immer: Ein Bilderbuch über Verlust und Trauer, Beltz & Gelberg (30 Seiten).

9.4.3 Hilfreiche Formulierungen für das Gespräch über Tod und Suizid für Eltern

- Sie können den Tod als einen Zustand beschreiben, in dem der Körper aufhört zu arbeiten.
  »Wenn jemand stirbt, hört sein Herz auf zu schlagen. Der tote Mensch kann sich deshalb nicht mehr bewegen, nicht mehr sprechen und nicht mehr spielen.«
- Fragen Sie ihr Kind, was es unter »Tot sein« versteht. Es kann helfen, wenn Sie mit ihm über den Tod eines Haustieres sprechen. So können Sie ihm erklären, dass der Tod etwas Endgültiges ist.
  »Weißt Du noch, wie es war, als XX (Haustier) gestorben ist? Er/sie hat dann in seinem Käfig gelegen und sich nicht mehr bewegt.«
- Vermeiden Sie Formulierungen, die die Endgültigkeit des Todes verschleiern: z. B., dass der Vater/die Mutter weggegangen oder entschlafen sei. Diese Formulierungen sind für ein Kind verwirrend oder sogar beängstigend.
  Suizid könnten Sie so definieren: *»XX hat gemacht, dass sein/ihr Körper aufhört zu leben.«*
- Fragen Sie ihr Kind, was es unter »Suizid« versteht. Versichern Sie sich also, was genau das Kind darunter versteht bzw. was es bereits darüber gehört hat. Sprechen Sie in diesem Zusammenhang auch über den Begriff »Selbstmord«. Dabei sollten Sie klarstellen, dass es sich bei suizidalen Handlungen nicht um Mord im Sinne eines kriminellen Aktes handelt, sondern, dass Menschen diese Handlung aus

einer seelischen Not, aus der sie keinen anderen Ausweg sehen, begehen. Anstatt zu sagen, eine Person hat Selbstmord begangen, kann man sagen, sie hat sich getötet.

»XX war sehr unglücklich, hat sich nicht geliebt gefühlt und deshalb in einem Moment keinen Ausweg mehr für sich gesehen. Er/sie hat sich deswegen das Leben genommen. Wenn er eine kurze Zeit gewartet hätte, wäre er/sie vielleicht zu dem Schluss gekommen, dass er/sie doch geliebt wird und dass es Hilfe gegeben hätte.«

- Besprechen Sie auch mit Ihrem Kind, dass es sich, wenn es einmal einen Moment erlebt, in dem es keinen Ausweg mehr sieht, Hilfe holt und mit jemandem spricht.

10 Trennung und Scheidung

10.1 Fallbeispiele

Fallbeispiel 1

Frau Z. meldet sich in der psychotherapeutischen Ambulanz, da sie sehr verzweifelt ist. Bisher sei das Familienleben mehrheitlich harmonisch verlaufen. Es gab zwar von Zeit zu Zeit kleinere Konflikte zwischen ihr und ihrem Mann, aber alles in ihren Augen nicht von Bedeutung. Aufgrund von emotionalen und schulischen Problemen ihres älteren Sohnes habe sie einmalig Hilfe in einer Erziehungsberatungsstelle gesucht. Seit einigen Wochen ziehe sich ihr Mann jedoch immer mehr zurück. Er habe sehr viel Stress auf der Arbeit und möchte deshalb immer weniger Zeit mit ihr verbringen. Anfänglich habe sie diesen Wunsch auch verstehen können und ihm sehr viel Freiraum gegeben. Als sie jedoch einen Brief einer anderen Frau in seinen Unterlagen fand, sei sie aus allen Wolken gefallen. Für sie habe es bisher keinerlei Anzeichen für Unzufriedenheit in der Ehe gegeben. Es habe aus ihrer Sicht nie größeren Streit oder Uneinigkeit gegeben. Als sie mit ihrem Mann über die Situation sprechen möchte, eröffnete ihr dieser, dass er so bald wie möglich aus der gemeinsamen Wohnung ausziehen möchte und sich von ihr trennen werde.

Diese plötzliche Wendung in ihrem Leben habe ihr den Boden unter den Füßen weggerissen und sie habe vollkommen das Vertrauen in andere Menschen verloren. Im weiteren Verlauf kam es zu immer mehr Konflikten hinsichtlich finanzieller Themen. Familie Z. wohnte bisher in einem Einfamilienhaus. Frau Z. versorgte in erster Linie die Kinder und kümmerte sich um den Haushalt. Mit einigen wenigen Stunden arbeitet sie als Sekretärin. Frau Z. machte sich immer mehr Sorgen um ihre und die Zukunft ihrer Kinder, so dass sie kaum noch Ruhe fand und Schlafstörungen entwickelte. Jede Kleinigkeit im Zusammenhang mit der Erziehung ihrer zwei Kinder brachte sie emotional vollkommen aus der Bahn. Immer öfter kam es zu heftigen Konflikten mit ihrem älteren Sohn. Welcher sie dann anschrie oder aggressiv wurde. Die Kinder äußerten immer wieder, dass sie sich wünschen, der Papa käme zurück. Frau Z. fühlte sich dadurch sehr stark unter Druck. Mit dem Kindsvater gab es ständig neue Auseinandersetzungen um den Unterhalt, das gemeinsame Haus oder die Betreuung der Kinder. Er warf ihr vor, depressiv und mit der Erziehung der Kinder überfordert zu sein. Dies setzte Frau Z. noch mehr unter Druck, da sie Angst hatte, auch noch die Kinder zu verlieren.

Fallbeispiel 2

Herr und Frau H. sind seit zwölf Jahren verheiratet. Sie haben zwei gemeinsame Kinder (zehn und fünf Jahre). Beide Eltern sind hoch qualifiziert. Die jüngere Tochter wurde mit einer schweren chronischen Erkrankung geboren, so dass ihre Betreuung sehr aufwendig ist. Obwohl sich Frau H. sehr intensiv um ihre Kinder kümmert und seit der Geburt der Kinder nur noch in einem sehr kleinen Pensum einer beruflichen Arbeit nachgeht, gibt es in der Partnerschaft immer wieder Konflikte um ihre Arbeitstätigkeit und die Betreuung der Kinder. Ihr Mann unterstützt sie kaum und wenn er Aufgaben im Haushalt oder bei der Betreuung der Kinder übernimmt, lässt er seine Frau deutlich spüren, dass er dies für ihre Aufgabe hält.

Seit Jahren denkt Frau H. bereits über eine Trennung nach, da sie nach eigenen Angaben sehr unglücklich in ihrer Beziehung sei. Sie fühle sich ständig unter Druck, ihre Berufstätigkeit aufgeben zu müssen. Seit der Geburt ihres ersten Kindes hat sie das Gefühl, dass nur sie die Kinder haben wollte und diese für ihren Mann, welcher bereits zwei erwachsene Kinder hat, nur eine zusätzliche Belastung seien. Sie beschreibt, dass sie sich nie wirklich als Teil einer Familie gefühlt hat, in der man sich gemeinsam unterstützt und in der man gewissermaßen ein Team ist. Nachdem es in der Partnerschaft zu einer Tätlichkeit ihr gegenüber seitens ihres Mannes kam, konfrontiert sie ihn mit ihren Plänen, sich zu trennen. Für Herrn H. bricht eine Welt zusammen, da er bereits einmal geschieden wurde und sich vorgenommen hatte, in seiner neuen Partnerschaft nicht wieder die gleichen Fehler zu machen.

Er schlägt seiner Frau eine Paartherapie vor, um die Partnerschaft vor einem Auseinanderbrechen zu bewahren. In dieser Beratung gelingt es Frau H. erstmals ihre Enttäuschung über die fehlende Unterstützung seitens ihres Mannes zu formulieren. Sie kann auch beschreiben, wie sehr sie darunter leidet, dass sie kein Team sind, welches die Erziehung und Betreuung der gemeinsamen Kinder zusammen übernimmt. Der Paartherapeutin gelingt es schließlich, mit den beiden klare Absprachen hinsichtlich der Aufgabenaufteilungen innerhalt der Familie zu machen. Außerdem können sich Herr und Frau H. über ihre Wünsche hinsichtlich des gemeinsamen Familienlebens, aber auch hinsichtlich der Erziehungsstrategien austauschen und klare Absprachen treffen. Frau H. nimmt vorerst von ihrer Trennungsabsicht Abstand und konzentriert sich nun mehr auf ihre Berufstätigkeit.

10.2 Zusammenfassung des wissenschaftlichen Kenntnisstandes

10.2.1 Hintergründe und Zahlen

Bis in die 1970er Jahre wurden Einelternfamilien häufig noch mit dem Label »brocken home« und Kinder aus Trennungsfamilien als sogenannte »Scheidungswaisen« angesehen. Familien wurden nur dann als vollständig betrachtet, wenn Vater und Mutter in einer ehelichen Gemeinschaft mit ihren Kindern zusammenlebten. Familien, in denen nur ein Erwachsener mit Kindern zusammenlebte, wurden als defizitär gedeutet und dieser Mangel wurde entsprechend als negativ in Hinblick auf die Entwicklung der Kinder betrachtet. Wie bereits dargestellt (▶ Kap. 2.2) vollzog sich jedoch im Verlauf der letzten Jahrzehnte ein tiefgreifender gesellschaftlicher Wandel in dessen Rahmen sich auch der ehezentrierte Familienbegriff mehr und mehr auflöste und damit die Einelternschaft entstigmatisiert wurde (Peuckert, 2012). Allein die zahlenmäßige Zunahme von Einelternfamilien und das damit einhergehende neue familiale Normalitätsverständnis führte in den letzten Dekaden zu einer zunehmenden Akzeptanz dieser Lebensform in der öffentlichen Wahrnehmung. Wie in vielen anderen europäischen Ländern auch, sind Ehen und nichteheliche Paarbeziehungen in Deutschland einer erheblichen Instabilität unterworfen. Schätzungen zufolge wird mehr als jede dritte Ehe geschieden und jede zweite Scheidung betrifft Kinder und Jugendliche (Statistisches Bundesamt, 2022a). In den allermeisten Familien kommt es nach einer Trennung zu tiefgreifenden finanziellen und organisatorischen Veränderungen, aber auch in Bezug auf die Kontaktgestaltung zwischen dem Kind und den einzelnen Elternteilen.

Alleinerziehende haben ein deutlich höheres Armutsrisiko als Paarfamilien mit Kindern. Gemäß den Daten des Statistischen Bundesamts waren 2021 mehr als ein Viertel (26,8 %) aller Alleinerziehenden in Deutschland von Armut bedroht, während die Armutsgefährdung von Paaren mit einem Kind bei 9 % bzw. mit zwei Kindern im Haushalt bei 11,4 % lag (Statistisches Bundesamt, 2022b). Für alleinerziehende Familien bringen Armut und prekäre Einkommensverhältnisse bzw. ein generell niedriger sozio-ökonomischer Status eine Vielzahl von Belastungen mit sich. So zeigen beispielsweise die Daten der DJI-Studie »Kinder in Deutschland« (KiD 0–3), dass alleinerziehende Mütter mit Kleinkindern im Vergleich zu Müttern in Paarfamilien ein deutlich erhöhtes Risiko für psychische Belastungen und vermehrten Stress in der Elternrolle aufweisen. Dabei sind vor allem Arbeitslosigkeit und Inanspruchnahme von Sozialhilfe neben sozialer Isolation und eigenen aversiven Kindheitserfahrungen (Early Childhood Adversity, ACE) konsistente Risikofaktoren für psychische Belastungen der Mütter (Liang, Berger & Brand, 2019)

Das erhöhte Armutsrisiko alleinerziehender Mütter wird durch verschiedene Faktoren begründet, u. a. Probleme bei der Vereinbarkeit von Erwerbs- und Care-Arbeit, ohnehin schlechtere Verdienstmöglichkeiten von Frauen, aber auch die geringen und oft ganz fehlenden Unterhaltszahlungen für die Kinder seitens des anderen Elternteils (meist der Väter) (Hübgen, 2017). So schreiben Lenze und Funcke (2016) in ihrem Bericht für die Bertelsmann Stiftung, dass nur ca. die Hälfte der unterhaltspflichtigen getrenntlebenden Elternteile ihrer Verpflichtung zum Barunterhalt für die Kinder nachkommt. Bei den Kindern, die Unterhalt erhalten, ist dies bei der Hälfte nur dem Mindestbetrag für die Kinder der jeweiligen Altersstufe.

10.2.2 Einelternfamilien

Der Begriff »alleinerziehend« ignoriert die Vielfalt aller unter diesem Begriff subsummierten Lebensformen, aber auch die insgesamt zu erbringenden Aufgaben des betreffenden Elternteils. Alleinerziehende sind nicht nur alleinerziehend, sondern auch allein Geld verdienend, putzend, einkaufend oder betreuend. Deshalb sollte auch besser der wissenschaftliche Terminus der »Einelternfamilie« verwendet werden. Diese Begrifflichkeit trägt der Tatsache Rechnung, dass Familie nicht allein auf das Erziehen reduziert werden sollte. Vielmehr übernehmen Eltern eine Vielzahl von Aufgaben wie beispielsweise die Existenzsicherung, die Haushaltsführung, die Pflege sozialer Kontakte oder die gesellschaftliche Teilhabe ihrer Kinder. Die Lebensform Einelternfamilie geht zwar teilweise mit einem erhöhten Armuts- und Deprivationsrisiko einher, es ist jedoch nicht automatisch davon auszugehen, dass sie sich per se negativ auf die Entwicklung des Kindes auswirkt. Trotzdem ist es eine Tatsache, dass diese familiale Lebensform in den meisten Fällen nicht von Beginn an eine Zielvorstellung der Eltern war. Der Einelternfamilie geht in den meisten Fällen eine Partnerschaft voraus. Die Mehrheit der Einelternfamilien entsteht durch Scheidung, Trennung oder durch Tod eines Elternteils.

10.2.3 Betreuungsmodelle nach einer Trennung oder Scheidung

Auch wenn getrennte Eltern mehrheitlich das gemeinsame Sorgerecht innehaben, unterscheidet sich das Sorgerecht zumeist erheblich von der im Alltag ausgeübten Verteilung der Elternverantwortung. Je nachdem, wie viel Kontakt ein Kind nach der Trennung seiner Eltern mit den einzelnen Elternteilen hat, werden drei grundsätzliche Betreuungsformen (▶ Abb. 10.1) unterschieden:

1. Alleinbetreuung ohne Umgangskontakt
2. Residenzmodell
3. Doppelresidenzmodell (Wechselmodell).

Bei der *Alleinbetreuung ohne Umgangskontakt* leben die Kinder bei einem Elternteil und haben zum anderen Elternteil gar keinen oder nur sehr seltenen Kontakt. Faktische oder rechtliche Alleinsorge ohne jeglichen Elternkontakt zum Nichtresidenzelternteil sind auch nach Einführung der gemeinsamen elterlichen Sorge nach Trennung und Scheidung in den meisten Ländern immer noch Realität für viele Kinder (Sünderhauf, 2013). So hatten bis zum Jahr 2002 in Deutschland ca. 40 % der

Väter drei Jahre nach der Scheidung keinen Kontakt mehr zu ihren Kindern (Proksch, 2002). Zu einer Alleinbetreuung durch nur einen Elternteil kann es kommen, weil einem Elternteil der Kontakt gerichtlich verwehrt wurde. Familiengerichte können den Umgang des Kindes mit einem Elternteil dauerhaft oder vorübergehend untersagen, wenn dies zum Wohl des Kindes erforderlich ist. Viel häufiger besteht jedoch kein Kontakt zwischen einem Elternteil und dem Kind, weil entweder ein oder beide Elternteile oder das Kind selbst diesen nicht mehr wünscht bzw. dieser aufgrund bestimmter Lebensbedingungen (z. B. sehr große räumliche Distanz, finanzielle Probleme) nicht möglich ist. Auch das alleinige Sorgerecht der Mutter, eine vormals nichteheliche Beziehung und eine aktuelle neue Partnerschaft des Vaters erhöhen das Risiko für einen Kontaktabbruch zwischen Kind und anderem Elternteil (dies ist in den meisten Fällen der Vater) (Keil & Langmeyer, 2020). Eine geringe Wohnentfernung, ein höheres Kindesalter und eine gute Vater-Kind-Beziehung sind Prädiktoren für häufige Kontakte zwischen Vätern und ihren Kindern.

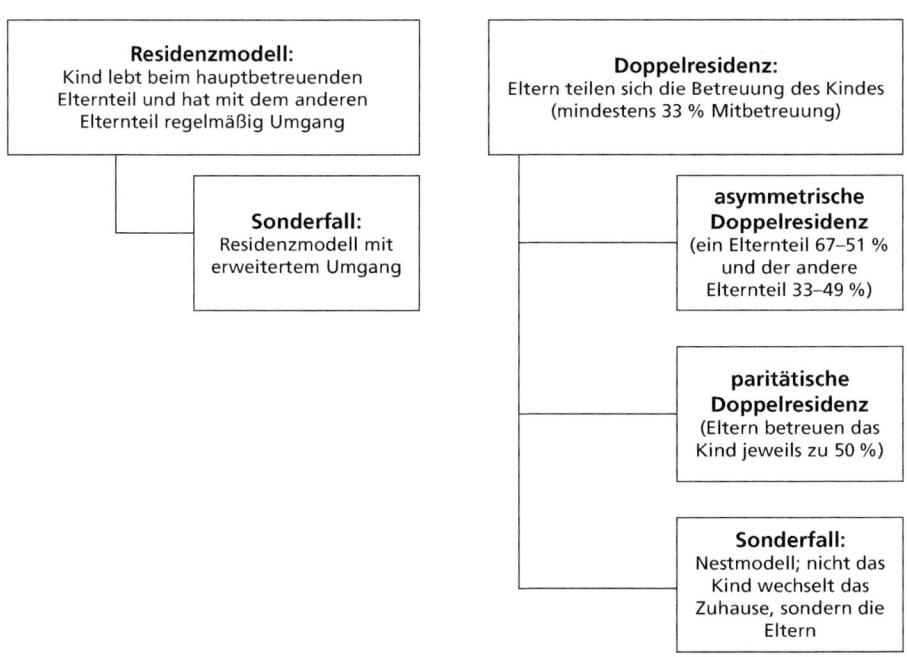

Abb. 10.1: Mögliche Betreuungsmodelle nach einer Scheidung

Im *Residenzmodell* erzieht und betreut ein Elternteil die Kinder überwiegend allein und zum anderen Elternteil besteht ein regelmäßiger Besuchskontakt, dessen Umfang sehr unterschiedlich sein kann. Das Residenzmodell ist in Deutschland nach wie vor das »klassische« Nachscheidungsarrangement (Walper, EntleitnerPhleps & Langmeyer, 2020). Das Kind hat seinen Lebensmittelpunkt bei einem Elternteil und von dort aus mehr oder weniger häufige bzw. intensive Umgangskontakte mit dem anderen Elternteil. In den meisten Familien in Deutschland lebt das Kind primär bei der Mutter und regelmäßig, an festgelegten Tagen (meist am Wochenende und in den Ferien) Umgang mit dem Vater.

Das *Doppelresidenzmodell (auch Wechselmodell)* steht für ein Betreuungskonzept, bei dem sich beide Eltern gleichermaßen abwechselnd an der Betreuung beteiligen und damit deutlich mehr am Alltagsleben und den Erziehungsaufgaben beteiligt sind. Dieses Betreuungsmodell wird aktuell in Deutschland nur sehr selten praktiziert. Walper, Entleitner, und Phleps und Langmeyer (2020) berichten, basierend auf den Daten der zweiten Welle des repräsentativen Surveys »Aufwachsen in Deutschland: Alltagswelten« (2013–2015), dass gemessen an den Übernachtungen von Kindern bei ihren getrennt lebenden Elternteilen lediglich 5 % dieser Kinder im Wechselmodell lebten.

Bei der Betreuung im Doppelresidenzmodell sind die Kinder sowohl bei ihrer Mutter als auch bei ihrem Vater zuhause und verbringen Zeit bei beiden Eltern im Wechsel. Die Aufteilung der Betreuungszeit zwischen den Eltern muss dabei nicht zwangsläufig genau hälftig sein.

Eine Sonderform des Doppelresidenzmodells ist das *Nestmodell*. Im Nestmodell wechseln nicht die Kinder den Standort, sondern die Eltern. Die Kinder haben also eine feste Wohnung und die Eltern ziehen abwechselnd zur Betreuung bei ihnen ein und aus. Um dies zu ermöglichen, müssen in der Regel insgesamt drei Wohnungen vorhanden sein. Allerdings ist auch denkbar, dass das Nestmodell mit zwei Wohnungen praktiziert wird, bei denen sich die Eltern ein Appartement teilen, in dem sie jeweils in der Zeit leben, in der sie nicht bei den Kindern sind. In Deutschland wird das Nestmodell häufiger als Übergangslösung in der Zeit direkt nach der Trennung praktiziert, bis zu einer endgültigen Wohn- und Betreuungsregelung.

Eine weitere Sonderform des Doppelresidenzmodells ist das *Konzept des freien Zugangs* der Kinder zu beiden Eltern nach ihren spontanen Bedürfnissen, ohne die Restriktionen eines Betreuungsplans. Dies ist nur möglich, wenn die Eltern in Wohnumgebungen leben, deren örtliche Gegebenheiten dies ermöglichen und einen Lebensstil haben, der sich mit spontaner Organisation verträgt.

Lange Zeit wurde in Deutschland das Residenzmodell mit einem hauptbetreuenden Elternteil, in der Regel der Mutter, unhinterfragt als bevorzugte Regelung angesehen. Formen geteilter Betreuung, bei der beide Eltern gleichermaßen in die Betreuung und Erziehung der Kinder involviert sind, werden zwar durch das deutsche Familienrecht nicht ausgeschlossen, werden aber im Alltag kaum praktiziert (Allensbach, 2017). Jedoch wird inzwischen international und auch in Deutschland intensiv über das sogenannte Doppelresidenzmodell, auch Wechselmodell, diskutiert. Dieses Modell sieht eine gemeinsame Betreuung der Kinder in beiden Haushalten der getrennten Eltern, vor (Sünderhauf, 2013). Damit rückt die Rollenverteilung getrennter Eltern zunehmend ins Zentrum des öffentlichen und wissenschaftlichen Interesses. So betonen Befürworter des Doppelresidenzmodells, dass dieses am ehesten dem Ideal einer gemeinsam getragenen Elternverantwortung entspricht, da beide Eltern gleichermaßen Zeit für den gemeinsamen Alltag mit ihren Kindern aufwenden (Sünderhauf, 2013). Die zahlreichen Studien, die mittlerweile international verfügbar sind, sprechen laut Nielsen (2018) eher für das Doppelresidenzmodell. Auch laut der Metaanalyse von Bauserman (2002) waren Kinder in gemeinsamer physischer oder rechtlicher Obhut besser angepasst als

Kinder im Residenzmodell, unterschieden sich aber nicht von Kindern in intakten Familien. Die positivere Anpassung bezog sich auf das allgemeine Funktionsniveau, die Familienbeziehungen, das kindliche Selbstwertgefühl, die emotionale und verhaltensbezogene sowie die scheidungsspezifische Anpassung. Die Metaanalyse von Baude, Pearson und Drapeau (2016) zum Vergleich von Residenz- und Wechselmodell wiederum fand nur schwache Vorteile des Wechselmodells für das Wohlergehen der Kinder. Kritisch bei all diesen Vergleichsanalysen muss angemerkt werden, dass Formen einer intensiven Beteiligung des anderen Elternteils im Residenzmodell möglicherweise ähnliche Vorteile wie das Doppelresidenzmodell bergen könnte. Solche alternativen Modelle wurden jedoch bisher nicht untersucht.

Während in Ländern wie Schweden, in denen das Wechselmodell von mehr als einem Drittel der Trennungsfamilien praktiziert wird, vielfach eine egalitäre Arbeitsteilung der Eltern auch während der Partnerschaft vorherrscht (Fransson, Hjern & Bergström, 2018), sind das männliche Ernährermodell und seine modernisierte Form unter Paarfamilien in Deutschland nach wie vor weit verbreitet (Statistisches Bundesamt, 2017).

Die Bewertung von Vor- oder Nachteilen des Residenz- bzw. des Doppelresidenzmodells ist in der folgenden Tabelle[15] (▶ Tab. 10.1) im Überblick dargestellt.

Tab. 10.1: Vergleich Residenzmodell und Doppelresidenzmodell. Aus: Markus Witt (2020). Vom langen Weg zur kindeswohlorientierten Gleichberechtigung in der Erziehung (© Markus Witt, Mediator, Gründer des Portals hochstrittig.org).

Thema	Residenzmodell	Doppelresidenz
Unterhalt	hohes Konfliktpotenzial	geringeres Konfliktpotenzial
Umgang	hohes Konfliktpotenzial	geringeres Konfliktpotenzial
Alltagsfragen	Kein Unterschied gem. §1687 (1) Satz 4, jeder Elternteil entscheidet in seiner Zeit.	Kein unterschied gem. §1687 (1) Satz 4, jeder Elternteil entscheidet in seiner Zeit.
grundsätzliche Alltagsfragen	Klare rechtliche Zuordnung.	Rechtlich unklar, bedarf klarer Ausgestaltung gerichtlicher Regelungen, solange der Gesetzgeber hier noch keine Abhilfe geschaffen hat.
Ablehnung des anderen Elternteils	Belastend für Kinder, Gefahr der Instrumentalisierung durch den hauptbetreuenden Elternteil, Gefahr der Entfremdung vom weniger betreuenden Elternteil.	Belastend für Kinder, Gefahr der Entfremdung wird vermindert, Verminderung der Verfügungsgewalt eines Elternteils, Kind hat die Chance, sich von beiden Eltern ein eigenes Bild zu machen.

---

15 für weiterführende Informationen und Quellen zur Tabelle in der Originalpublikation vgl. Witt (2020)

Tab. 10.1: Vergleich Residenzmodell und Doppelresidenzmodell. Aus: Markus Witt (2020). *Vom langen Weg zur kindeswohlorientierten Gleichberechtigung in der Erziehung* (© Markus Witt, Mediator, Gründer des Portals hochstrittig.org). – Fortsetzung

Thema	Residenzmodell	Doppelresidenz
Streit der Eltern	Belastend für die Kinder, eher höhere Belastung.	Belastend für die Kinder, eher geringe Belastung. Mehr Zeit mit dem anderen Elternteil kann die Auswirkungen des Konfliktes für das Kind teilweise kompensieren.
Kontinuität bei vorher zusammenlebenden Eltern	Deutlicher Bruch in der persönlichen Kontinuität, da das Kind einen Elternteil nicht mehr im Alltag erlebt, zusätzliche Belastung für die Kinder und für den hauptbetreuenden Elternteil, der den Alltag alleine bewältigen muss.	Entspricht dem Kontinuitätsgrundsatz am besten, da das Kind beide Eltern weiterhin in Alltag und Freizeit erleben kann, Alltagsbelastungen werden auf beide Eltern verteilt, dadurch mehr Qualitätszeit der Kinder mit beiden Eltern.
Förderung der Kinder	schlechter, höheres Armutsrisiko, dadurch Gefahr der schlechteren Entwicklung der Kinder	besser (Kinder können von den Fähigkeiten beider Eltern profitieren)
Erhalt des familiären Umfeldes beider Eltern (Großeltern, Verwandte etc.)	schlechter	besser
Bindung an die Mutter	gleich	gleich
Bindung an den Vater	schlechter	besser
Kommunikation Kind mit der Mutter	schlechter	deutlich besser
Kommunikation Kind mit dem Vater	schlechter	besser
Wohlbefinden der Eltern und Kinder	schlechter	besser
schulische Leistungen	schlechter	besser
Depressionen und psychische Erkrankungen	mehr	weniger
Stress der Kinder	mehr	weniger

Tab. 10.1: Vergleich Residenzmodell und Doppelresidenzmodell. Aus: Markus Witt (2020). *Vom langen Weg zur kindeswohlorientierten Gleichberechtigung in der Erziehung* (© Markus Witt, Mediator, Gründer des Portals hochstrittig.org). – Fortsetzung

Thema	Residenzmodell	Doppelresidenz
Alkohol- und Drogenkonsum	mehr	weniger
wirtschaftliche Situation (wirkt sich auf das Wohlbefinden der Kinder aus, Armut ist eines der größten Entwicklungsrisiken für Kinder)	schlechter für den hauptbetreuenden Elternteil	besser, da gleiche Chancen für beide Eltern einer existenzsichernden Erwerbstätigkeit nachzugehen, welche auch die Gefahr der Altersarmut vermindert.

10.2.4 Scheidung und Trennung als Stressfaktor für Eltern

Eine Scheidung bzw. Trennung stellt ein kritisches Lebensereignis dar (Schwarzer & Luszczynska, 2013). Laut dem Dorsch Lexikon für Psychologie (Wirtz, 2021) sind kritische Lebensereignisse einschneidende Ereignisse, die im Laufe des Lebens als distinkte Geschehnisse auftreten, eine Anpassungsleistung erfordern und nachhaltige emotionale Reaktionen auslösen. Von einer Vielzahl möglicher Lebensereignisse wird die Scheidung als eines der belastendsten eingestuft (Gähler, 2006). Das Ende einer Ehe ist ein Umbruch, der oft eine Vielzahl von Herausforderungen mit sich bringt, einschließlich erheblicher finanzieller und rechtlicher Veränderungen, der Neuverhandlung der elterlichen Sorge und der Bewältigung von Konflikten zwischen den Eltern, Veränderungen in Freundschaften und sozialen Netzwerken und Umzügen sowie einer Vielzahl psychologischer Herausforderungen. Eine Trennung selbst ist also ein erheblicher Stressfaktor, da sie mit einem Verlust und damit auch mit einer Trauerreaktion und den damit assoziierten Emotionen verbunden ist (▶ Kap. 8.2.3).

Wenn eine Ehe in die Brüche geht, können verschiedene psychologische Symptome und Probleme auftreten. Besonders Eltern, die vulnerabel sind und möglicherweise in der Vergangenheit bereits unter einer psychischen Krankheit gelitten haben oder im frühen Kindesalter traumatisiert wurden, können im Rahmen einer Scheidung oder Trennung psychische Probleme entwickeln (Sbarra, Hasselmo & Bourassa, 2015). Der Prozess der Trennung kann vergangene Traumata und Bindungsprobleme reaktivieren und zu einer emotionalen Dysregulation beitragen. Menschen mit einer Vorgeschichte von Sucht oder ungünstigen Bewältigungsmechanismen sind aufgrund der Intensität der Emotionen, die aufsteigen können, besonders gefährdet (Rognmo, Torvik, Idstad & Tambs, 2013). Empirische Studien zeigen auch, dass eine Scheidung mit einer Reihe von sozialen Problemen verbunden ist. Geschiedene haben beispielsweise ein kleineres soziales Netz und sind eher von mangelnder sozialer Unterstützung betroffen (Gähler, 2006). Menschen, die sich scheiden lassen, sind mit einer Reihe von psychologischen Problemen konfrontiert, darunter erhöhter Stress, geringere Lebenszufriedenheit, Depressionen, vermehrte Arztbesuche und ein insgesamt höheres Sterberisiko als Menschen, die verheiratet sind. Ein weiteres Problem im Zusammenhang mit den emotionalen Auswirkungen einer Scheidung ist die Gemeinschaftsorientierung, d. h. das psychologische Bedürfnis, sich um andere zu kümmern. Einige verheiratete Menschen beziehen einen Großteil ihres persönlichen Identitätsgefühls aus ihrem Familienstand und ihrer Selbstidentifikation als Ehepartner oder Eltern, was ihnen ein Gefühl der Verantwortung für den Ehepartner oder die Kinder gibt. Dies gilt insbesondere in traditionelleren Kulturen, in denen Ehe und Familie einen hohen Stellenwert haben (Trivedi, Sareen & Dhyani, 2009).

Tab. 10.2: Erleichternde und störenden Faktoren bei der Bewältigung einer Scheidung

Faktoren, die die Bewältigung einer Scheidung erschweren oder verunmöglichen	Faktoren, die die Bewältigung einer Scheidung erleichtern
andauernde tiefgreifende Konflikte der Eltern auch nach der Scheidung	Wenn die Konflikte während der noch bestehenden Ehe nicht allzu destruktiv ausgetragen wurden.
ausgeprägt feindselige Einstellung gegenüber dem anderen Elternteil und Nicht-Akzeptieren der davon abweichenden Gefühle des Kindes	Wenn sich die Konflikte, die vor der Scheidung bestanden, nach der Trennung reduzieren und die Gesamtsituation entspannt.
Instrumentalisierung des Kindes für die »Kriegsführung« der Eltern: Beeinflussung, Nötigung, Position gegen den anderen Elternteil zu beziehen, Abwertung des andern Elternteils in Anwesenheit des Kindes	Konflikte zwischen den Eltern können konstruktiv gelöst werden.
Einschränkung oder Unterbindung des Kontakts mit dem anderen Elternteil	fairer Umgang der Eltern miteinander/ konstruktive Zusammenarbeit auf der Elternebene
	Förderung des regelmäßigen Kontakts mit dem anderen Elternteil/Unterstützung, beide Eltern lieben zu dürfen.

Eine Scheidung muss aber nicht per se negative Auswirkungen für die Partner haben. Das Risiko negativer psychischer oder gesundheitlicher Folgen hängt von der Ausgangssituation vor der Trennung ab. Bestand in der Ehe ein sehr großes Konfliktpotential mit vielen Streitigkeiten oder sogar Gewalt, wirkt sich eine Trennung sogar positiv auf die Partner aus (Bourassa, Sbarra & Whisman, 2015; Sbarra, Bourassa & Manvelian, 2019). In folgender Tabelle (▶ Tab. 10.2) ist im Überblick dargestellt, welche Faktoren die Bewältigung einer Scheidung erschweren bzw. erleichtern können.

10.2.5 Gesundheitliche Folgen einer Trennung für Eltern

Chronischer psychischer Stress kann gesundheitsschädigende Auswirkungen haben. In den letzten 20 Jahren hat die Forschung wiederholt Assoziationen zwischen einer Scheidung und nachteiligen gesundheitlichen Folgen bei Erwachsenen festgestellt. Im Allgemeinen berichten Geschiedene über eine schlechtere körperliche und psychische Gesundheit und mehr Symptome von Stress, Angst, Depression, sozialer Isolation und einem geringeren psychologischen Wohlbefinden als die Allgemeinbevölkerung (Amato, 2010; Bracke, Colman, Symoens & Van Praag, 2010). Darüber hinaus wird eine Scheidung mit einem höheren Gesamtmortalitätsrisiko (Kposowa, 2000), häufigeren Krankenhausaufenthalten (N. M. Nielsen, Davidsen, Hviid & Wohlfahrt, 2014), Substanzkonsum (Waite, Luo & Lewin, 2009) und höheren Suizidraten (Kposowa, 2000) in Verbindung gebracht. Im Hinblick auf die Scheidungsfolgen hat die Studie von Krietsch, Mason und Sbarra (2014) zeigen können, dass Schlafprobleme, die länger als zehn Wochen nach der ehelichen Trennung andauern, mit einem zukünftigen Anstieg des Ruheblutdrucks verbunden sind. Dies deutet darauf hin, dass Schlafprobleme, die über Monate nach der Trennung anhalten, ein bedeutender Risikofaktor für die körperliche Gesundheit sind. Schlaf ist eine von vielen gesundheitsfördernden Verhaltensweisen, die eine Verbindung zwischen Scheidung und Pathophysiologie herstellen. In einer Querschnittsstudie von Sander und Kolleginnen (2020) wurden 1856 kürzlich geschiedene Dänen mittels eines Fragebogens zu ihrer psychischen und physischen Gesundheit befragt. Die Studie ergab, dass die gesundheitsbezogene Lebensqualität der Geschiedenen unmittelbar nach der Scheidung deutlich schlechter war als die Bevölkerungsstichprobe. Bei allen Geschlechtern wurde festgestellt, dass ein höheres Ausmaß an Scheidungskonflikten eine schlechtere psychische Gesundheit und bei Frauen eine schlechtere körperliche Gesundheit voraussagte, selbst wenn andere soziodemografische Variablen und Scheidungsmerkmale kontrolliert wurden. Es muss aber auch angemerkt werden, dass viele mit der Scheidung zusammenhängende gesundheitliche Folgen dem Effekt der Selbstremission unterliegen, bei dem die negativen Auswirkungen der Scheidung im Laufe der Zeit von allein abnehmen (Sander et al., 2020).

10.2.6 Psychologische Risiko- und Schutzfaktoren bei der Bewältigung einer Trennung

Die Scheidungstheorie und die Scheidungsforschung legen nahe, dass es soziodemografische und psychologische Variablen und scheidungsbezogene Merkmale gibt, die die Auswirkungen einer Scheidung auf die psychische und physische Gesundheit abmildern können. Theoretisch legt die Scheidungs-Stress-Wiederanpassungs-Perspektive von Amato (2000, 2010) nahe, dass nachteilige Auswirkungen einer Scheidung von einer Reihe von Risiko- und Schutzfaktoren abhängen, die während und nach dem Scheidungsprozess auftreten. Beispiele für Risikofaktoren sind ein niedriger Lebensstandard, der Verlust der mit der Ehe verbundenen finanziellen Stabilität und Konflikte mit dem ehemaligen Partner, während Beispiele für Schutzfaktoren darin bestehen, dass man einen neuen romantischen Partner oder ein ausreichendes Einkommen, aber auch eine positive Einstellung zur Scheidung hat. Dem Modell von Amato (2000, 2010) zufolge erklärt das Zusammenspiel zwischen Risiko- und Schutzfaktoren die Auswirkungen einer Scheidung auf die psychische und physische Gesundheit.

Die empirische Scheidungsforschung der bio-psycho-sozialen Reaktionen Erwachsener auf eine Trennung bzw. Scheidung hat folgende zwei Befundmuster hervorgebracht:

1. Die meisten Menschen sind psychisch belastbar und kommen nach einer Scheidung gut zurecht (Amato, 2010). Grundsätzlich verfügen also die meisten Geschiedenen über eine gute Resilienz, sodass auch angesichts des, durch dieses Lebensereignis ausgelösten, Stresses bei den meisten Eltern und ihren Kindern ein positiver oder zumindest nicht pathologischer Verlauf nach einer Scheidung zu erwarten ist (Perrig-Chiello, Hutchison & Morselli, 2015). Eine große prospektive Studie mit deutschen Erwachsenen zeigte beispielsweise, dass die überwiegende Mehrheit der Geschiedenen (ca. 72 %) über einen Zeitraum von neun Jahren nach einer Scheidung nur geringe Veränderungen ihrer Lebenszufriedenheit erfuhr (Mancini, Bonanno & Clark, 2011).
2. Auf der anderen Seite gibt es aber auch Studien, die zeigen, dass eine Trennung bzw. Scheidung mit einer langfristigen Abnahme der Lebenszufriedenheit (Lucas, 2005), einem erhöhten Risiko für eine Reihe von Krankheiten (Reneflot, Øien-Ødegaard & Hauge, 2020), mehr psychischen Erkrankungen (Björkenstam, Hallqvist, Dalman & Ljung, 2013), einem schlechten Krankheitsverlauf bei bereits Erkrankten (Floud et al., 2014) und sogar einem früheren Tod (Sbarra, Hasselmo & Nojopranoto, 2012) verbunden ist. Verschiedene Metaanalysen legen nahe, dass geschiedene Erwachsene ein um 20 bis 30 % erhöhtes Risiko für einen frühen Tod im Vergleich zu ihren verheirateten Altersgenossen aufweisen (Sbarra, Law & Portley, 2011; Shor, Roelfs, Bugyi & Schwartz, 2012).

Diese sich wiedersprechenden Befunde werfen die Frage auf, welche individuellen Risiko- und Schutzfaktoren erklären, wie eine Person langfristig das kritische Lebensereignis einer Scheidung ohne langfristige negative Folgen bewältigen kann.

Ein psychologischer Risikofaktor, der die Bewältigung einer Scheidung negativ beeinflusst, scheint die Bindungsangst zu sein. Wenn Menschen eine Bedrohung ihrer Bindungsbeziehung zum Partner wahrnehmen (Overall, 2019). Menschen mit hoher Bindungsangst neigen dazu, mit deutlich mehr Angstsymptomen auf Beziehungsthemen zu reagieren. Wenn eine Beziehung zu Ende geht, beschäftigen sich Menschen mit hoher Bindungsangst mehr mit den Gründen für das Scheitern bzw. können das Ende der Beziehung weniger gut akzeptieren. Dies wiederum führt zu vermehrtem psychischem Stress und hat einen negativen Einfluss auf die Gesundheit. Eine der frühesten immunologischen Arbeiten zur Scheidung konzentrierte sich ebenfalls auf die Bindung an bzw. die Sehnsucht nach dem Ex-Partner (Kiecolt-Glaser et al., 1987). Die Autoren stellten fest, dass eine anhaltende Bindung an den Ex-Partner mit Beeinträchtigungen der zellulären Immunreaktionen (z. B. Antikörpertiter gegen latente Herpesviren) einhergeht. Diese Studie ist nach wie vor eine der wenigen Untersuchungen die psychologische Reaktion auf eine eheliche Trennung mit gesundheitsrelevanten immunologischen Veränderungen in Beziehung setzen. Lee, Sbarra, Mason und Law (2011) beobachteten bei den Teilnehmern ihrer Studie, die über hohe Bindungsangst berichteten und ihre kürzlich durchlebte Trennung in der Ich-Perspektive, in der Gegenwart und mit hohem Engagement diskutierten, in einer scheidungsspezifischen Aufgabe (Nachdenken über die Trennungserfahrung) deutlich höhere Blutdruckwerte. Die Schwierigkeit, sich von der eigenen Erfahrung zu distanzieren, ist eines der Hauptmerkmale des psychologischen Grübelns. Getrennte Erwachsene, die ein hohes Ausmaß an Grübeln aufwiesen, zeigten drei Monate nach einer dreiteiligen expressiven Schreibintervention, die sie ermutigte, ihre Gefühle über das Trennungsereignis auszudrücken, eine Zunahme der trennungsbedingten emotionalen Belastung (Sbarra, Boals, Mason, Larson & Mehl, 2013). Durch diese Schreibintervention wurde bei den Teilnehmern der Studie experimentell das vermehrte Nachdenken über den Sinn der Trennung angeregt. Teilnehmer, die aktiv auf der Suche nach einem Sinn in Bezug auf ihre Trennung waren, berichteten bis zu neun Monate nach dieser Intervention über einen signifikant schlechteren emotionalen Zustand und trennungsbedingte Beeinträchtigungen im Vergleich zur Kontrollgruppe. Wenn Menschen sich also zu sehr in ihre Trennungserfahrungen vertiefen, viel grübeln und immer wieder erzählen, was aus ihrer Sicht alles schlecht ist bzw. in Zukunft schlecht sein wird, stellt dies einen chronischen Stressor und damit einen Risikofaktor für die körperliche und seelische Gesundheit dar (Sbarra, Smith & Mehl, 2012). Entsprechend kann eine distanzierte Perspektive auf die eigene Trennung zu gewinnen, ein wichtiger Schutzfaktor und ein Interventionsansatz für mehr psychische Stabilität nach einer Trennung darstellen.

Neben der selbstbezogenen Reflexion und Sehnsucht können auch andere Variablen und Prozesse als potenzielle Erklärungswege dienen, die zu gesundheitsrelevanten biologischen Veränderungen führen. In einer prospektiven Studie über die Trennung einer nichtehelichen Lebensgemeinschaft (Mason, Law, Bryan, Portley & Sbarra, 2012) wurde eine Verbesserung des Selbstkonzepts (wer man als Person nach einer Trennung ist) mit einem Anstieg des psychologischen Wohlbefindens in Verbindung gebracht.

Aus empirischer Sicht deuten Studien auch darauf hin, dass ein niedriger sozioökonomischer Status, Arbeitslosigkeit, ein geringeres Bildungsniveau sowie ein niedrigeres Familieneinkommen (Barrett, 2000; Symoens, Van de Velde, Colman & Bracke, 2014) mit einer schlechteren psychischen und physischen Gesundheit nach einer Scheidung assoziiert sind. Darüber hinaus wurde festgestellt, dass jüngere Personen vermehrt eine schlechtere psychischen Gesundheit nach einer Scheidung aufwiesen (Symoens et al., 2014). In Bezug auf die Scheidungsmerkmale sind die Einleitung der gegenseitigen Scheidungsvereinbarung (Symoens, Bastaits, Mortelmans & Bracke, 2013), einen neuen Partner zu haben (Symoens et al., 2014) und ein geringeres Maß an scheidungsbedingten Konflikten (Symoens et al., 2014) mit einer besseren psychischen und physischen Gesundheit assoziiert.

Darüber hinaus zeigen Studien immer wieder (Terhell, Broese van Groenou & Van Tilburg, 2004), dass Geschiedene neben dem Fehlen eines Partners im Allgemeinen über kleinere soziale Netzwerke verfügen als Personen, die mit einem

Partner zusammenleben. Die Größe des Netzwerks ist positiv mit der emotionalen Befindlichkeit von Geschiedenen korreliert (Terhell et al., 2004).

Eine Scheidung beeinflusst das Wohlbefinden von Männern und Frauen auf unterschiedliche Weise. Viele Männer verfügen nach einer Scheidung über ein höheres Einkommen, was als ein Schutzfaktor betrachtet werden kann. Das Leben von Frauen verändert sich oft dahingehend, dass sie sehr häufig alleinerziehend sind und ihre Kinder im Residenzmodell leben. Dies wiederum führt eher zu Aufgabenüberlastung (Gähler, 2006). Es wurde auch argumentiert, dass Frauen mehr in die Familie investieren, mehr Verantwortung für die Ehe übernehmen und daher eine Scheidung als ein größeres Scheitern empfinden als Männer (Kung, Hung & Chan, 2004).

Auf der anderen Seite haben Frauen häufig mehr soziale Unterstützung außerhalb der Familie, während Männer in der Regel für ihre soziale Unterstützung vermehrt auf ihre Partnerin zurückgreifen. Zerbricht eine Beziehung, fällt diese Unterstützung für die Männer weg. Die Ergebnisse von Studien über geschlechtsspezifische Unterschiede in Hinblick auf die psychische Gesundheit nach einer Scheidung sind jedoch nicht konsistent. Einige Studien berichten eine stärkere Reduktion des psychischen Wohlbefindens nach einer Scheidung bei Frauen (Williams & Dunne-Bryant, 2006). Andere Studien wiederum haben keine geschlechtsspezifischen Unterschiede festgestellt (Johnson & Wu, 2002).

Die Erwerbstätigkeit kann das psychische Wohlbefinden von Frauen nach einer Scheidung deutlich verbessern (Azar & Vasudeva, 2006). Die Berufserfahrung ist dabei positiv mit dem Selbstvertrauen korreliert. Außerdem erweitert die Gemeinschaft mit den Kollegen das soziale Netzwerk und gibt eine breitere Verankerung im Leben. Es wird auch angenommen, dass die Beschäftigung eine Quelle der persönlichen Identität und Erfüllung ist (Azar & Vasudeva, 2006).

10.3 Zusammenfassung

Zusammengenommen zeigen die Forschungsergebnisse, dass eine Scheidung ein erheblicher Stressfaktor für die meisten Menschen darstellt, welcher zu körperlichen und psychischen Symptomen bei Eltern führen kann. Andererseits sind auch viele Getrennte in der Lage, dieses kritische Lebensereignis gut zu bewältigen. Warum bei einigen Menschen eine eheliche Trennung langfristig mit schlechten psychischen und körperlichen Langzeitverläufen assoziiert ist, wurde in verschiedenen Studien untersucht. Vor allem Depressionen, welche bereits vor der Scheidung bestanden, Bindungsangst als Persönlichkeitsmerkmal und eine Ruminationsneigung, welche ebenfalls häufig mit depressiven Symptomen assoziiert ist, sind Risikofaktoren für ungünstige Verläufe nach einer Scheidung. Weitere Risikofaktoren sind ein niedrigerer Lebensstandard, der Verlust der mit der Ehe verbundenen finanziellen Stabilität und Konflikte mit dem ehemaligen

> Partner. Dagegen wirken sich ein gutes soziales Netzwerk, ein neuer romantischer Partner, ein ausreichendes Einkommen, aber auch eine positive Einstellung zur Scheidung positiv auf die körperliche und psychische Gesundheit aus.

10.4 »Therapeutischer Werkzeugkoffer«

10.4.1 Grundsätzliches

Die Trennung der Eltern fordert erhebliche Anpassungsleistungen von den Kindern

Kein Kind möchte, dass sich seine Eltern trennen. Für Kinder ist das Zusammenleben mit beiden Elternteilen eine Selbstverständlichkeit. In ihren Augen gehören Mama und Papa ohne Zweifel zu ihrer Familie und zu ihrer Lebenswelt. Eine Trennung der Eltern erschüttert deshalb ihre Weltsicht fundamental und verlangt von Kindern eine große Anpassungsleistung.

Im Rahmen einer Trennung bzw. der Neuordnung der familiären Situation kann es zu Verhaltensauffälligkeiten und emotionalen Problemen bei den Kindern kommen. Diese stellen nicht per se eine Psychopathologie des Kindes dar, sondern können Ausdruck einer vorübergehenden Anpassung an die neue Situation sein. Auffälliges Verhalten verschwindet in der Regel innerhalb von zwei Jahren nach der Trennung. Jedoch können die Symptome des Kindes Eltern stark ängstigen und verunsichern, hilflos machen und Schuldgefühle verstärken.

Die Zusammenarbeit der Eltern ist die wichtigste Voraussetzung für das Wohl der Kinder

Die Anpassung und Entwicklung von Kindern nach einer Trennung hängt weniger von der Trennung selbst als vielmehr von den Bedingungen davor und danach ab. Die wichtigste Unterstützung, die Eltern ihrem Kind während ihrer Trennung und danach bieten können, ist, als Vater und Mutter weiterhin verfügbar zu bleiben und die Beziehung zum Kind zu stärken. Ein Kind braucht beide Eltern und beide Trennungspartner sollten deshalb bemüht sein, dem Kind weiterhin, trotz allfälliger Konflikte oder Kränkungen, einen guten Kontakt zum anderen Elternteil zu ermöglichen. Eltern sollten versuchen, gemeinsam mit ihrem Kind Lösungen zu suchen und auf seine Bedürfnisse einzugehen.

Loyalitätskonflikte vermeiden

Eltern sollten niemals versuchen, das Kind auf die eigene Seite zu ziehen bzw. gegen den anderen Elternteil für sich zu gewinnen. Das Kind gerät dadurch in jedem Fall in einen Loyalitätskonflikt und eine ausweglose Situation, denn egal, für wen es sich entscheidet, es muss sich gleichzeitig gegen den anderen entscheiden. Ein Kind muss defacto alle seine Eigenheiten und Wesenszüge, mit denen es sich mit dem anderen Elternteil ähnlich fühlt, ablehnen, da ja auch dieser andere Elternteil abgelehnt werden »muss«. Bei einem Anhalten dieser Situation sind Entwicklungsstörungen eine mögliche Folge. Darüber hinaus kann es in der Pubertät, die eine Individuation, Ablösung und Neuorientierung des Kindes bedeutet, zum Ablehnen des vormals »bevorzugten Elternteils, weil es möglicherweise an dem Bild, das dieser vom anderen vermittelt hat, zu zweifeln beginnt. Das Kind braucht also die tiefe Gewissheit, die ihm beide Eltern vermitteln sollten, dass es beide Eltern ohne jede Einschränkung lieben zu darf. Eltern sollten also das Kind unterstützen, zeigen zu dürfen, dass es in Ordnung ist, wenn es auch den anderen Elternteil braucht und vermisst.

Schuldgefühle und Verwöhnung

Ein weiterer heikler Punkt, den Eltern beachten sollten, sind ihre eigenen Schuldgefühle dem Kind gegenüber, vielleicht weil sie ihm keine heile Familie mehr bieten können. Insbesondere dann, wenn diese Schuldgefühle kompensiert werden, indem das Kind verwöhnt wird oder ein Schonklima geschaffen wird, im Rahmen dessen dem Kind das Lösen oder Bewältigen von Alltagsschwierigkeiten nicht mehr zugemutet wird. Auch wenn ein solches elterliches Verhalten nachvollziehbar ist, beeinträchtigt es jedoch die Entwicklung von Selbstkompetenz und Selbstwirksamkeit und fördert eine bleibende Anspruchshaltung in Hinblick auf materielle, aber auch immaterielle Zuwendung. Hinzu kommt die Gefahr, dass Kinder versuchen ihre Eltern aufgrund deren Schuldgefühle gegeneinander auszuspielen.

Veränderte Familiensituation und Mithilfe

In den meisten Haushalten bedeutet eine Trennung der Eltern auch eine Verschlechterung der finanziellen Situation der Familie. Eltern sollten ihr Kind altersgerecht mit der neuen Realität vertraut machen und auch seine altersadäquate Mithilfe einfordern. Dies entlastet zum einen die Eltern, stärkt aber auch das Selbstwertgefühl des Kindes, da es merkt, dass es in der Familie gebraucht wird und etwas bewirken kann. Wichtig dabei ist jedoch, eine gute Balance zwischen den familiären Verpflichtungen und den Möglichkeiten für das Kind seine eigenen Bedürfnisse ausleben zu können und einfach »Kind sein« zu dürfen. Besonders wichtig ist, dass Kinder niemals zum Partnerersatz werden, mit dem »Erwachsenenthemen« besprochen werden.

Neue Partnerschaften

Wenn ein Elternteil oder beide eine neue Partnerschaft eingehen, kann es zu einer Krise in der Zusammenarbeit der Eltern kommen, was sich auch auf die Kinder auswirken kann. Diese Gefahr ist besonders dann groß, wenn der neue Partner als Rivale angesehen wird, der dem leiblichen Elternteil ihre Elternrolle streitig macht. Es kann dadurch erneut zu Paarkonflikten aber auch neuen Elternkonflikten kommen. Auch hier sollten Eltern die oben genannten Hinweise berücksichtigen und sich in erster Linie als Eltern für das gemeinsame Kind verstehen.

10.4.2 10 Leitsätze für Eltern während und nach einer Trennung

1. Ihr Kind braucht Ehrlichkeit

Sobald Sie wissen, dass kein Weg an einer Trennung vorbeiführt, sollten Sie mit Ihrem Kind darüber sprechen. Auch wenn Sie das Gefühl haben, dass Sie Ihr Kind vor der harten Wahrheit beschützen, indem sie ihm diese ersparen, tritt meist genau das Gegenteil ein. Sie helfen ihm mehr, indem Sie ihm die Wahrheit zumuten und sagen, was zwischen Ihnen und Ihrem Partner los ist. Dabei ist selbstverständlich wichtig, altersgerechte Worte zu wählen. Vermeiden Sie jedoch die genauen Details, wie es zur Trennung kam, zu benennen, insbesondere dann, wenn Sie dadurch den anderen Elternteil in einem schlechten Licht dastehen lassen.

2. Ihr Kind braucht Klarheit und Sicherheit

Geben Sie Ihrem Kind Sicherheit, indem Sie deutlich machen, dass die Entscheidung sich zu trennen eine dauerhafte Entscheidung ist und keiner der beiden Elternteile an diesem Entschluss etwas ändern wird. Auch wenn Ihnen dies im ersten Moment schwierig erscheint, weil es Ihnen so absolut und hart vorkommen, wirkt dieses Vorgehen auf Kinder trotzdem beruhigend, da es somit nicht mehr in der angstaufrechterhaltenden Unsicherheit ist, sondern den Prozess der Trauerverarbeitung um die verlorenen »heile Familie« beginnen kann.

3. Ihr Kind erlebt einen Kontrollverlust

Eine Trennung ist für alle Familienmitglieder schwierig. Jedoch erleben Kinder in diesem Prozess auch ein hohes Maß an Kontrollverlust und Unsicherheit, denn sie haben kaum Einfluss auf die Entscheidungen ihrer Eltern. Dies kann verständlicherweise zu einer Vielzahl von starken emotionalen Reaktionen aber auch auffälligem Verhalten führen.

4. Ihr Kind trifft keine Schuld

Viele Kinder, insbesondere jüngere, glauben, für die Trennung ihrer Eltern verantwortlich zu sein. Es ist deshalb sehr wichtig, dass Sie Ihrem Kind ganz klar sagen, dass es keinerlei Schuld bzw. Verantwortung für die Trennung seiner Eltern trägt.

5. Verharmlosen und dramatisieren Sie nicht

Es hilft Ihrem Kind weder, wenn Sie während der emotional sehr belastenden Zeit der Trennung, die Situation verharmlosen, noch wenn Sie dramatisieren. Die Trennung ist ohne Frage ein trauriges Ereignis, aber keines, das nicht bewältigt werden könnte. Ermutigen Sie Ihr Kind dazu, seine Gedanken und Gefühle die Trennung betreffend zu äußern und zeigen Sie Verständnis für seine Empfindungen.

6. Vermeiden Sie eine komplizierte Sprache

Vermeiden Sie kompliziertes Vokabular, wenn Sie mit Ihrem Kind sprechen. Viele juristische Begriffe (Besuchsrecht, Umgang etc.) könnten bei Ihrem Kind den Eindruck erwecken, dass es den anderen Elternteil nur »besuchen« darf. Auch wenn Kinder in einem Zuhause weniger Zeit verbringen, sollten sie es als Ihr Zuhause ansehen.

7. Sprechen Sie nicht schlecht über den anderen Elternteil

Auch wenn es nach einer schmerzhaften Trennung schwerfallen mag, sprechen Sie nie schlecht über den anderen Elternteil, wenn Ihr Kind anwesend ist. Ihr Kind hat das Recht, beide Elternteile vollkommen unvoreingenommen zu lieben und sollte sich nicht für einen Elternteil entscheiden oder Partei ergreifen müssen.

8. Sorgen Sie für Regelmäßigkeiten und Routinen im Alltag

Viele Eltern entscheiden sich entweder für das sogenannte Residenz- oder das Doppelresidenzmodell, bei dem das Kind zwischen Mutter und Vater pendelt. Ein festgelegter Rhythmus und klare Strukturen sind dabei wichtig. Um Ihrem Kind zu helfen, sich mit der neuen Wohnsituation wohlzufühlen, können Sie gemeinsam mit ihm einen Wandkalender basteln, in dem jeweils eingetragen wird, wann es beim Papa und wann es bei der Mama sein wird. Außerdem sollten in beiden Haushalten klare Strukturen und Vorhersehbarkeit für Ihr Kind herrschen.

9. **Fördern Sie den Informationsfluss**

Auch wenn es manchmal schwierig ist, versuchen Sie mit dem anderen Elternteil im Gespräch über Themen, die Ihr Kind betreffen, zu bleiben. Je besser Sie miteinander über wichtige erzieherische, schulische oder auch gesundheitsbezogene Themen im Austausch sind, umso besser gelingt die Umsetzung im Alltag. Außerdem vermitteln Sie ihrem Kind, dass sich beide Eltern um sein Wohlergeben kümmern.

10. **Lieben Sie Ihre Kinder bedingungslos**

In der Phase der Trennung machen sich viele Kinder Gedanken über die Liebe ihrer Eltern zu ihm. Lassen Sie Ihr Kind immer wieder wissen, dass Ihre Liebe zu ihm unendlich ist und sich durch die Trennung vom anderen Elternteil nichts daran ändert. Zeigen Sie ihrem Kind dies regelmäßig im Alltag durch kleine Gesten und Worte.

10.4.3 Kinder über die Trennung informieren

Die Entscheidung über eine Trennung haben Eltern meist über einen längeren Zeitraum hinweg getroffen. Am Ende dieses Prozesses steht schließlich das Informieren der gemeinsamen Kinder über die Trennungsentscheidung. Ein solches Gespräch fällt allen Eltern schwer, besonders dann, wenn sie selbst die Trennung noch nicht verkraftet haben und viele akute Fragen der Umgestaltung des Alltags zu lösen sind oder die Wut auf den anderen Elternteil sehr stark sind. Eltern sollten einige Punkte für die Informationsvermittlung an ihre Kinder beachten:

1. **Das Gespräch mit den Kindern gemeinsam vorbereiten**

Eltern sollten sich gemeinsam im Vorfeld überlegen, was sie sagen und wie sie die Trennung mitteilen wollen. Zudem sollten sie gemeinsam besprechen, wie sie auf starke emotionale Reaktionen oder schwierige Fragen des Kindes reagieren könnten. Folgende Fragen werden von Kindern im Zusammenhang mit der Trennung ihrer Eltern immer wieder gestellt. Deshalb sollten sich Eltern vorab Antworten auf diese typischen Fragen überlegen:

- Liebt ihr mich nicht mehr?
- Bin ich schuld daran, dass ihr euch trennt?
- Wo werde ich in Zukunft leben?
- Kann ich Mama/Papa weiterhin sehen?

2. **Die Rahmenbedingungen vorab ohne Kinder klären**

Im Zusammenhang mit der Vorbereitung auf das Gespräch mit den Kindern, sollten Sie sich über folgende Fragen im Vorfeld Klarheit verschaffen:

- Wo werden die Kinder in Zukunft leben?
- Wie wird der Kontakt mit dem Elternteil aussehen, das nicht mehr im gemeinsamen Haushalt leben wird?
- Wie soll der Unterhalt geregelt werden?
- Wie sieht die Betreuung an den Wochenenden und in den Ferien aus?
- Wie wollen wir Feiertage und Geburtstage gestalten?

3. Den passenden Zeitpunkt wählen

Einen passenden Zeitpunkt, um den Kindern die Trennung zu verkünden, gibt es leider genauso wenig wie eine einfache Patentlösung. Sobald Sie sich endgültig für eine Trennung entschieden haben, ist es an der Zeit, den Kindern diese Entscheidung mitzuteilen, insbesondere dann, wenn Konflikte zwischen Ihnen und Ihrem Partner nicht mehr zu verbergen sind. Zudem ist es, wie bereits unter Punkt 1 und 2 erwähnt, wichtig, dass beide Elternteile die groben Rahmenbedingungen (z. B. Betreuungsmodell, zukünftiger Wohnort) im Vorfeld geklärt haben.

4. Das Gespräch gemeinsam führen

Das Gespräch über die Trennung sollten die Eltern unbedingt gemeinsam und in einem, für die Kinder gewohnten Umfeld führen. Nur so können Eltern den Kindern vermitteln, dass sie zwar als Paar getrennte Wege gehen, aber weiterhin als Eltern für ihre Kinder da sein werden. Gegenseitige Vorwürfe haben in diesem Gesprächsrahmen keinen Platz. Auf die Gründe der Trennung sollten Eltern in diesem ersten Informationsgespräch nicht im Detail eingehen, sondern sich auf die reinen Fakten konzentrieren.

5. Den Kindern vermitteln, dass beide Elternteile für sie verantwortlich bleiben

Ganz egal, ob das Kind im Alltag zukünftig mehr Zeit mit dem einen oder dem anderen Elternteil verbringt, es hat das Recht beide Eltern gleichermaßen lieben zu dürfen und auch auf regelmäßigen Kontakt zu beiden Elternteilen. Diese Tatsache sollten Eltern ihrem Kind im Rahmen des Gesprächs über die Trennung unbedingt vermitteln, denn der Gedanke, ein Elternteil könnte schon bald aus dem Leben verschwinden, setzt verständlicherweise große Ängste bei einem Kind frei. Eltern sollten also betonen, dass sie beide als Elternteil für das Kind präsent bleiben.

6. Keine Schuldzuweisungen vor den Kindern

Auch wenn einer oder beide Elternteile sehr verletzt ist bzw. sind und starke Wut und Groll gegenüber dem jeweils anderen Elternteil empfindet, ist es wichtig, sich nicht gegenseitig die Schuld für die Trennung zuzuschieben. Ist beispielsweise eine Affäre oder eine andere Verfehlung Grund für die Trennung, sollte dies nicht vor den Kindern ausgebreitet werden. Gegenseitige Vorwürfe und Schuldzuweisungen sind völlig fehl am Platz und bringen Kinder möglicherweise in Loyalitätskonflikte. Die Botschaft sollte sein, dass die Trennung eine gemeinsame Entscheidung ist und sie sich nach reiflicher Überlegung zu diesem Schritt entschieden haben. Zudem sollten Eltern darauf achten, dass sie in einem möglichst ruhigen Ton miteinander sprechen und nicht ärgerlich und voller Vorwürfe. Streit oder Vorwürfe in Gegenwart der Kinder sind in dieser sehr schwierigen Situation unangebracht.

7. **Dem Kind zuhören und es zu Wort kommen lassen**

Wichtig ist auch, dass das Kind selbst Stellung nehmen kann und sagen darf, wie es ihm mit der Trennung der Eltern geht, was es befürchtet und was es sich wünscht. Oft haben Kinder sehr konkrete Vorstellungen darüber, wie sie sich ihren Alltag in der neuen Situation wünschen.

10.4.4 Elternratgeber zum Thema Scheidung und Trennung

Alexandra Ehmke und Katrin Rulffes (2012). Und die Kinder?: Psychologische und rechtliche Hilfen für Eltern bei Trennung und Scheidung, Ernst Reinhardt Verlag (213 Seiten).
Remo H. Largo und Monika Czernin (2015). Glückliche Scheidungskinder: Was Kinder nach der Trennung brauchen, Pieper Taschenbuch (352 Seiten).
Marianne Nolde (2019). Eltern bleiben nach der Trennung: Was Ex-Partner für sich und ihre Kinder wissen sollten, Knaur (192 Seiten).
Marianne Sponagel u. a. (2003). Scheidung. Was tun wir für unsere Kinder?, Verlag Orell Füssli (132 Seiten).
Liselotte Staub (2018). Trennung mit Kindern – was nun?: Ratgeber für betroffene Eltern, Hogrefe Verlag (176 Seiten).

10.4.5 Kinderbücher zum Thema Scheidung und Trennung

Martina Baumbach und Barbara Korthues (2020). Und Papa seh ich am Wochenende, Gabriel Verlag (32 Seiten).
Ann Bonwill und Kayla Harren (übersetzt von Pia Jüngert) (2022). Donnerstag: Eine Geschichte über Trennung. Ein Kind findet gemeinsam mit seinem Plüsch-Einhorn Wege, mit einer Trennung umzugehen, Zuckersüß Verlag (40 Seiten).
Sigrun Eder und Hedda Christians (2021). Mama zieht aus – Für alle Kinder, deren Eltern sich trennen oder scheiden lassen, SOWAS! (72 Seiten).
Ilona Einwohlt und Regina Kehn (2022). Zicke zacke Trennungskacke – und wie du da durchkommst: Ein Buch zum Thema Trennung der Eltern – zum Mutmachen und Mitmachen, Carlsen (160 Seiten).
Ben Furman und Mathias Weber (2016). Meine zwei Zuhause, Carl-Auer (36 Seiten).
Måns Gahrton und Johan Unenge (2022). Sonja und die Ent-Scheidungsmütze: Ein berührendes Bilderbuch zur schwierigen Lebenssituation während einer Trennung der Eltern, Carlsen (40 Seiten).
Dagmar Geissler (2019). Was, wenn Eltern auseinandergehen?, Loewe (36 Seiten).
Harriet Grundmann und Marc-Alexander Schulze (2010). Wir sind immer für Dich da! Wenn Mama und Papa sich trennen, Coppenrath (34 Seiten).
Alexandra Maxeiner und Anke Kuh (2021). Alles Familie!: Vom Kind der neuen Freundin vom Bruder von Papas früherer Frau und anderen Verwandten Klett Kinderbuch (40 Seiten).

Emily Menendez-Aponte (2018). Wenn Mama und Papa sich trennen: Ein Erste-Hilfe-Buch für Kinder, Silberschnur (40 Seiten).
Jutta Nymphius und Katja Spitzer (2019). Alle zwei Wochen, Tulipan Verlag (64 Seiten).
Eva Orinsky (2008). Die Krokobären – Eine Geschichte für Kinder, deren Eltern sich trennen, Iskopress (48 Seiten).
Pauline Oud und Andrea Kluitmann (2022). Mama und Papa trennen sich – und ich?: Ich bin schon groß, ich weiß das schon!, Coppenrath (40 Seiten).
Jeanette Randerath und Imke Sönnichsen (2008). Fips versteht die Welt nicht mehr – Wenn Eltern sich trennen, Thienemann Verlag (32 Seiten).
Ute Steffens (2022). Mit Kindern durch die Trennung – ein therapeutisches Lesebuch, edition claus (320 Seiten).
Julia Volmert und Susanne Szesny (2007). Wir bleiben eure Eltern! Auch wenn Mama und Papa sich trennen, Albarello (32 Seiten).
Jan von Holleben, Arne Jørgen Kjosbakken, Dialika Neufeld (2022). Meine Eltern trennen sich und ich hab tausend Fragen: Kinderfragen zu Trennung und Scheidung, Gabriel Verlag (96 Seiten).
Brigitte Weniger und Christian Maucler (2008). Auf Wiedersehen, Papa, Michael Minedition (32 Seiten).

Verzeichnisse

Literatur

(BFS), B. f. S. (2021). *Schweizerischer Krebsbericht 2021 – Stand und Entwicklungen*. Neuchâtel: Bundesamt für Statistik (BFS).
(Destatis), S. B. (2017). *Todesursachen in Deutschland 2015, Fachserie 12, Reihe 4*. Stuttgart: Statistisches Bundesamt.
(Destatis), S. B. (2022a). *Maßzahlen zu Ehescheidungen, Fachserie 1 Reihe 1.4*. Stuttgart: Statistisches Bundesamt.
(Destatis), S. B. (2022b). *Statistik zu Einkommen und Lebensbedingungen 2021, Fachserie 15 Reihe 3*. Stuttgart: Statistisches Bundesamt.
Aarnoudse-Moens, C. S., Weisglas-Kuperus, N., van Goudoever, J. B. & Oosterlaan, J. (2009). Meta-analysis of neurobehavioral outcomes in very preterm and/or very low birth weight children. *Pediatrics, 124*(2), 717–728. doi:peds.2008–2816 [pii]10.1542/peds.2008–2816
Abels, H. (2000). Sich dem »Mehrgott« verweigern: Zu Peter Gross' »Multioptionsgesellschaft«. In U. Schimank & U. Volkmann (Hrsg.), *Soziologische Gegenwartsdiagnosen I. Eine Bestandsaufnahme* (S. 91–107). Opladen: Leske + Budrich.
Abu Sabbah, E. A., Eqylan, S. B., Al-Maharma, D. Y., Thekrallah, F. & Safadi, R. R. (2022). Fears and uncertainties of expectant mothers during the COVID-19 pandemic: trying to reclaim control. *Int J Qual Stud Health Well-being, 17*(1), 2018773. doi:10.1080/17482631.2021.2018773
Achterberg, M., Dobbelaar, S., Boer, O. D. & Crone, E. A. (2021). Perceived stress as mediator for longitudinal effects of the COVID-19 lockdown on wellbeing of parents and children. *Sci Rep, 11*(1), 2971. doi:10.1038/s41598–021–81720–8
Adams, E. L., Smith, D., Caccavale, L. J. & Bean, M. K. (2021). Parents are stressed! Patterns of parent stress across COVID-19. *Front Psychiatry, 12*, 626456. doi:10.3389/fpsyt.2021.626456
Agostini, F., Neri, E., Genova, F., Trombini, E., Provera, A., Biasini, A. & Stella, M. (2022). Depressive symptoms in fathers during the first postpartum year: The influence of severity of preterm birth, parenting stress and partners' Depression. *Int J Environ Res Public Health, 19*(15). doi:10.3390/ijerph19159478
Ahmed-Leitao, F., Rosenstein, D., Marx, M., Young, S., Korte, K. & Seedat, S. (2019). Posttraumatic stress disorder, social anxiety disorder and childhood trauma: Differences in hippocampal subfield volume. *Psychiatry Res Neuroimaging, 284*, 45–52. doi:10.1016/j.pscychresns.2018.12.015
Ainscough, T., Fraser, L., Taylor, J., Beresford, B. & Booth, A. T. (2022). Bereavement support effectiveness for parents of infants and children: a systematic review. *BMJ Supportive & Palliative Care, 12*(e5), e623-e631.
Albermann, K. (2012). Winterthurer Präventions- und Versorgungsprojekt für Kinder psychisch und suchtkranker Eltern (wikip) – Ein interdisziplinärer Approach der medizinischen und psychosozialen Versorgungssysteme für Kinder, Jugendliche und Erwachsene (Teil I). Das Thema zum Thema machen. *Schweizerische Ärztezeitung, 93*(42).
Albermann, K., Wiegand-Grefe, S. & Winter, S. M. (2019). Kinderschutz in Familien mit einem psychisch erkrankten Elternteil. *Praxis der Kinderpsychologie und Kinderpsychiatrie, 68*(1), 6–26.
Alberque, B., Laporte, C., Mondillon, L., Baker, J. S., Mermillod, M., Brousse, G., . . . Dutheil, F. (2022). Prevalence of Post-Traumatic Stress Disorder (PTSD) in healthcare workers following the first SARS-CoV epidemic of 2003: A systematic review and meta-analysis. *Int J Environ Res Public Health, 19*(20). doi:10.3390/ijerph192013069

Albrecht, G. A. (2019). *Earth emotions: New words for a new world.* Ithaca, NY: Cornell University Press.
Albuquerque, S., Narciso, I. & Pereira, M. (2018). Dyadic coping mediates the relationship between parents' grief and dyadic adjustment following the loss of a child. *Anxiety Stress Coping, 31*(1), 93–106. doi:10.1080/10615806.2017.1363390
Allensbach, I. f. r. D. (2017). Studie »Getrennt gemeinsam erziehen«, im Auftrag des BMFSFJ.
Amato, P. R. (2000). The consequences of divorce for adults and children. *Journal of Marriage and Family, 62*(4), 1269–1287. doi:https://doi.org/10.1111/j.1741-3737.2000.01269.x
Amato, P. R. (2010). Research on divorce: Continuing trends and new developments. *Journal of Marriage and Family, 72*(3), 650–666.
Anderson, C. & Cacola, P. (2017). Implications of preterm birth for maternal mental health and infant development. *MCN Am J Matern Child Nurs, 42*(2), 108–114. doi:10.1097/NMC.0000000000000311
Association, A. P. (2022). *APA task force on climate change. Addressing the climate crisis: An action plan for psychologists, Report of the APA task force on climate change.*
Atrooz, F., Chen, T. A., Biekman, B., Alrousan, G., Bick, J. & Salim, S. (2022). Displacement and Isolation: Insights from a mental stress survey of Syrian refugees in Houston, Texas, USA. *Int J Environ Res Public Health, 19*(5). doi:10.3390/ijerph19052547
Attari, S. Z. (2018). Misperceived energy use and savings. *Nature Energy, 3*(12), 1029–1030. doi:10.1038/s41560-018-0298-6
Ayers, S., Bond, R., Webb, R. T., Miller, P. & Bateson, K. (2019). Perinatal mental health and risk of child maltreatment: A systematic review and meta-analysis. *Child Abuse & Neglect, 98*, 104172. doi:https://doi.org/10.1016/j.chiabu.2019.104172
Azar, I. A. S. & Vasudeva, P. (2006). Hardiness: A comparative study of employed and unemployed married women in iran. *Iranian Journal of Psychiatry, 1*(2), 70–75.
Bakermans-Kranenburg, M. J., van IJzendoorn, M. H. & Juffer, F. (2003). Less is more: meta-analyses of sensitivity and attachment interventions in early childhood. *Psychol Bull, 129*(2), 195–215. doi:10.1037/0033-2909.129.2.195
Banach, M., Iudice, J., Conway, L. & Couse, L. J. (2010). Family support and empowerment: Post autism diagnosis support group for parents. *Social work with groups, 33*(1), 69–83.
Bar-On, Y. M., Phillips, R. & Milo, R. (2018). The biomass distribution on Earth. *Proceedings of the National Academy of Sciences, 115*(25), 6506–6511. doi:doi:10.1073/pnas.1711842115
Barber, B. K. (2001). Political violence, social integration, and youth functioning: Palestinian youth from the Intifada. *Journal of Community Psychology, 29*(3), 259–280. doi:DOI 10.1002/jcop.1017.abs
Barber, B. K. (2008). Contrasting portraits of war: Youths' varied experiences with political violence in Bosnia and Palestine. *International Journal of Behavioral Development, 32*(4), 298–309. doi:10.1177/0165025408090972
Barkow, J. H., Cosmides, L. & Tooby, J. (1995). *The adapted mind: Evolutionary psychology and the generation of culture:* Oxford University Press.
Barnow, S., Spitzer, C., Grabe, H. J., Kessler, C. & Freyberger, H. J. (2006). Individual characteristics, familial experience, and psychopathology in children of mothers with borderline personality disorder. *J Am Acad Child Adolesc Psychiatry, 45*(8), 965–972. doi:10.1097/01.chi.0000222790.41853.b9
Barrett, A. E. (2000). Marital trajectories and mental health. *Journal of health and social behavior*, 451–464.
Barthel, D., Göbel, A., Barkmann, C., Helle, N. & Bindt, C. (2020). Does birth-related trauma last? Prevalence and risk factors for posttraumatic stress in mothers and fathers of VLBW preterm and term born children 5 years after birth. *Frontiers in Psychiatry, 11.* doi:10.3389/fpsyt.2020.575429
Basinger, E. D., Wehrman, E. C. & McAninch, K. G. (2016). Grief communication and privacy rules: Examining the communication of individuals bereaved by the death of a family member. *Journal of Family Communication, 16*(4), 285–302. doi:10.1080/15267431.2016.1182534
Baude, A., Pearson, J. & Drapeau, S. (2016). Child adjustment in joint physical custody versus sole custody: A meta-analytic review. *Journal of Divorce & Remarriage, 57*(5), 338–360.

Bäuerle, A., Teufel, M., Musche, V., Weismüller, B., Kohler, H., Hetkamp, M., . . . Skoda, E.-M. (2020). Increased generalized anxiety, depression and distress during the COVID-19 pandemic: a cross-sectional study in Germany. *Journal of Public Health, 42*(4), 672–678. doi:10.1093/pubmed/fdaa106

Bauserman, R. (2002). Child adjustment in joint-custody versus sole-custody arrangements: A meta-analytic review. *Journal of Family Psychology, 16*(1), 91–102. doi:10.1037//0893-3200.16.1.91

Beck, U. & Meier, A. (2023). Eltern und Fachpersonen. Gedanken zu einer sensiblen Beziehung. In U. Wilken & J.-S. B. (Hrsg.), *Elternarbeit und Behinderung: Partizipation – Kooperation – Inklusion* (S. 227–237). Stuttgart: Kohlhammer.

Becker, C., Kirchmaier, I. & Trautmann, S. T. (2019). Marriage, parenthood and social network: Subjective well-being and mental health in old age. *PLoS One, 14*(7). doi:10.1371/journal.pone.0218704

Bennett, A. C., Brewer, K. C. & Rankin, K. M. (2012). The association of child mental health conditions and parent mental health status among U.S. children, 2007. *Maternal and Child Health Journal, 16*(6), 1266–1275. doi:10.1007/s10995-011-0888-4

Berg, L., Brendler-Lindquist, M., de Montgomery, E., Mittendorfer-Rutz, E. & Hjern, A. (2022). Parental Posttraumatic Stress and School Performance in Refugee Children. *J Trauma Stress, 35*(1), 138–147. doi:10.1002/jts.22708

Bergmann, M. & Wagner, M. (2021). The impact of COVID-19 on informal caregiving and care receiving across Europe during the first phase of the pandemic. *Front Public Health, 9*, 673874. doi:10.3389/fpubh.2021.673874

Bevölkerungsforschung, B. f. r. (2016). *Bevölkerungsentwicklung 2016. Daten, Fakten, Trends zum demografischen Wandel.* Wiesbaden: Bundesinstitut für Bevölkerungsforschung.

Bhutta, A. T., Cleves, M. A., Casey, P. H., Cradock, M. M. & Anand, K. J. (2002). Cognitive and behavioral outcomes of school-aged children who were born preterm: a meta-analysis. *JAMA, 288*(6), 728–737. doi:jma10039 [pii]

Bikmazer, A., Kadak, M. T., Gormez, V., Dogan, U., Aslankaya, Z. D., Bakir, F., . . . Ozturk, M. (2021). Parental psychological distress associated with COVID-19 outbreak: A large-scale multicenter survey from Turkey. *Int J Soc Psychiatry, 67*(6), 696–704. doi:10.1177/0020764020970240

Bilgin, A. & Wolke, D. (2015). Maternal sensitivity in parenting preterm children: A meta-analysis. *Pediatrics, 136*(1), e177-e193. doi:10.1542/peds.2014-3570

Bindt, C. (2022). Frühgeburt: Risiko für die psychische Gesundheit? *Psychotherapeut, 67*(1), 28–33. doi:10.1007/s00278-021-00552-z

Björkenstam, E., Hallqvist, J., Dalman, C. & Ljung, R. (2013). Risk of new psychiatric episodes in the year following divorce in midlife: cause or selection? A nationwide register-based study of 703,960 individuals. *Int J Soc Psychiatry, 59*(8), 801–804. doi:10.1177/0020764012461213

Blacher, J. & Baker, B. L. (2007). Positive impact of intellectual disability on families. *American Journal on Mental Retardation, 112*(5), 330–348. doi:10.1352/0895-8017(2007)112[0330: Pioido]2.0.Co;2

Blencowe, H., Cousens, S., Oestergaard, M. Z., Chou, D., Moller, A. B., Narwal, R., . . . Lawn, J. E. (2012). National, regional, and worldwide estimates of preterm birth rates in the year 2010 with time trends since 1990 for selected countries: a systematic analysis and implications. *Lancet, 379*(9832), 2162–2172. doi:10.1016/S0140-6736(12)60820-4

Bogels, S. M. & Brechman-Toussaint, M. L. (2006). Family issues in child anxiety: attachment, family functioning, parental rearing and beliefs. *Clin Psychol Rev, 26*(7), 834–856. doi:10.1016/j.cpr.2005.08.001

Boggini, T., Pozzoli, S., Schiavolin, P., Erario, R., Mosca, F., Brambilla, P. & Fumagalli, M. (2021). Cumulative procedural pain and brain development in very preterm infants: A systematic review of clinical and preclinical studies. *Neuroscience & Biobehavioral Reviews, 123*, 320–336. doi:https://doi.org/10.1016/j.neubiorev.2020.12.016

Bolten, M., Schanz, C. G. & Equit, M. (2021). *Bindungsstörungen.* Göttingen: Hogrefe.

Bongaarts, J., Mensch, B. S. & Blanc, A. K. (2017). Trends in the age at reproductive transitions in the developing world: The role of education. *Popul Stud (Camb), 71*(2), 139–154. doi:10.1080/00324728.2017.1291986

Borbas, R., Fehlbaum, L. V., Dimanova, P., Negri, A., Arudchelvam, J., Schnider, C. B. & Raschle, N. M. (2021). Mental well-being during the first months of Covid-19 in adults and children: behavioral evidence and neural precursors. *Sci Rep, 11*(1), 17595. doi:10.1038/s41598-021-96852-0

Bornstein, M. H. (2012). Cultural approaches to parenting. *Parenting, 12*(2–3), 212–221. doi:10.1080/15295192.2012.683359

Bornstein, M. H. (2019). Parenting infants. In *Handbook of parenting: Children and parenting, Vol. 1, 3rd ed.* (pp. 3–55). New York, NY, US: Routledge/Taylor & Francis Group.

Bornstein, M. H., Putnick, D. L., Park, Y., Suwalsky, J. T. D. & Haynes, O. M. (2017). Human infancy and parenting in global perspective: specificity. *Proceedings of the Royal Society B-Biological Sciences, 284*(1869). doi:ARTN 2017216810.1098/rspb.2017.2168

Bourassa, K. J., Sbarra, D. A. & Whisman, M. A. (2015). Women in very low quality marriages gain life satisfaction following divorce. *Journal of Family Psychology, 29*(3), 490–499. doi:10.1037/fam0000075

Bourke-Taylor, H., Howie, L. & Law, M. (2010). Impact of caring for a school-aged child with a disability: understanding mothers' perspectives. *Aust Occup Ther J, 57*(2), 127–136. doi:10.1111/j.1440-1630.2009.00817.x

Bowlby, J. (2006). *Verlust, Trauer und Depression* (3. Aufl.). Göttingen: Ernst Reinhardt Verlag.

Bracha, H. S. (2004). Freeze, flight, fight, fright, faint: adaptationist perspectives on the acute stress response spectrum. *CNS Spectr, 9*(9), 679–685. doi:10.1017/s1092852900001954

Bracke, P. F., Colman, E., Symoens, S. A. & Van Praag, L. (2010). Divorce, divorce rates, and professional care seeking for mental health problems in Europe: a cross-sectional population-based study. *BMC Public Health, 10*, 224. doi:10.1186/1471-2458-10-224

Brandstetter, S., Poulain, T., Vogel, M., Meigen, C., Melter, M., Koninger, A., . . . Kuno Kids Study, G. (2022). Families' worries during the first and second COVID-19 wave in Germany: Longitudinal study in two population-based cohorts. *Int J Environ Res Public Health, 19*(5). doi:10.3390/ijerph19052820

Breen, L. J. & O'Connor, M. (2011). Family and social networks after bereavement: Experiences of support, change and isolation. *Journal of Family Therapy, 33*(1), 98–120.

Brick, C., Bosshard, A. & Whitmarsh, L. (2021). Motivation and climate change: A review. *Current Opinion in Psychology, 42*, 82–88. doi:https://doi.org/10.1016/j.copsyc.2021.04.001

Brophy, H., Olson, J. & Paul, P. (2022). Eco-anxiety in youth: An integrative literature review. *Int J Ment Health Nurs.* doi:10.1111/inm.13099

Brown, S. M., Doom, J. R., Lechuga-Peña, S., Watamura, S. E. & Koppels, T. (2020). Stress and parenting during the global COVID-19 pandemic. *Child Abuse Negl, 110*(Pt 2), 104699. doi:10.1016/j.chiabu.2020.104699

Brummelte, S., Chau, C. M. Y., Cepeda, I. L., Degenhardt, A., Weinberg, J., Synnes, A. R. & Grunau, R. E. (2015). Cortisol levels in former preterm children at school age are predicted by neonatal procedural pain-related stress. *Psychoneuroendocrinology, 51*, 151–163. doi: https://doi.org/10.1016/j.psyneuen.2014.09.018

Bujard, M., Laß, I., Diabaté, S., Sulak, H. & Schneider, N. F. (2020). doi:10.12765/bro-2020-01

Burke, T., Berry, A., Taylor, L. K., Stafford, O., Murphy, E., Shevlin, M., . . . Carr, A. (2020). Increased psychological distress during COVID-19 and quarantine in Ireland: A National Survey. *J Clin Med, 9*(11). doi:10.3390/jcm9113481

Burns, T. & Gottschalk, F. (2019). *Educating 21st century children: Emotional well-being in the digital age.* Paris: OECD Publishing.

Bylund-Grenklo, T., Furst, C. J., Nyberg, T., Steineck, G. & Kreicbergs, U. (2016). Unresolved grief and its consequences. A nationwide follow-up of teenage loss of a parent to cancer 6–9 years earlier. *Support Care Cancer, 24*(7), 3095–3103. doi:10.1007/s00520-016-3118-1

Caeymaex, L., Jousselme, C., Vasilescu, C., Danan, C., Falissard, B., Bourrat, M. M., . . . Speranza, M. (2013). Perceived role in end-of-life decision making in the NICU affects long-term parental grief response. *Arch Dis Child Fetal Neonatal Ed, 98*(1), F26–31. doi:10.1136/archdischild-2011-301548

Calvano, C., Engelke, L., Holl-Etten, A. K., Renneberg, B. & Winter, S. M. (2023). Almost 2 years into the COVID-19 pandemic: an update on parental stress, parent mental health, and the occurrence of child maltreatment. *Eur Child Adolesc Psychiatry*, 1–17. doi:10.1007/s00787-023-02147-2

Cameron, E. E., Joyce, K. M., Delaquis, C. P., Reynolds, K., Protudjer, J. L. P. & Roos, L. E. (2020). Maternal psychological distress & mental health service use during the COVID-19 pandemic. *J Affect Disord*, 276, 765–774. doi:10.1016/j.jad.2020.07.081

Camisasca, E., Miragoli, S., Di Blasio, P. & Feinberg, M. (2019). Co-parenting mediates the influence of marital satisfaction on child adjustment: The conditional indirect effect by parental empathy. *Journal of Child and Family Studies*, 28(2), 519–530. doi:10.1007/s10826-018-1271-5

Campbell, L. E., Hanlon, M.-C., Galletly, C. A., Harvey, C., Stain, H., Cohen, M., . . . Brown, S. A. (2018). Severity of illness and adaptive functioning predict quality of care of children among parents with psychosis: a confirmatory factor analysis. *Australian & New Zealand Journal of Psychiatry*, 52(5), 435–445.

Cassiano, R. G. M., Provenzi, L., Linhares, M. B. M., Gaspardo, C. M. & Montirosso, R. (2020). Does preterm birth affect child temperament? A meta-analytic study. *Infant Behavior and Development*, 58, 101417. doi:https://doi.org/10.1016/j.infbeh.2019.101417

Catani, C. (2016). *Familie im Krieg. Transgenerationale Weitergabe von Gewalt und psychische Gesundheit im Kontext von Krieg und Verfolgung*, Vortrag an der TU Braunschweig, Institut für Psychologie, 20.04.2016. TU Braunschweig.

Cénat, J. M., Blais-Rochette, C., Kokou-Kpolou, C. K., Noorishad, P.-G., Mukunzi, J. N., McIntee, S.-E., . . . Labelle, P. R. (2021). Prevalence of symptoms of depression, anxiety, insomnia, posttraumatic stress disorder, and psychological distress among populations affected by the COVID-19 pandemic: A systematic review and meta-analysis. *Psychiatry Research*, 295, 113599. doi:https://doi.org/10.1016/j.psychres.2020.113599

Cénat, J. M. & Dalexis, R. D. (2020). The complex trauma spectrum during the COVID-19 pandemic: A threat for children and adolescents' physical and mental health. *Psychiatry Research*, 293, 113473. doi:https://doi.org/10.1016/j.psychres.2020.113473

Channell, M. M. & Bosley, R. (2021). Mental state language use in children with down syndrome and the role of caregivers. *Semin Speech Lang*, 42(4), 318–329. doi:10.1055/s-0041-1730990

Chen, C. Y., Byrne, E. & Velez, T. (2022). A preliminary study of COVID-19-related stressors, parenting stress, and parental psychological well-being among parents of school-age children. *J Child Fam Stud*, 31(6), 1558–1569. doi:10.1007/s10826-022-02321-1

Cheng, Z., Mendolia, S., Paloyo, A. R., Savage, D. A. & Tani, M. (2021). Working parents, financial insecurity, and childcare: mental health in the time of COVID-19 in the UK. *Review of Economics of the Household*, 19(1), 123–144. doi:10.1007/s11150-020-09538-3

Christiansen, H., Anding, J., Donath, L., Kölch, M., Ziegenhain, U. & Fegert, J. M. (2014). *Interventionen für Kinder psychisch kranker Eltern.* Weinheim: Beltz-Juventa.

Chung, G., Lanier, P. & Wong, P. Y. J. (2022). Mediating effects of parental stress on harsh parenting and parent-child relationship during Coronavirus (COVID-19) pandemic in Singapore. *Journal of Family Violence*, 37(5), 801–812. doi:10.1007/s10896-020-00200-1

Clark, A. E., Diener, E., Georgellis, Y. & Lucas, R. E. (2008). Lags and leads in life satisfaction: A test of the baseline hypothesis. *The Economic Journal*, 118(529), F222-F243. doi:10.1111/j.1468-0297.2008.02150.x

Clark, A. E. & Georgellis, Y. (2013). Back to baseline in Britain: Adaptation in the British household panel survey. *Economica*, 80(319), 496–512. doi:10.1111/ecca.12007

Clayton, S., Manning, C. M., Krygsman, K. & Speiser, M. (2017). *Mental health and our changing climate: Impacts, implications, and guidance.* Climate for Health.

Craig, L. & Churchill, B. (2021). Dual-earner parent couples' work and care during COVID-19. *Gend Work Organ*, 28(Suppl 1), 66–79. doi:10.1111/gwao.12497

Crocetti, E., Rubini, M. & Meeus, W. (2008). Capturing the dynamics of identity formation in various ethnic groups: development and validation of a three-dimensional model. *J Adolesc*, 31(2), 207–222. doi:10.1016/j.adolescence.2007.09.002

Cuartas, J., Grogan-Kaylor, A., Ma, J. & Castillo, B. (2019). Civil conflict, domestic violence, and poverty as predictors of corporal punishment in Colombia. *Child Abuse Negl, 90*, 108–119. doi:10.1016/j.chiabu.2019.02.003

Cucinotta, D. & Vanelli, M. (2020). WHO declares COVID-19 a pandemic. *Acta Biomed, 91*(1), 157–160. doi:10.23750/abm.v91i1.9397

Cuijpers, P., Karyotaki, E., Harrer, M. & Stikkelbroek, Y. (2023). Individual behavioral activation in the treatment of depression: A meta analysis. *Psychother Res*, 1–12. doi:10.1080/10503307.2023.2197630

Cummings, E. M., Keller, P. S. & Davies, P. T. (2005). Towards a family process model of maternal and paternal depressive symptoms: exploring multiple relations with child and family functioning. *J Child Psychol Psychiatry, 46*(5), 479–489. doi:10.1111/j.1469-7610.2004.00368.x

Cunsolo, A., Harper, S. L., Minor, K., Hayes, K., Williams, K. G. & Howard, C. (2020). Ecological grief and anxiety: the start of a healthy response to climate change? *Lancet Planet Health, 4*(7), e261-e263. doi:10.1016/S2542-5196(20)30144-3

Dai, Y., Futris, T. G., Stanford, W. D., Richardson, E. W. & Koss, K. J. (2022). The association between financial distress, conflict management, and co-parenting support for couples receiving child welfare. *Journal of Social and Personal Relationships, 39*(11), 3329–3350. doi:10.1177/02654075221096783

Daly, M., Bray, R., Bruckauf, Z., Byrne, J., Margaria, A., Pecnik, N., & Samms-Vaughan, M. (2015). *Family and parenting support: Policy and provision in a global context*. Innocenti Insight, UNICEF Office of Research. https://www.unicef-irc.org/publications/770-family-and-parenting-support-policy-and-provision-in-a-global-context.html

Daud, A., af Klinteberg, B. & Rydelius, P.-A. (2008). Resilience and vulnerability among refugee children of traumatized and non-traumatized parents. *Child and Adolescent Psychiatry and Mental Health, 2*(1), 7. doi:10.1186/1753-2000-2-7

Davids, E. L., Roman, N. V. & Leach, L. (2015). Decision making styles: A systematic review of their associations with parenting. *Adolescent Research Review, 1*(1), 69–90. doi:10.1007/s40894-015-0003-y

Davies, R. (2004). New understandings of parental grief: literature review. *Journal of Advanced Nursing, 46*(5), 506–513. doi:https://doi.org/10.1111/j.1365-2648.2004.03024.x

Dawkins, R. (2016). 28. The selfish gene. In B. Williams (Ed.), *Essays and Reviews* (pp. 140–142). Princeton Univertiy Press.

Dayton, L., Balaban, A., Scherkoske, M. & Latkin, C. (2022). Family communication about climate change in the United States. *J Prev (2022)*, 1–15. doi:10.1007/s10935-022-00712-0

Dempsey, K. E. (2020). Spaces of violence: A typology of the political geography of violence against migrants seeking asylum in the EU. *Political Geography 79*, 102157.

Deng, S. A. & Marlowe, J. M. (2013). Refugee resettlement and parenting in a different context. *Journal of Immigrant & Refugee Studies, 11*(4), 416–430. doi:10.1080/15562948.2013.793441

Diabaté, S., Ruckdeschel, K., Bujard, M., Dorbritz, J., Lück, D., Naderi, R., . . . Schneider, N. F. (2017). *Familienleitbilder. Alles wie gehabt? – Partnerschaft und Elternschaft in Deutschland*. Wiesbaden: Bundesinstitut für Bevölkerungsforschung.

Dickinson, C., Vangaveti, V. & Browne, A. (2022). Psychological impact of neonatal intensive care unit admissions on parents: A regional perspective. *Aust J Rural Health, 30*(3), 373–384. doi:10.1111/ajr.12841

Dillmann, J., Sensoy, Ö. & Schwarzer, G. (2022). Parental perceived stress and its consequences on early social-emotional child development during COVID-19 pandemic. *Journal of Early Childhood Research, 20*(4), 524–538. doi:10.1177/1476718X221083423

Dittrich, K., Boedeker, K., Kluczniok, D., Jaite, C., Hindi Attar, C., Fuehrer, D., . . . Bermpohl, F. (2018). Child abuse potential in mothers with early life maltreatment, borderline personality disorder and depression. *The British Journal of Psychiatry, 213*(1), 412–418. doi:10.1192/bjp.2018.74

Doan, S. N., Tardif, T., Miller, A. D., Olson, S., Kessler, D., Felt, B. & Wang, L. (2017). Consequences of ›tiger‹ parenting: a cross-cultural study of maternal psychological control and children's cortisol stress response. *Developmental Science, 20*(3). doi:10.1111/desc.12404

Doepke, M. & Zilibotti, F. (2014). Parenting with style: Altruism and paternalism in intergenerational preference transmission. *Econometrica, Econometric Society, 85*, 1331–1371. doi:10.3386/w20214

Dotti Sani, G. M. & Treas, J. (2016). Educational gradients in parents' child-care time across countries 1965–2012. *Fam Relat, 78*, 1083–1096. doi:https://doi.org/10.1111/jomf.12305

Dube, S. R., Anda, R. F., Felitti, V. J., Chapman, D. P., Williamson, D. F. & Giles, W. H. (2001). Childhood abuse, household dysfunction, and the risk of attempted suicide throughout the life span: findings from the Adverse Childhood Experiences Study. *JAMA, 286*(24), 3089–3096. doi:10.1001/jama.286.24.3089

Dunst, C. J. & Trivette, C. M. (2009). Meta-analytic structural equation modeling of the influences of family-centered care on parent and child psychological health. *Int J Pediatr, 2009, 576840*. doi:10.1155/2009/576840

Durrant, J. E. & Smith, A. B. (2010). *Global pathways to abolishing physical punishment: Realizing children's rights*. London: Routledge.

Dutheil, F., Mondillon, L. & Navel, V. (2021). PTSD as the second tsunami of the SARS-Cov-2 pandemic. *Psychol Med, 51*(10), 1773–1774. doi:10.1017/S0033291720001336

Dworkin, J., Connell, J. & Doty, J. (2013). A literature review of parents' online behavior. *Cyberpsychology: Journal of Psychosocial Research on Cyberspace, 7*(2). doi:10.5817/cp2013–2–2

Dyregrov, K. (2004). Micro-sociological analysis of social support following traumatic bereavement: Unhelpful and avoidant responses from the community. *OMEGA – Journal of Death and Dying, 48*(1), 23–44. doi:10.2190/t3 nm-vfbk-68r0-uj60

Eaton-Rosen, Z., Scherrer, B., Melbourne, A., Ourselin, S., Neil, J. J. & Warfield, S. K. (2017). Investigating the maturation of microstructure and radial orientation in the preterm human cortex with diffusion MRI. *Neuroimage, 162*, 65–72. doi:10.1016/j.neuroimage.2017.08.013

Eckert, A. (2014). Kooperation von Elternhaus, Kindergarten und Schule. In U. Wilken & B. Jeltsch-Schudel (Hrsg.), *Elternarbeit und Behinderung. Empowerment – Inklusion – Wohlbefinden* (S. 117–128). Stuttgart: Kohlhammer.

Egeland, B. & Erickson, M. (1993). *Final report: An evaluation of STEEP, a program for high-risk mothers. Rockville: National Institute of Mental Health, US Department of Health and Human Services.*

Ehret, P. J., Hodges, H. E., Kuehl, C., Brick, C., Mueller, S. & Anderson, S. E. (2020). Systematic review of household water conservation interventions using the information-motivation-behavioral skills model. *Environment and Behavior, 53*(5), 485–519. doi:10.1177/0013916519896868

Emerson, E. (2003). Mothers of children and adolescents with intellectual disability: Social and economic situation, mental health status, and the self-assessed social and psychological impact of the child's difficulties. *Journal of Intellectual Disability Research, 47*(4–5), 385–399. doi:10.1046/j.1365–2788.2003.00498.x

Emerson, E., Graham, H., McCulloch, A., Blacher, J., Hatton, C. & Llewellyn, G. (2009). The social context of parenting 3-year-old children with developmental delay in the UK. *Child: Care, Health and Development, 35*(1), 63–70. doi:10.1111/j.1365–2214.2008.00909.x

Erickson, M. F. & Egeland, B. (2004). Linking theory and research to practice: The Minnesota Longitudinal Study of Parents and Children and the STEEP™ program. *Clinical Psychologist, 8*(1), 5–9.

Erikson, E. H. (1966). *Identität und Lebenszyklus*. Frankfurt: Suhrkamp.

Erikson, E. H. (2005). *Kindheit und Gesellschaft* (14. Aufl.). Stuttgart: Klett-Cotta.

Eurostat. (2021). Online-Datencode: demo_find.

Faircloth, C. (2023). Intensive parenting and the expansion of parenting. In E. Lee et al. (Eds.), *Parenting culture studies* (pp.33–67). London, New York: Palgrave Macmillan.

Fan, F. c., Zhang, S. Y. & Cheng, Y. (2021). Incidence of psychological illness after coronavirus outbreak: a meta-analysis study. *Journal of Epidemiology and Community Health, 75*(9), 836–842. doi:10.1136/jech-2020–215927

Feinberg, M. & Willer, R. (2011). Apocalypse soon? Dire messages reduce belief in global warming by contradicting just-world beliefs. *Psychol Sci, 22*(1), 34–38. doi:10.1177/0956797610391911

Field, A. P. & Lawson, J. (2003). Fear information and the development of fears during childhood: effects on implicit fear responses and behavioural avoidance. *Behav Res Ther*, *41*(11), 1277–1293. Retrieved from http://www.ncbi.nlm.nih.gov/entrez/query.fcgi?cmd=Retrieve&db=PubMed&dopt=Citation&list_uids=14527528

Figueiredo de Paula Eduardo, J. A., de Rezende, M. G., Menezes, P. R. & Del-Ben, C. M. (2019). Preterm birth as a risk factor for postpartum depression: A systematic review and meta-analysis. *Journal of Affective Disorders*, *259*, 392–403. doi:https://doi.org/10.1016/j.jad.2019.08.069

Fitzgerald, M. (2023). Serial indirect effects from childhood maltreatment to adult chronic health conditions through contemporary family relationships and mental health problems: Inquiry into sleep disturbances and stress. *Psychol Trauma*. doi:10.1037/tra0001469

Flacking, R., Ewald, U., Nyqvist, K. H. & Starrin, B. (2006). Trustful bonds: A key to »becoming a mother« and to reciprocal breastfeeding. Stories of mothers of very preterm infants at a neonatal unit. *Social Science & Medicine*, *62*(1), 70–80. doi:https://doi.org/10.1016/j.socscimed.2005.05.026

Flacking, R., Ewald, U. & Starrin, B. (2007). »I wanted to do a good job«: experiences of ›becoming a mother‹ and breastfeeding in mothers of very preterm infants after discharge from a neonatal unit. *Soc Sci Med*, *64*(12), 2405–2416. doi:10.1016/j.socscimed.2007.03.008

Florange, J. G. & Herpertz, S. C. (2019). Parenting in patients with Borderline Personality Disorder, sequelae for the offspring and approaches to treatment and prevention. *Curr Psychiatry Rep*, *21*(2), 9. doi:10.1007/s11920-019-0996-1

Floud, S., Balkwill, A., Canoy, D., Wright, F. L., Reeves, G. K., Green, J., . . . Cairns, B. J. (2014). Marital status and ischemic heart disease incidence and mortality in women: a large prospective study. *BMC medicine*, *12*(1), 1–9.

Franco, S. (2000). The cultural contradictions of motherhood. *Journal of Clinical Psychiatry*, *61*(7), 530–531. doi:DOI 10.4088/JCP.v61n0713b

Fransson, E., Hjern, A. & Bergström, M. (2018). What can we say regarding shared parenting arrangements for Swedish children? *Journal of Divorce & Remarriage*, *59*(5), 349–358.

Frijters, P., Johnston, D. W. & Shields, M. A. (2011). Life satisfaction dynamics with quarterly life event data. *Scandinavian Journal of Economics*, *113*(1), 190–211. doi:10.1111/j.1467-9442.2010.01638.x

Fuertes, M., Antunes, S., Martelo, I. & Dionisio, F. (2022). The impact of low birthweight in infant patterns of regulatory behavior, mother-infant quality of interaction, and attachment. *Early Hum Dev*, *172*, 105633. doi:10.1016/j.earlhumdev.2022.105633

Furedi, F. & Füredi, F. (2002). Paranoid Parenting: Why Ignoring the experts may be best for your child. Chicago. *Chicago Review Press*.

Gadaire, D. M., Henrich, C. C. & Finn-Stevenson, M. (2017). Longitudinal effects of parent-child interactions on children's social competence. *Research on Social Work Practice*, *27*(7), 767–778. doi:10.1177/1049731516632592

Gähler, M. (2006). »To divorce is to die a bit…«: A longitudinal study of marital disruption and psychological distress among swedish women and men. *The Family Journal*, *14*(4), 372–382. doi:10.1177/1066480706290145

Garst, B. A. & Gagnon, R. J. (2015). Exploring overparenting within the context of youth development programs. *Journal of Youth Development*, *10*(1), 5–18. doi:10.5195/jyd.2015.416

Garten, L., Globisch, M., von der Hude, K., Jäkel, K., Knochel, K., Krones, T., . . . Strahleck, T. (2020). Palliative care and grief counseling in peri- and neonatology: Recommendations from the German PaluTiN Group. *Front Pediatr*, *8*, 67. doi:10.3389/fped.2020.00067

Gaspar, R., Domingos, S., Toscano, H., Filipe, J., Leiras, G., Raposo, B., . . . Arriaga, M. T. (2023). Crises social sensing: longitudinal monitoring of social perceptions of systemic risk during public health crisis. *Journal of Risk Research*, 1–22. doi:10.1080/13669877.2023.2170450

Gavranidou, M. & Abdallah-Steinkopff, B. (2007). Brauchen Migrantinnen und Migranten eine andere Psychotherapie? . *Psychotherapeutenjournal*, , *6*(4), 353–361.

Geissler, S., Reim, J., Sawatzki, B. & Walper, S. (2022). Elternsein in der Corona-Pandemie: Ein Fokus auf das Erleben in der Elternrolle. *Diskurs Kindheits- und Jugendforschung / Discourse. Journal of Childhood and Adolescence Research*, *17*(1), 11–26. doi:10.3224/diskurs.v17i1.02

Gemoll, W. & Vretska, K. (2006). *Griechisch-deutsches Schul- und Handwörterbuch* (10. Aufl. .). München, Düsseldorf, Stuttgart: Oldenbourg Schulbuchverlag.

Gesundheitswesen, I. f. Q. u. T. i. (2022). Bundesauswertung zum Erfassungsjahr 2022–Geburtshilfe Qualitätsindikatoren. https://iqtig.org/downloads/berichte/2022/IQTIG_Bundes qualitaetsbericht-2022_2022-10-28.pdf *[abgerufen am 06.05. 2023]*.

Giesel, K. D. (2007). *Leitbilder in den Sozialwissenschaften.* Wiesbaden: VS Verlag für Sozialwissenschaften.

Goldstein, R. D., Lederman, R. I., Lichtenthal, W. G., Morris, S. E., Human, M., Elliott, A. J., . . . Network, P. (2018). The Grief of Mothers After the Sudden Unexpected Death of Their Infants. *Pediatrics, 141*(5). doi:10.1542/peds.2017–3651

Gómez, O. A. & Gasper, D. (2022). *The Position of Crisis in Human Development Processes and Thinking: Using the Human Security Perspective in an Era of Transitions.* Retrieved from New York:

Gray, D. E. (2002). ›Everybody just freezes. Everybody is just embarrassed‹: felt and enacted stigma among parents of children with high functioning autism. *Sociology of Health & Illness, 24*(6), 734–749. doi:https://doi.org/10.1111/1467-9566.00316

Gregory, S. (1995). *Deaf children and their families:* Cambridge University Press.

Gross, P. (1994). *Die Multioptionsgesellschaft.* Frankfurt am Main: Suhrkamp.

Gross, P. (2007). Die Multioptionsgesellschaft. In A. I. Pongs (Hrsg.), *In welcher Gesellschaft leben wir eigentlich?* (S. 153–185). München: Dilemma.

Grunau, R. E., Haley, D. W., Whitfield, M. F., Weinberg, J., Yu, W. & Thiessen, P. (2007). Altered basal cortisol levels at 3, 6, 8 and 18 months in infants born at extremely low gestational age. *J Pediatr, 150*(2), 151–156. doi:10.1016/j.jpeds.2006.10.053

Grusec, J. E. & Davidov, M. (2010). Integrating different perspectives on socialization theory and research: a domain-specific approach. *Child Dev, 81*(3), 687–709. doi:10.1111/j.1467-8624.2010.01426.x

Gupta, L. & Zimmer, C. (2008). Psychosocial intervention for war-affected children in Sierra Leone. *Br J Psychiatry, 192*(3), 212–216. doi:10.1192/bjp.bp.107.038182

Gurny, R., Cassée, K., Gavez, S., Los, B., & Albermann, K. (2007). *Kinder psychisch kranker Eltern: Winterthurer Studie : wissenschaftlicher Bericht.* Fachhochschule Zürich. https://doi.org/10.21256/zhaw-3340

Hank, K. & Steinbach, A. (2021). The virus changed everything, didn't it? Couples' division of housework and childcare before and during the Corona crisis. *Journal of Family Research, 33*(1), 99–114. doi:10.20377/jfr-488

Hardcastle, K., Ford, K. & Bellis, M. A. (2022). Maternal adverse childhood experiences and their association with preterm birth: secondary analysis of data from universal health visiting. *BMC Pregnancy Childbirth, 22*(1), 129. doi:10.1186/s12884–022–04454-z

Hattangadi, N., Cost, K. T., Birken, C. S., Borkhoff, C. M., Maguire, J. L., Szatmari, P. & Charach, A. (2020). Parenting stress during infancy is a risk factor for mental health problems in 3-year-old children. *BMC Public Health, 20*(1), 1726. doi:10.1186/s12889–020–09861–5

Hatton, C. & Emerson, E. (2009). Poverty and the mental health of families with a child with intellectual disabilities. *Psychiatry, 8*(11), 433–437. doi:https://doi.org/10.1016/j.mppsy.2 009.08.001

Havighurst, S. S., Murphy, J. L. & Kehoe, C. E. (2021). Trauma-focused tuning in to kids: Evaluation in a clinical service. *Children (Basel), 8*(11). doi:10.3390/children8111038

Head, L. S. & Abbeduto, L. (2007). Recognizing the role of parents in developmental outcomes: A systems approach to evaluating the child with developmental disabilities. *Mental Retardation and Developmental Disabilities Research Reviews, 13*(4), 293–301. doi:https://doi.org/10.1002/mrdd.20169

Heffernan, M. E., Menker, C., Bendelow, A., Smith, T. L. & Davis, M. M. (2023). Parental concerns about climate change in a major US city. *Acad Pediatr.* doi:10.1016/j.acap.2023.02.015

Helgenberger, S., Mbungu, G. K., Rodríguez, H. & Nunez, A. (2021). *The Social Performance Index (SPI): Assessing and monitoring community well-being through energy sector investments.*

IASS Potsdam Institute for Advanced Sustainability Studies e.V. Discussion Paper, November 2021.

Helle, N., Barkmann, C., Bartz-Seel, J., Diehl, T., Ehrhardt, S., Hendel, A., . . . Bindt, C. (2015). Very low birth-weight as a risk factor for postpartum depression four to six weeks postbirth in mothers and fathers: Cross-sectional results from a controlled multicentre cohort study. *J Affect Disord, 180*, 154–161. doi:10.1016/j.jad.2015.04.001

Helle, N., Barkmann, C., Ehrhardt, S. & Bindt, C. (2018). Postpartum posttraumatic and acute stress in mothers and fathers of infants with very low birth weight: Cross-sectional results from a controlled multicenter cohort study. *Journal of Affective Disorders, 235*, 467–473. doi: https://doi.org/10.1016/j.jad.2018.04.013

Helle, N., Barkmann, C., Ehrhardt, S., von der Wense, A., Nestoriuc, Y. & Bindt, C. (2016). Postpartum anxiety and adjustment disorders in parents of infants with very low birth weight: Cross-sectional results from a controlled multicentre cohort study. *Journal of Affective Disorders, 194*, 128–134. doi:https://doi.org/10.1016/j.jad.2016.01.016

Helle, N., Barkmann, C., Ehrhardt, S., Wense, A. v. d., Nestoriuc, Y. & Bindt, C. (2019). Internalizing symptoms in very low birth weight preschoolers: Symptom level and risk factors from four rating perspectives in a controlled multicenter study. *Journal of Affective Disorders, 246*, 74–81. doi:https://doi.org/10.1016/j.jad.2018.12.025

Heuser, K. M., Jaekel, J. & Wolke, D. (2018). Origins and predictors of friendships in 6-to 8-year-old children born at neonatal risk. *The Journal of pediatrics, 193*, 93–101. e105.

Hill, P. B. & Kopp, J. (2013). *Familiensoziologie. Grundlagen und theoretische Perspektiven* (Vol. 5. Aufl.). Wiesbaden: Springer.

Hiraoka, R., Crouch, J. L., Reo, G., Wagner, M. F., Milner, J. S. & Skowronski, J. J. (2016). Borderline personality features and emotion regulation deficits are associated with child physical abuse potential. *Child Abuse Negl, 52*, 177–184. doi:10.1016/j.chiabu.2015.10.023

Hirshfeld-Becker, D. R., Micco, J. A., Henin, A., Petty, C., Faraone, S. V., Mazursky, H., . . . Biederman, J. (2012). Psychopathology in adolescent offspring of parents with panic disorder, major depression, or both: a 10-year follow-up. *Am J Psychiatry, 169*(11), 1175–1184. doi:10.1176/appi.ajp.2012.11101514

Hiscott, J., Alexandridi, M., Muscolini, M., Tassone, E., Palermo, E., Soultsioti, M. & Zevini, A. (2020). The global impact of the coronavirus pandemic. *Cytokine Growth Factor Rev, 53*, 1–9. doi:10.1016/j.cytogfr.2020.05.010

Hodel, A. S., Hunt, R. H., Cowell, R. A., Van Den Heuvel, S. E., Gunnar, M. R. & Thomas, K. M. (2015). Duration of early adversity and structural brain development in post-institutionalized adolescents. *Neuroimage, 105*, 112–119. doi:10.1016/j.neuroimage.2014.10.020

Houbrechts, M., Cuyvers, B., Goossens, L., Bijttebier, P., Brohl, A. S., Calders, F., . . . Bosmans, G. (2023). Parental support and insecure attachment development: the cortisol stress response as a moderator. *Attach Hum Dev, 25*(1), 104–116. doi:10.1080/14616734.2021.1907968

Howe, D. (2006). Disabled children, parent–child interaction and attachment. *Child & Family Social Work, 11*(2), 95–106. doi:https://doi.org/10.1111/j.1365-2206.2006.00397.x

Huang, Y. & Zhao, N. (2020). Generalized anxiety disorder, depressive symptoms and sleep quality during COVID-19 outbreak in China: a web-based cross-sectional survey. *Psychiatry Res, 288*, 112954. doi:10.1016/j.psychres.2020.112954

Hübgen, S. (2017). Armutsrisiko alleinerziehend. *Aus Politik und Zeitgeschichte, 67*(30/31), 22–27.

Huebener, M., Waights, S., Spiess, C. K., Siegel, N. A. & Wagner, G. G. (2021). Parental well-being in times of Covid-19 in Germany. *Rev Econ Househ, 19*(1), 91–122. doi:10.1007/s11150-020-09529-4

Hupkau, C. & Petrongolo, B. (2020). Work, care and gender during the COVID-19 crisis. *Fisc Stud, 41*(3), 623–651. doi:10.1111/1475-5890.12245

Iacono, V., Beaulieu, L., Hodgins, S. & Ellenbogen, M. A. (2018). Parenting practices in middle childhood mediate the relation between growing up with a parent having bipolar disorder and offspring psychopathology from childhood into early adulthood. *Dev Psychopathol, 30*(2), 635–649. doi:10.1017/S095457941700116X

Ibrahim, J., Cosgrave, N. & Woolgar, M. (2018). Childhood maltreatment and its link to borderline personality disorder features in children: A systematic review approach. *Clin Child Psychol Psychiatry, 23*(1), 57–76. doi:10.1177/1359104517712778

Indredavik, M. S. (2010). Extremely preterm children at increased risk of autism spectrum disorders. *Evid Based Ment Health, 13*(3), 92. doi:13/3/92 [pii]10.1136/ebmh.13.3.92

Isaac, A. J., Rodriguez, A. M., D'Anna-Hernandez, K., Gemmell, N., Acedo, G. R., Dougherty, L. R. & Bufferd, S. J. (2023). Preschool-aged children's hair cortisol and parents' behavior, psychopathology, and stress. *Psychoneuroendocrinology, 151*, 106052. doi:10.1016/j.psyneuen.2023.106052

Islam, S. M. D., Bodrud-Doza, M., Khan, R. M., Haque, M. A. & Mamun, M. A. (2020). Exploring COVID-19 stress and its factors in Bangladesh: A perception-based study. *Heliyon, 6*(7), e04399. doi:10.1016/j.heliyon.2020.e04399

Jamieson, J. R. (1997). The value of ›deaf eyes‹: Early interventions with young deaf children and their families. *Exceptionality Education Canada, 7*, 19–36.

Jamieson, J. R. & Pedersen, E. D. (1993). Deafness and mother-child interaction: Scaffolded instruction and the learning of problem-solving skills. *Early Development and Parenting, 2*(4), 229–242.

Johnson, D. R. & Wu, J. (2002). An empirical test of crisis, social selection, and role explanations of the relationship between marital disruption and psychological distress: A pooled time-series analysis of four-wave panel data. *Journal of Marriage and Family, 64*(1), 211–224.

Johnson, M. S., Skjerdingstad, N., Ebrahimi, O. V., Hoffart, A. & Johnson, S. U. (2022). Parenting in a pandemic: Parental stress, anxiety and depression among parents during the government-initiated physical distancing measures following the first wave of COVID-19. *Stress Health, 38*(4), 637–652. doi:10.1002/smi.3120

Johnson, S., Hollis, C., Kochhar, P., Hennessy, E., Wolke, D. & Marlow, N. (2010). Autism spectrum disorders in extremely preterm children. *J Pediatr, 156*(4), 525–531 e522. doi: S0022-3476(09)01091-9 [pii]10.1016/j.jpeds.2009.10.041

Johnson, S. & Marlow, N. (2011). Preterm birth and childhood psychiatric disorders. *Pediatr Res, 69*(5 Pt 2), 11R-18R. doi:10.1203/PDR.0b013e318212faa0

Jones, S. H., Jovanoska, J., Calam, R., Wainwright, L. D., Vincent, H., Asar, O., . . . Lobban, F. (2017). Web-based integrated bipolar parenting intervention for parents with bipolar disorder: a randomised controlled pilot trial. *J Child Psychol Psychiatry, 58*(9), 1033–1041. doi:10.1111/jcpp.12745

Jurczyk, K. (2014). Familie als Herstellungsleistung. Hintergründe und Konturen einer neuen Perspektive auf Familie. In K. Jurczyk, A. Lange & B. Thiessen (Hrsg.), *Doing Family. Warum Familienleben heute nicht mehr selbstverständlich ist* (S. 50–70). Weinheim, Basel: Beltz Juventa.

Kandel, I. & Merrick, J. (2003). The birth of a child with disability. Coping by parents and siblings. *ScientificWorldJournal, 3*, 741–750. doi:10.1100/tsw.2003.63

Kandel, I. & Merrick, J. (2007). The child with a disability: parental acceptance, management and coping. *ScientificWorldJournal, 7*, 1799–1809. doi:10.1100/tsw.2007.265

Karabekiroglu, K., Akman, I., Kuscu Orhan, S., Kuscu, K., Altuncu, E., Karabekiroglu, A. & Yuce, M. (2015). Mother-child interactions of preterm toddlers. *Noro Psikiyatr Ars, 52*(2), 157–162. doi:10.5152/npa.2015.7343

Karaś, D., Topolewska-Siedzik, E. & Negru-Subtirica, O. (2018). Contemporary views on personal identity formation. *Studia Psychologica, 18*(1), 5–25. doi:10.21697/sp.2018.18.1.01

Kast, V. (2020). *Trauern: Phasen und Chancen des psychischen Prozesses*. Freiburg: Verlag Herder.

Kaufmann, F. X. (1990). *Zukunft der Familie. Stabilität, Stabilitätsrisiken und Wandel der familialen Lebensformen sowie ihre gesellschaftlichen und politischen Bedingungen*. München: Beck.

Keenan, B. M., Newman, L. K., Gray, K. M. & Rinehart, N. J. (2016). Parents of children with ASD experience more psychological distress, parenting stress, and Attachment-Related Anxiety. *Journal of Autism and Developmental Disorders, 46*(9), 2979–2991. doi:10.1007/s10803-016-2836-z

Keil, J. & Langmeyer, A. N. (2020). Vater-Kind Kontakt nach Trennung und Scheidung: Die Bedeutung struktureller sowie intrafamilialer Faktoren. *Zeitschrift für Soziologie der Erziehung und Sozialisation (ZSE), 40*(1), 39–61.

Kelstrup, L. & Carlsson, J. (2022). Trauma-affected refugees and their non-exposed children: A review of risk and protective factors for trauma transmission. *Psychiatry Res, 313*, 114604. doi:10.1016/j.psychres.2022.114604

Kenny, C. & Yang, G. (2021). The global childcare workload from school and preschool closures during the COVID-19 pandemic. *CGD Note, 25*.

Kersh, J., Hedvat, T. T., Hauser-Cram, P. & Warfield, M. E. (2006). The contribution of marital quality to the well-being of parents of children with developmental disabilities. *Journal of Intellectual Disability Research, 50*(12), 883–893. doi:https://doi.org/10.1111/j.1365-2788.2006.00906.x

Kersting, A., Brähler, E., Glaesmer, H. & Wagner, B. (2011). Prevalence of complicated grief in a representative population-based sample. *J Affect Disord, 131*(1–3), 339–343. doi:10.1016/j.jad.2010.11.032

Kersting, A., Kroker, K., Steinhard, J., Ludorff, K., Wesselmann, U., Ohrmann, P., . . . Suslow, T. (2007). Complicated grief after traumatic loss: a 14-month follow up study. *Eur Arch Psychiatry Clin Neurosci, 257*(8), 437–443. doi:10.1007/s00406-007-0743-1

Kessler, R. C., Berglund, P., Demler, O., Jin, R., Merikangas, K. R. & Walters, E. E. (2005). Lifetime prevalence and age-of-onset distributions of DSM-IV disorders in the national comorbidity survey replication. *Archives of General Psychiatry, 62*(6), 593–602. doi:10.1001/archpsyc.62.6.593

Kiecolt-Glaser, J. K., Fisher, L. D., Ogrocki, P., Stout, J. C., Speicher, C. E. & Glaser, R. (1987). Marital quality, marital disruption, and immune function. *Psychosom Med, 49*(1), 13–34. doi:10.1097/00006842-198701000-00002

Killion, B. E. & Weyandt, L. L. (2020). Brain structure in childhood maltreatment-related PTSD across the lifespan: A systematic review. *Appl Neuropsychol Child, 9*(1), 68–82. doi:10.1080/21622965.2018.1515076

Kline, A., Weiner, M. D., Ciccone, D. S., Interian, A., St Hill, L. & Losonczy, M. (2014). Increased risk of alcohol dependency in a cohort of National Guard troops with PTSD: a longitudinal study. *J Psychiatr Res, 50*, 18–25. doi:10.1016/j.jpsychires.2013.11.007

Kohne, A. C. J. & Isvoranu, A. M. (2021). A network perspective on the comorbidity of personality disorders and mental disorders: An illustration of Depression and Borderline Personality Disorder. *Front Psychol, 12*, 680805. doi:10.3389/fpsyg.2021.680805

Korja, R., Latva, R. & Lehtonen, L. (2012). The effects of preterm birth on mother-infant interaction and attachment during the infant's first two years. *Acta Obstet Gynecol Scand, 91*(2), 164–173. doi:10.1111/j.1600-0412.2011.01304.x

Kposowa, A. J. (2000). Marital status and suicide in the National Longitudinal Mortality Study. *J Epidemiol Community Health, 54*(4), 254–261. doi:10.1136/jech.54.4.254

Kreicbergs, U. C., Lannen, P., Onelov, E. & Wolfe, J. (2007). Parental grief after losing a child to cancer: impact of professional and social support on long-term outcomes. *J Clin Oncol, 25*(22), 3307–3312. doi:10.1200/jco.2006.10.0743

Kreicbergs, U. C., Valdimarsdóttir, U., Onelöv, E., Henter, J. I. & Steineck, G. (2004). Anxiety and depression in parents 4–9 years after the loss of a child owing to a malignancy: a population-based follow-up. *Psychol Med, 34*(8), 1431–1441. doi:10.1017/s0033291704002740

Kreyenfeld, M. & Konietzka, D. (2015). Sozialstruktur und Lebensform. In P. B. Hill & J. Kopp (Hrsg.), *Handbuch Familiensoziologie* (S. 345–374). Wiesbaden: : Springer VS.

Krietsch, K. N., Mason, A. E. & Sbarra, D. A. (2014). Sleep complaints predict increases in resting blood pressure following marital separation. *Health Psychol, 33*(10), 1204–1213. doi:10.1037/hea0000089

Kübler-Ross, E. & Student, J. C. (2014). *Interviews mit Sterbenden*: Freiburg: Verlag Herder.

Kuger, S., Haas, W., Kalicki, B., Loss, J., Buchholz, U., Fackler, S., . . . Wieschke, J. (2022). *Kindertagesbetreuung und Infektionsgeschehen während der COVID-19-Pandemie. Abschlussbericht der Corona-KiTa-Studie*. Retrieved from

Kumar, S. A., Franz, M. R., Brock, R. L. & DiLillo, D. (2020). Posttraumatic stress and parenting behaviors: The mediating role of emotion regulation. *J Fam Violence, 35*(5), 417–426. doi:10.1007/s10896-019-00124-5

Kung, W. W., Hung, S.-L. & Chan, C. L. W. (2004). How the socio-cultural context shapes women's divorce experience in Hong Kong. *Journal of Comparative Family Studies*, 33–50.

Kwon, K.-A., Yoo, G. & Bingham, G. E. (2015). Helicopter parenting in emerging adulthood: Support or barrier for Korean college students' psychological adjustment? *Journal of Child and Family Studies, 25*(1), 136–145. doi:10.1007/s10826-015-0195-6

Lagercrantz, H. (2019). *Die Geburt des Bewusstseins: Über die Entwicklung des frühkindlichen Gehirns.* Berlin, Heidelberg: Springer.

Lambeck, S. (1992). *Diagnoseeröffnung bei Eltern behinderter Kinder. Ein Leitfaden für das Erstgespräch.* Göttingen: Verlag für Angewandte Psychologie.

Lannen, P. K., Wolfe, J., Prigerson, H. G., Onelov, E. & Kreicbergs, U. C. (2008). Unresolved grief in a national sample of bereaved parents: impaired mental and physical health 4 to 9 years later. *J Clin Oncol, 26*(36), 5870–5876. doi:10.1200/jco.2007.14.6738

Lawrence, E. M., Rogers, R. G., Zajacova, A. & Wadsworth, T. (2018). Marital happiness, marital status, health, and longevity. *Journal of Happiness Studies, 20*(5), 1539–1561. doi:10.1007/s10902-018-0009-9

Lee, E. (2014). Experts and parenting culture. In: *Parenting Culture Studies.* London: Palgrave Macmillan.

Lee, L. A., Sbarra, D. A., Mason, A. E. & Law, R. W. (2011). Attachment anxiety, verbal immediacy, and blood pressure: Results from a laboratory-analogue study following marital separation. *Pers Relatsh, 18*(2), 285–301. doi:10.1111/j.1475-6811.2011.01360.x

Leger-Goodes, T., Malboeuf-Hurtubise, C., Hurtubise, K., Simons, K., Boucher, A., Paradis, P. O., . . . Genereux, M. (2023). How children make sense of climate change: A descriptive qualitative study of eco-anxiety in parent-child dyads. *PLoS One, 18*(4), e0284774. doi:10.1371/journal.pone.0284774

Leiserowitz, A., Maibach, E., Rosenthal, S., Kotcher, J., Carman, J., Wang, X., . . . Marlon, J. (2021). *Climate change in the American mind.* New Haven, CT.

Lenze, A. & Funcke, A. (2016). *Alleinerziehende unter Druck – Rechtliche Rahmenbedingungen, finanzielle Lage und Reformbedarf.* Gütersloh: Bertelsmann Stiftung.

Lewis, V. (2003). *Development and disability:* Oxford: Blackwell Publishing.

Li, J., Precht, D. H., Mortensen, P. B. & Olsen, J. (2003). Mortality in parents after death of a child in Denmark: a nationwide follow-up study. *Lancet, 361*(9355), 363–367. doi:10.1016/s0140-6736(03)12387-2

Liang, L. A., Berger, U. & Brand, C. (2019). Psychosocial factors associated with symptoms of depression, anxiety and stress among single mothers with young children: A population-based study. *Journal of affective disorder, 242,* 255–264.

Lichtenthal, W. G., Neimeyer, R. A., Currier, J. M., Roberts, K. & Jordan, N. (2013). Cause of death and the quest for meaning after the loss of a child. *Death Stud, 37*(4), 311–342. doi:10.1080/07481187.2012.673533

Liedl, A., Schäfer, U. & Knaevelsrud, C. (2013). *Manual zur Psychoedukation bei Traumatisierten im Einzel- und Gruppensetting.* Stuttgart: Schattauer.

Liel, C., Ulrich, S. M., Lorenz, S., Eickhorst, A., Fluke, J. & Walper, S. (2020). Risk factors for child abuse, neglect and exposure to intimate partner violence in early childhood: Findings in a representative cross-sectional sample in Germany. *Child Abuse Negl, 106,* 104487. doi:10.1016/j.chiabu.2020.104487

Lippi, G. (2016). Schizophrenia in a member of the family: Burden, expressed emotion and addressing the needs of the whole family. *South African Journal of Psychiatry, 22*(1), 1–7.

Liu, L., Johnson, H. L., Cousens, S., Perin, J., Scott, S., Lawn, J. E., . . . Unicef. (2012). Global, regional, and national causes of child mortality: an updated systematic analysis for 2010 with time trends since 2000. *Lancet, 379*(9832), 2151–2161. doi:10.1016/S0140-6736(12)60560-1

Livingstone, S., Ólafsson, K., Helsper, E. J., Lupiáñez-Villanueva, F., Veltri, G. A. & Folkvord, F. (2017). Maximizing opportunities and minimizing risks for children online: The role of digital skills in emerging strategies of parental mediation. *Journal of Communication, 67*(1), 82–105. doi:10.1111/jcom.12277

Lotz, J. (2004). *»Manchmal bin ich traurig...«. Zur Lebenssituation von Müttern schwerstbehinderter Kinder* (3. Aufl.). Heidelberg: Universitätsverlag Winter.

Lovering, A. T., Elliott, J. E., Laurie, S. S., Beasley, K. M., Gust, C. E., Mangum, T. S., ... Duke, J. W. (2014). Ventilatory and sensory responses in adult survivors of preterm birth and bronchopulmonary dysplasia with reduced exercise capacity. *Ann Am Thorac Soc, 11*(10), 1528–1537. doi:10.1513/AnnalsATS.201312–466OC

Lucas, R. E. (2005). Time does not heal all wounds: A longitudinal study of reaction and adaptation to divorce. *Psychological science, 16*(12), 945–950.

Lucassen, N., de Haan, A. D., Helmerhorst, K. O. W. & Keizer, R. (2021). Interrelated changes in parental stress, parenting, and coparenting across the onset of the COVID-19 pandemic. *J Fam Psychol, 35*(8), 1065–1076. doi:10.1037/fam0000908

Lück, D. & Diabaté, S. (2015). Familienleitbilder: Ein theoretisches Konzept. In N. Schneider, S. Diabaté & K. Ruckdeschel (Hrsg.), *Familienleitbilder in Deutschland. Kulturelle Vorstellungen zu Partnerschaft, Elternschaft und Familienleben* (S. 19–28). Opladen, Berlin, Toronto: Barbara Budrich.

Lück, D., Diabaté, S. & Ruckdeschel, K. (2017). Cultural conceptions of family as inhibitors of change in family lives: The ›Leitbild‹ approach. In V. Česnuitytė, D. Lück & E. D. Widmer (Eds.), *Family continuity and change. Contemporary European perspectives* (pp. 61–86). London: Palgrave Macmillan.

Maciejewski, P. K., Zhang, B., Block, S. D. & Prigerson, H. G. (2007). An empirical examination of the stage theory of grief. *JAMA, 297*(7), 716–723. doi:10.1001/jama.297.7.716

Maercker, A., Hecker, T., Augsburger, M. & Kliem, S. (2018). ICD-11 prevalence rates of Posttraumatic Stress Disorder and Complex Posttraumatic Stress Disorder in a German nationwide sample. *J Nerv Ment Dis, 206*(4), 270–276. doi:10.1097/NMD.0000000000000790

Maitre, N. L., Key, A. P., Slaughter, J. C., Yoder, P. J., Neel, M. L., Richard, C., ... Murray, M. M. (2020). Neonatal multisensory processing in preterm and term infants predicts sensory reactivity and internalizing tendencies in early childhood. *Brain Topography, 33*(5), 586–599. doi:10.1007/s10548–020–00791–4

Malin, K. J., Gondwe, K. W., Fial, A. V., Moore, R., Conley, Y., White-Traut, R. & Griffith, T. (2023). Scoping review of early toxic stress and epigenetic alterations in the neonatal intensive care unit. *Nurs Res, 72*(3), 218–228. doi:10.1097/NNR.0000000000000652

Malter, F. & Börsch-Supan, A. (Eds.). (2013). *SHARE Wave 4: Innovations & Methodology*. München MEA: Max Planck Institute for Social Law and Social Policy.

Mancini, A. D., Bonanno, G. A. & Clark, A. E. (2011). Stepping off the hedonic treadmill. *Journal of Individual Differences*.

Mancini, A. D., Griffin, P. & Bonanno, G. A. (2012). Recent trends in the treatment of prolonged grief. *Curr Opin Psychiatry, 25*(1), 46–51. doi:10.1097/YCO.0b013e32834de48a

Margolis, R. & Myrskylä, M. (2015). parental well-being surrounding first birth as a determinant of further parity progression. *Demography, 52*(4), 1147–1166. doi:10.1007/s13524–015–0413–2

Markopoulou, P., Papanikolaou, E., Analytis, A., Zoumakis, E. & Siahanidou, T. (2019). Preterm birth as a risk factor for metabolic syndrome and cardiovascular disease in adult life: A systematic review and meta-analysis. *J Pediatr, 210*, 69–80 e65. doi:10.1016/j.jpeds.2019.02.041

Marlow, N., Wolke, D., Bracewell, M. A. & Samara, M. (2005). Neurologic and developmental disability at six years of age after extremely preterm birth. *N Engl J Med, 352*(1), 9–19. doi:352/1/9 [pii] 10.1056/NEJMoa041367

Marthinsen, G. N., Helseth, S. & Fegran, L. (2018). Sleep and its relationship to health in parents of preterm infants: a scoping review. *BMC Pediatr, 18*(1), 352. doi:10.1186/s12887–018–1320–7

Mas, J. M., Giné, C. & McWilliam, R. A. (2016). The adaptation process of families with children with intellectual disabilities in Catalonia. *Infants & Young Children, 29*(4), 335–351. doi:10.1097/iyc.0000000000000077

Masiero, M., Mazzocco, K., Harnois, C., Cropley, M. & Pravettoni, G. (2020). From individual to social trauma: Sources of everyday trauma in Italy, the US and UK during the Covid-19 pandemic. *Journal of Trauma & Dissociation, 21*(5), 513–519. doi:10.1080/15299732.2020.1787296

Mason, A. E., Law, R. W., Bryan, A. E., Portley, R. M. & Sbarra, D. A. (2012). Facing a breakup: Electromyographic responses moderate self-concept recovery following a romantic separation. *Pers Relatsh, 19*(3), 551–568. doi:10.1111/j.1475–6811.2011.01378.x

Massad, S., Nieto, F. J., Palta, M., Smith, M., Clark, R. & Thabet, A. (2009). Mental health of children in Palestinian kindergartens: Resilience and vulnerability. *Child and Adolescent Mental Health, 14*, 89–96. doi:10.1111/j.1475–3588.2009.00528.x

Massad, S., Stryker, R., Mansour, S. & Khammash, U. (2018). Rethinking resilience for children and youth in conflict zones: The case of Palestine. *Research in Human Development, 15*(3–4), 280–293. doi:10.1080/15427609.2018.1502548

Mattejat, F. & Lisofsky, B. (Eds.). (2014). *Nicht von schlechten Eltern – Kinder psychisch Kranker* (4. Aufl.). Köln: Balance buch + medien Verlag.

Mautner, E., Egger, J. W., Trutnovsky, G. & Greimel, E. (2008). Lebensqualität, Schwangerschaft und Geburt – Medizinische und psychosoziale Einflussfaktoren auf die Lebensqualität und Befindlichkeit. *Geburtshilfe Frauenheilkd, 68*(S 01), PO_Gyn_03_18. doi:10.1055/s-0028–1089049

Mayshak, R., Curtis, A., Coomber, K., Tonner, L., Walker, A., Hyder, S., . . . Miller, P. (2022). Alcohol-involved family and domestic violence reported to police in Australia. *J Interpers Violence, 37*(3–4), NP1658-NP1685. doi:10.1177/0886260520928633

McConnell, D., Savage, A. & Breitkreuz, R. (2014). Resilience in families raising children with disabilities and behavior problems. *Res Dev Disabil, 35*(4), 833–848. doi:10.1016/j.ridd.2014.01.015

McDaniel, B. T. & Coyne, S. M. (2019). Technology interference in the parenting of young children: Implications for mothers' perceptions of coparenting. *The Social Science Journal, 53*(4), 435–443. doi:10.1016/j.soscij.2016.04.010

Mead, E., Roser-Renouf, C., Rimal, R. N., Flora, J. A., Maibach, E. W. & Leiserowitz, A. (2012). Information seeking about global climate change among adolescents: The role of risk perceptions, efficacy beliefs and parental influences. *Atl J Commun, 20*(1), 31–52. doi:10.1080/15456870.2012.637027

Meca, A., Paulson, J. F., Webb, T. N., Kelley, M. L. & Rodil, J. C. (2020). Examination of the relationship between parenting identity and internalizing problems: A preliminary examination of gender and parental status differences. *Identity, 20*(2), 92–106. doi:10.1080/15283488.2020.1737070

Meert, K. L., Shear, K., Newth, C. J., Harrison, R., Berger, J., Zimmerman, J., . . . Human Development Collaborative Pediatric Critical Care Research, N. (2011). Follow-up study of complicated grief among parents eighteen months after a child's death in the pediatric intensive care unit. *J Palliat Med, 14*(2), 207–214. doi:10.1089/jpm.2010.0291

Micco, J. A., Henin, A., Mick, E., Kim, S., Hopkins, C. A., Biederman, J. & Hirshfeld-Becker, D. R. (2009). Anxiety and depressive disorders in offspring at high risk for anxiety: a meta-analysis. *J Anxiety Disord, 23*(8), 1158–1164. doi:10.1016/j.janxdis.2009.07.021

Michon, B., Balkou, S., Hivon, R. & Cyr, C. (2003). Death of a child: Parental perception of grief intensity – End-of-life and bereavement care. *Paediatr Child Health, 8*(6), 363–366. doi:10.1093/pch/8.6.363

Miho, A. & Thévenon, O. (2020). Treating all children equally? doi:doi:https://doi.org/10.1787/83307d97-en

Mikolajczak, M., Gross, J. J. & Roskam, I. (2021). Beyond job bBurnout: Parental burnout! *Trends Cogn Sci, 25*(5), 333–336. doi:10.1016/j.tics.2021.01.012

Mikolajczak, M., Raes, M.-E., Avalosse, H. & Roskam, I. (2018). Exhausted parents: Sociodemographic, child-related, parent-related, parenting and family-functioning correlates of parental burnout. *Journal of Child and Family Studies, 27*(2), 602–614. doi:10.1007/s10826-017-0892-4

Miller, J. J., Cooley, M. E. & Mihalec-Adkins, B. P. (2022). Examining the impact of COVID-19 on parental stress: A study of foster parents. *Child Adolesc Social Work J, 39*(2), 147–156. doi:10.1007/s10560-020-00725-w

Minnis, H., Marwick, H., Arthur, J. & McLaughlin, A. (2006). Reactive attachment disorder–a theoretical model beyond attachment. *Eur Child Adolesc Psychiatry, 15*(6), 336–342. doi:10.1007/s00787-006-0539-2

Mitnick, D. M., Heyman, R. E. & Smith Slep, A. M. (2009). Changes in relationship satisfaction across the transition to parenthood: A meta-analysis. *Journal of Family Psychology, 23*(6), 848–852. doi:10.1037/a0017004

Mooney-Leber, S. M. & Brummelte, S. (2020). Neonatal pain and reduced maternal care alter adult behavior and hypothalamic-pituitary-adrenal axis reactivity in a sex-specific manner. *Dev Psychobiol, 62*(5), 631–643. doi:10.1002/dev.21941

Morris, S., Fletcher, K. & Goldstein, R. (2019). The grief of parents after the death of a young child. *Journal of Clinical Psychology in Medical Settings, 26*(3), 321–338. doi:10.1007/s10880-018-9590-7

Mousavi, S. E., Low, W. Y. & Hashim, A. H. (2016). Perceived parenting styles and cultural influences in adolescent's anxiety: A cross-cultural comparison. *Journal of Child and Family Studies, 25*(7), 2102–2110. doi:10.1007/s10826-016-0393-x

Mulder, H., Pitchford, N. J. & Marlow, N. (2011). Inattentive behaviour is associated with poor working memory and slow processing speed in very pre-term children in middle childhood. *Br J Educ Psychol, 81*(Pt 1), 147–160. doi:10.1348/000709910X505527

Münder, J., Bindel-Kögel, G., Hoffmann, H., Lampe, W., Schone, R. & Seidenstücker, B. (2017). Kindeswohl zwischen Jugendhilfe und Justiz – Zusammenfassung und Perspektiven. In J. Münder (Hrsg.), *Kindeswohl zwischen Jugendhilfe und Justiz* (S. 425–434). Weinheim: Juventa.

Muñoz, D., Ploderer, B. & Brereton, M. (2018). *Towards design for renegotiating the parent-adult child relationship after children leave home*. Paper presented at the Proceedings of the 30th Australian Conference on Computer-Human Interaction.

Murray, L., de Rosnay, M., Pearson, J., Bergeron, C., Schofield, E., Royal-Lawson, M. & Cooper, P. J. (2008). Intergenerational transmission of social anxiety: the role of social referencing processes in infancy. *Child Dev, 79*(4), 1049–1064. doi:10.1111/j.1467-8624.2008.01175.x

Murray, L., Sinclair, D., Cooper, P., Ducournau, P., Turner, P. & Stein, A. (1999). The socio-emotional development of 5-year-old children of postnatally depressed mothers. *J Child Psychol Psychiatry, 40*(8), 1259–1271.

Myrskylä, M. & Margolis, R. (2014). Happiness: Before and after the kids. *Demography, 51*(5), 1843–1866. doi:10.1007/s13524-014-0321-x

Nauck, B. & Lotter, V. (2015). Parenting styles and perceived instrumentality of schooling in native, Turkish, and Vietnamese families in Germany. *Zeitschrift für Erziehungswissenschaft, 18*(4), 845–869. doi:10.1007/s11618-015-0630-x

Nave-Herz, R. (2014). *Familiensoziologie. Ein Lehr- und Studienbuch*. München: Oldenbourg.

Nave-Herz, R. (2015). *Familie heute. Wandel der Familienstrukturen und Folgen für die Erziehung*. Darmstadt: Wissenschaftliche Buchgesellschaft.

Nelson, J., Klumparendt, A., Doebler, P. & Ehring, T. (2017). Childhood maltreatment and characteristics of adult depression: meta-analysis. *Br J Psychiatry, 210*(2), 96–104. doi:10.1192/bjp.bp.115.180752

Neubauer, T. A., Hauffe, T., Silvestro, D., Schauer, J., Kadolsky, D., Wesselingh, F. P., ... Wilke, T. (2021). Current extinction rate in European freshwater gastropods greatly exceeds that of the late Cretaceous mass extinction. *Communications Earth & Environment, 2*(1), 97. doi:10.1038/s43247-021-00167-x

Nguyen, C., Sandhi, A., Lee, G., Nguyen, L. T. K. & Kuo, S. Y. (2023). Prevalence of and factors associated with postnatal depression and anxiety among parents of preterm infants: A systematic review and meta-analysis. *J Affect Disord, 322*, 235–248. doi:10.1016/j.jad.2022.11.015

Nguyen, T. P., Guajardo, M. G. U., Sahle, B. W., Renzaho, A. M. N. & Slewa-Younan, S. (2022). Prevalence of common mental disorders in adult Syrian refugees resettled in high income Western countries: a systematic review and meta-analysis. *BMC Psychiatry, 22*(1), 15. doi:10.1186/s12888-021-03664-7

Nielsen, L. (2018). Joint versus sole physical custody: Children's outcomes independent of parent-child relationships, income, and conflict in 60 studies. *Journal of Divorce & Remarriage, 59*(4), 247–281.

Nielsen, N. M., Davidsen, R. B., Hviid, A. & Wohlfahrt, J. (2014). Divorce and risk of hospital-diagnosed infectious diseases. *Scand J Public Health*, 42(7), 705–711. doi:10.1177/1403494814544398

Novak, I., Morgan, C., McNamara, L. & te Velde, A. (2019). Best practice guidelines for communicating to parents the diagnosis of disability. *Early Human Development*, 139, 104841. doi:https://doi.org/10.1016/j.earlhumdev.2019.104841

OECD. (2011). *Doing Better for Families.*

OECD. (2022). *Trends Shaping Education 2022.*

Organisation), W. W. H. (2023). WHO Coronavirus (COVID-19) dashboard. Retrieved from https://covid19.who.int/. https://covid19.who.int/ [03.05.2023]

Ouvrein, G. & Verswijvel, K. (2019). Sharenting: Parental adoration or public humiliation? A focus group study on adolescents' experiences with sharenting against the background of their own impression management. *Children and Youth Services Review*, 99, 319–327. doi:10.1016/j.childyouth.2019.02.011

Overall, N. C. (2019). Attachment insecurity and power regulation in intimate relationships. *Curr Opin Psychol*, 25, 53–58. doi:10.1016/j.copsyc.2018.03.004

Özgür, H. (2016). The relationship between Internet parenting styles and Internet usage of children and adolescents. *Computers in Human Behavior*, 60, 411–424. doi:10.1016/j.chb.2016.02.081

Padilla-Walker, L. M., Coyne, S. M., Fraser, A. M., Dyer, W. J. & Yorgason, J. B. (2012). Parents and adolescents growing up in the digital age: Latent growth curve analysis of proactive media monitoring. *Journal of Adolescence*, 35(5), 1153–1165. doi:10.1016/j.adolescence.2012.03.005

Patrick, S. W., Henkhaus, L. E., Zickafoose, J. S., Lovell, K., Halvorson, A., Loch, S., . . . Davis, M. M. (2020). Well-being of parents and children during the COVID-19 pandemic: A national survey. *Pediatrics*, 146(4). doi:10.1542/peds.2020–016824

Paul, O. (2020). Diagnoseverarbeitung von Eltern behinderter Kinder im Reaction to Diagnosis Interview (RDI) und Auswirkungen auf das Spiel mit dem Kind. *Praxis der Kinderpsychologie und Kinderpsychiatrie*, 69(7), 625–642. doi:10.13109/prkk.2020.69.7.625

Perin, J., Mulick, A., Yeung, D., Villavicencio, F., Lopez, G., Strong, K. L., . . . Liu, L. (2022). Global, regional, and national causes of under-5 mortality in 2000–19: an updated systematic analysis with implications for the Sustainable Development Goals. *Lancet Child Adolesc Health*, 6(2), 106–115. doi:10.1016/S2352–4642(21)00311–4

Perrig-Chiello, P., Hutchison, S. M. & Morselli, D. (2015). Patterns of psychological adaptation to divorce after a long-term marriage. *Journal of Social and Personal Relationships*, 32(3), 386–405.

Petit, A.-C., Eutrope, J., Thierry, A., Bednarek, N., Aupetit, L., Saad, S., . . . Rolland, A.-C. (2016). Mother's emotional and posttraumatic reactions after a preterm birth: The mother-infant interaction is at stake 12 months after birth. *PLoS One*, 11(3), e0151091.

Peuckert, R. (2012). *Familienformen im sozialen Wandel.* Wiesbaden: Springer VS.

Pierce, M., McManus, S., Hope, H., Hotopf, M., Ford, T., Hatch, S. L., . . . Abel, K. M. (2021). Mental health responses to the COVID-19 pandemic: a latent class trajectory analysis using longitudinal UK data. *Lancet Psychiatry*, 8(7), 610–619. doi:10.1016/s2215–0366(21)00151–6

Pillhofer, M., Spangler, G., Bovenschen, I., Künster, A. K., Gabler, S., Fallon, B., . . . Ziegenhain, U. (2015). Pilot study of a program delivered within the regular service system in Germany: Effect of a short-term attachment-based intervention on maternal sensitivity in mothers at risk for child abuse and neglect. *Child Abuse & Neglect*(42), 163–173. doi:10.1016/j.chiabu.2014.07.007

Pimentel, D. (2016). Protecting the free-range kid: Recalibrating parents' rights and the best interest of the child. *Cardozo Law Review*, 38, 1–57.

Piotrowski, K. (2018). Adaptation of the Utrecht-Management of Identity Commitments Scale (U-MICS) to the measurement of the parental identity domain. *Scand J Psychol*, 59(2), 157–166. doi:10.1111/sjop.12416

Piotrowski, K. (2021a). How many parents regret having children and how it is linked to their personality and health: Two studies with national samples in Poland. *PLoS One*, 16(7), e0254163. doi:10.1371/journal.pone.0254163

Piotrowski, K. (2021b). Parental identity status in emerging and early adulthood, personality, and well-being: A cluster analytic approach. *Scand J Psychol, 62*(6), 820–832. doi:10.1111/sjop.12779

Piotrowski, K. (2023). Parental identity formation in mothers is linked to borderline and depressive symptoms: A person-centered analyses. *Front Psychol, 14*, 1086947. doi:10.3389/fpsyg.2023.1086947

Pipp-Siegel, S., & Biringen, Z. (1998). Assessing the quality of relationships between parents and children: The emotional availability scales. *The Volta Review, 100*(5), 237–249.

Plantin, L. & Daneback, K. (2009). Parenthood, information and support on the internet. A literature review of research on parents and professionals online. *BMC Family Practice, 10*(1). doi:10.1186/1471-2296-10-34

Porsch, R. & Porsch, T. (2020). Fernunterricht als Ausnahmesituation. Befunde einer bundesweiten Befragung von Eltern mit Kindern in der Grundschule. In D. Fickermann & B. Edelstein (Hrsg.), *»Langsam vermisse ich die Schule …«. Schule während und nach der Corona-Pandemie* (S. 61–78). Münster New York: Waxmann.

Proksch, R. (2002). Rechtstatsächliche Untersuchung zur Reform des Kindschaftsrechts. In B. d. J. (BMJ) (Hrsg.), *Rechtstatsachenforschung*. Köln: Bundesanzeiger.

Proulx, C. M., Ermer, A. E. & Kanter, J. B. (2017). Group-based trajectory modeling of marital quality: A critical review. *Journal of Family Theory & Review, 9*(3), 307–327. doi:10.1111/jftr.12201

Punamaki, R. L., Qouta, S. & El-Sarraj, E. (2001). Resiliency factors predicting psychological adjustment after political violence among Palestinian children. *International Journal of Behavioral Development, 25*(3), 256–267. doi:Doi 10.1080/01650250042000294

Rachidi, M. & Lopes, C. (2008). Mental retardation and associated neurological dysfunctions in Down syndrome: a consequence of dysregulation in critical chromosome 21 genes and associated molecular pathways. *Eur J Paediatr Neurol, 12*(3), 168–182. doi:10.1016/j.ejpn.2007.08.010

Rachman, S. (1977). The conditioning theory of fear-acquisition: a critical examination. *Behav Res Ther, 15*(5), 375–387. doi:10.1016/0005-7967(77)90041-9

Rando, T. A. (1986). *Parental loss of a child:* Champaign, Illinois: Research Press Co.

Rasic, D., Hajek, T., Alda, M. & Uher, R. (2014). Risk of mental illness in offspring of parents with schizophrenia, bipolar disorder, and major depressive disorder: a meta-analysis of family high-risk studies. *Schizophr Bull, 40*(1), 28–38. doi:10.1093/schbul/sbt114

Rasouli, O., Aarseth Bo, M., Reinfjell, T., Moksnes, U. K. & Eilertsen, M. B. (2021). Protective and risk factors associated with psychological distress in cancer-bereaved parents: A cross-sectional study. *Eur J Oncol Nurs, 51*, 101929. doi:10.1016/j.ejon.2021.101929

Reck, C., von Tettenborn, A. & Hagl, M. (2022). Interaktionszentrierte Eltern-Kind-Therapie bei postpartalen Depressionen und Angsterkrankungen. *Schweizer Zeitschrift für Psychiatrie & Neurologie, 2022*(1), 18–21.

Reinisch, A. & Schmuhl, M. (2012). Das Präventionsprojekt für Kinder psychisch erkrankter Eltern »Kanu – Gemeinsam weiterkommen«. In U. Bauer, A. Reinisch & M. Schmuhl (Hrsg.), *Prävention für Familien mit psychisch erkrankten Eltern: Bedarf, Koordination, Praxiserfahrungen* (S. 119–138). Wiesbaden: VS Verlag für Sozialwissenschaften.

Reneflot, A., Øien-Ødegaard, C. & Hauge, L. J. (2020). Marital separation and contact with primary healthcare services for mental health problems: a register-based study. *BMC Psychol, 8*(1), 124. doi:10.1186/s40359-020-00488-0

Resendes, T., Serravalle, L., Iacono, V. & Ellenbogen, M. A. (2023). Reduced parenting stress following a prevention program decreases internalizing and externalizing symptoms in the offspring of parents with bipolar disorder. *Int J Bipolar Disord, 11*(1), 10. doi:10.1186/s40345-022-00284-2

Reyes, L. M., Jaekel, J., Kreppner, J., Wolke, D. & Sonuga-Barke, E. (2020). A Comparison of the effects of preterm birth and institutional deprivation on child temperament. *Development and Psychopathology, 32*(4), 1524–1533. doi:10.1017/S0954579419001457

Reyes, L. M., Jaekel, J. & Wolke, D. (2019). Effects of gestational age and early parenting on children's social inhibition at 6 years. *Children, 6*(7), 81. Retrieved from https://www.mdpi.com/2227-9067/6/7/81 [17.06.20239

Reynolds, G., Field, A. P. & Askew, C. (2017). Learning to fear a second-order stimulus following vicarious learning. *Cogn Emot, 31*(3), 572–579. doi:10.1080/02699931.2015.1116978

Richa, S., Herdane, M., Dwaf, A., Bou Khalil, R., Haddad, F., El Khoury, R., . . . El-Hage, W. (2020). Trauma exposure and PTSD prevalence among Yazidi, Christian and Muslim asylum seekers and refugees displaced to Iraqi Kurdistan. *PLoS One, 15*(6), e0233681. doi:10.1371/journal.pone.0233681

Richter, L. M., Daelmans, B., Lombardi, J., Heymann, J., Boo, F. L., Behrman, J. R., . . . the Lancet early childhood development series steering, C. (2017). Investing in the foundation of sustainable development: pathways to scale up for early childhood development. *Lancet, 389*(10064), 103–118. doi:10.1016/S0140-6736(16)31698-1

Risdal, D. & Singer, G. H. S. (2004). Marital adjustment in parents of children with disabilities: A historical review and meta-analysis. *Research and Practice for Persons with Severe Disabilities, 29*(2), 95–103. doi:10.2511/rpsd.29.2.95

Rizkalla, N. & Segal, S. P. (2019). War can harm intimacy: consequences for refugees who escaped Syria. *J Glob Health, 9*(2), 020407. doi:10.7189/jogh.09.020407

Robinson, M. & Neece, C. L. (2015). Marital satisfaction, parental stress, and child behavior problems among parents of young children with developmental delays. *Journal of Mental Health Research in Intellectual Disabilities, 8*(1), 23–46. doi:10.1080/19315864.2014.994247

Rodgers, R. F. & DuBois, R. H. (2018). Grief reactions: A sociocultural approach. In E. Bui (Ed.), *Clinical Handbook of Bereavement and Grief Reactions* (pp. 1–18). Cham: Springer International Publishing.

Rognmo, K., Torvik, F. A., Idstad, M. & Tambs, K. (2013). More mental health problems after divorce in couples with high pre-divorce alcohol consumption than in other divorced couples: results from the HUNT-study. *BMC Public Health, 13*, 852. doi:10.1186/1471-2458-13-852

Rubenstein, B. L., Lu, L. Z. N., MacFarlane, M. & Stark, L. (2020). Predictors of interpersonal violence in the household in humanitarian settings: A systematic review. *Trauma Violence Abuse, 21*(1), 31–44. doi:10.1177/1524838017738724

Ruiter, R. A., Kessels, L. T., Peters, G. J. & Kok, G. (2014). Sixty years of fear appeal research: current state of the evidence. *Int J Psychol, 49*(2), 63–70. doi:10.1002/ijop.12042

Rutherford, M. B. (2011). The social value of self-esteem. *Society, 48*(5), 407–412. doi:10.1007/s12115-011-9460-5

Sadler-Smith, E. & Akstinaite, V. (2021). Human hubris, anthropogenic climate change, and an environmental ethic of humility. *Organization & Environment, 35*(3), 446–467. doi:10.1177/10860266211039000

Saile, R., Neuner, F., Ertl, V. & Catani, C. (2013). Prevalence and predictors of partner violence against women in the aftermath of war: a survey among couples in northern Uganda. *Soc Sci Med, 86*, 17–25. doi:10.1016/j.socscimed.2013.02.046

Sandberg, J. F. & Hofferth, S. L. (2001). Changes in children's time with parents: United States, 1981–1997. *Demography, 38*(3), 423–436. doi:10.1353/dem.2001.0031

Sander, S., Strizzi, J. M., Øverup, C. S., Cipric, A. & Hald, G. M. (2020). When love hurts – mental and physical health among recently divorced Danes. *Front Psychol, 11*, 578083. doi:10.3389/fpsyg.2020.578083

Sarimski, K. (2021). *Frühförderung bei schwerster Behinderung – Ein familienorientiertes Konzept für die Praxis.* Stuttgart: Kohlhammer.

Sartore, G. M., Pourliakas, A. & Lagioia, V. (2021). Peer support interventions for parents and carers of children with complex needs. *Cochrane Database Syst Rev, 12*(12), Cd010618. doi:10.1002/14651858.CD010618.pub2

Sbarra, D. A., Boals, A., Mason, A. E., Larson, G. M. & Mehl, M. R. (2013). Expressive writing can impede emotional recovery following marital separation. *Clin Psychol Sci, 1*(2), 120–134. doi:10.1177/2167702612469801

Sbarra, D. A., Bourassa, K. J. & Manvelian, A. (2019). Marital separation and divorce: Correlates and consequences. In *APA handbook of contemporary family psychology: Foundations, methods, and contemporary issues across the lifespan* (Vol. 1). (pp. 687–705).

Sbarra, D. A., Hasselmo, K. & Bourassa, K. J. (2015). Divorce and health: Beyond individual differences. *Current Directions in Psychological Science, 24*(2), 109–113. doi:10.1177/0963721414559125

Sbarra, D. A., Hasselmo, K. & Nojopranoto, W. (2012). Divorce and death: A case study for health psychology. *Social and Personality Psychology Compass, 6*(12), 905–919. doi:https://doi.org/10.1111/spc3.12002

Sbarra, D. A., Law, R. W. & Portley, R. M. (2011). Divorce and death:A meta-analysis and research agenda for clinical, social, and health psychology. *Perspectives on Psychological Science, 6*(5), 454–474. doi:10.1177/1745691611414724

Sbarra, D. A., Smith, H. L. & Mehl, M. R. (2012). When leaving your ex, love yourself: observational ratings of self-compassion predict the course of emotional recovery following marital separation. *Psychol Sci, 23*(3), 261–269. doi:10.1177/0956797611429466

Schmid, G., Schreier, A., Meyer, R. & Wolke, D. (2011). Predictors of crying, feeding and sleeping problems: a prospective study. *Child Care Health Dev, 37*(4), 493–502. doi:10.1111/j.1365-2214.2010.01201.x

Schone, R. & Wagenblass, S. (2006). *Kinder psychisch kranker Eltern zwischen Jugendhilfe und Erwachsenenpsychiatrie.* Weinheim: Juventa-Verlag.

Schoonover, K. L., Prokop, L. & Lapid, M. I. (2022). Valuable informal bereavement support strategies for bereaved parents of stillborn, young children, and adult children: A scoping review. *Journal of Palliative Care, 37*(3), 381–400. doi:10.1177/08258597211062762

Schröder, M. (2020). *Wann sind wir wirklich zufrieden? Überraschende Erkenntnisse zu Arbeit, Liebe, Kindern, Geld. Auf Basis der größten Langzeitstudie mit über 600.000 Befragungen.* München: C. Bertelsmann.

Schrooyen, C., Soenens, B., Waterschoot, J., Vermote, B., Morbee, S., Beyers, W., . . . Vansteenkiste, M. (2021). Parental identity as a resource for parental adaptation during the COVID-19 lockdown. *J Fam Psychol, 35*(8), 1053–1064. doi:10.1037/fam0000895

Schuchardt, E. (2005). *Warum gerade ich ...? Leben lernen in Krisen – leiden und Glaube. Schritte mit Betroffenen und Begleitenden.* Göttingen: Vandenhoeck & Ruprecht.

Schülein, J. A. (2002). *Die Geburt der Eltern.* Giessen: Psychosozial-Verlag.

Schwarzer, R. & Luszczynska, A. (2013). Stressful life events. In *Handbook of psychology: Health psychology, Vol. 9, 2nd ed.* (pp. 29–56). Hoboken, NJ, US: John Wiley & Sons, Inc.

Seligman, M. E., Weiss, J., Weinraub, M. & Schulman, A. (1980). Coping behavior: learned helplessness, physiological change and learned inactivity. *Behav Res Ther, 18*(5), 459–512. doi:10.1016/0005-7967(80)90011-x

Setyastuti, Y., Suminar, J. R., Hadisiwi, P. & Zubair, F. (2019). Millennial moms : Social media as the preferred source of information about parenting in Indonesia. *Library Philosophy and Practice, 2558*, 1–15.

Shear, M. K. (2015). Clinical practice. Complicated grief. *N Engl J Med, 372*(2), 153–160. doi:10.1056/NEJMcp1315618

Shendell, D. G., Black, L. F., Way, Y., Aggarwal, J., Campbell, M. L. F. & Nguyen, K. T. (2023). Knowledge, attitudes, and awareness of New Jersey public high school students about concepts of climate change, including environmental justice. *Int J Environ Res Public Health, 20*(3). doi:10.3390/ijerph20031922

Shonkoff, J. P. (2015). *The neurobiology of early childhood development and the foundation of a sustainable society. In: Investing against Evidence: The global state of early childhood care and education.* New York: UNESCO.

Shonkoff, J. P., Garner, A. S., Committee on Psychosocial Aspects of, C., Family, H., Committee on Early Childhood, A., Dependent, C., . . . Behavioral, P. (2012). The lifelong effects of early childhood adversity and toxic stress. *Pediatrics, 129*(1), e232–246. doi:10.1542/peds.2011-2663

Shor, E., Roelfs, D. J., Bugyi, P. & Schwartz, J. E. (2012). Meta-analysis of marital dissolution and mortality: reevaluating the intersection of gender and age. *Soc Sci Med, 75*(1), 46–59. doi:10.1016/j.socscimed.2012.03.010

Sidebotham, P., Heron, J. & Team, T. A. S. (2006). Child maltreatment in the »children of the nineties«: A cohort study of risk factors. *Child Abuse & Neglect, 30*(5), 497–522. doi:https://doi.org/10.1016/j.chiabu.2005.11.005

Simon, N. M. (2013). Treating complicated grief. *JAMA, 310*(4), 416–423. doi:10.1001/jama.2013.8614

Smetana, J. G. (2017). Current research on parenting styles, dimensions, and beliefs. *Current Opinion in Psychology, 15*, 19–25. doi:10.1016/j.copsyc.2017.02.012

Smith, D. M., Sales, J., Williams, A. & Munro, S. (2023). Pregnancy intentions of young women in Canada in the era of climate change: a qualitative auto-photography study. *BMC Public Health, 23*(1), 766. doi:10.1186/s12889-023-15674-z

Smith, L. K., Blondel, B., Van Reempts, P., Draper, E. S., Manktelow, B. N., Barros, H., . . . Group, E. R. (2017). Variability in the management and outcomes of extremely preterm births across five European countries: a population-based cohort study. *Arch Dis Child Fetal Neonatal Ed, 102*(5), F400-F408. doi:10.1136/archdischild-2016-312100

Sobsey, D. (2004). Marital stability and marital satisfaction in families of children with disabilities: Chicken or egg?. *Developmental Disabilities Bulletin, 32*(1), 62–83.

Sommer, R., Zoller, P. & Felder, W. (2001). Elternschaft und psychiatrische Hospitalisation. *Praxis der Kinderpsychologie und Kinderpsychiatrie, 7*(1), 498–512.

Sorce, J. F., Emde, R. N., Campos, J. J. & Klinnert, M. D. (1985). Maternal emotional signaling: Its effect on the visual cliff behavior of 1-year-olds. *Developmental Psychology, 21*(1), 195–200.

Sperfeld, F., Kovac, S., Dolinga, S., Nagel, L., Rodríguez, H., UfU & IASS. (2022). *Fact sheet Renewable energy for air quality and people's health.*

Spittle, A. J., Treyvaud, K., Doyle, L. W., Roberts, G., Lee, K. J., Inder, T. E., . . . Anderson, P. J. (2009). Early emergence of behavior and social-emotional problems in very preterm infants. *J Am Acad Child Adolesc Psychiatry, 48*(9), 909–918. doi:10.1097/CHI.0b013e3181af8235S0890-8567(09)60146-5 [pii]

Sprague, N. L., Rundle, A. G. & Ekenga, C. C. (2022). The COVID-19 pandemic as a threat multiplier for childhood health disparities: Evidence from St. Louis, MO. *J Urban Health, 99*(2), 208–217. doi:10.1007/s11524-022-00616-8

Sriskandarajah, V., Neuner, F. & Catani, C. (2015). Parental care protects traumatized Sri Lankan children from internalizing behavior problems. *BMC Psychiatry, 15*, 203. doi:10.1186/s12888-015-0583-x

Stambaugh, L. F., Forman-Hoffman, V., Williams, J., Pemberton, M. R., Ringeisen, H., Hedden, S. L. & Bose, J. (2017). Prevalence of serious mental illness among parents in the United States: results from the National Survey of drug use and health, 2008–2014. *Annals of Epidemiology, 27*(3), 222–224. doi:https://doi.org/10.1016/j.annepidem.2016.12.005

Steg, L., Bolderdijk, J. W., Keizer, K. & Perlaviciute, G. (2014). An integrated framework for encouraging pro-environmental behaviour: The role of values, situational factors and goals. *Journal of Environmental Psychology, 38*, 104–115. doi:https://doi.org/10.1016/j.jenvp.2014.01.002

Stenberg, G. (2003). Effects of maternal inattentiveness on infant social referencing. *Infant and Child Development, 12*, 399–419.

Stenberg, G. & Hagekull, B. (1997). Social referencing and mood modification in 1-year-olds. *Infant Behavior and Development, 20*(2), 209–217.

Stracke, M., Heinzl, M., Muller, A. D., Gilbert, K., Thorup, A. A. E., Paul, J. L. & Christiansen, H. (2023). Mental health Is a family affair-systematic review and meta-analysis on the associations between mental health problems in parents and children during the COVID-19 Pandemic. *Int J Environ Res Public Health, 20*(5). doi:10.3390/ijerph20054485

Ströbe, M., Finkenauer, C., Wijngaards-de Meij, L., Schut, H., van den Bout, J. & Ströbe, W. (2013). Partner-oriented self-regulation among bereaved parents: the costs of holding in grief for the partner's sake. *Psychol Sci, 24*(4), 395–402. doi:10.1177/0956797612457383

Ströbe, M., Schut, H. & Stöbe, W. (2007). Health outcomes of bereavement. *Lancet, 370*(9603), 1960–1973. doi:10.1016/s0140-6736(07)61816-9

Ströbe, W., Schut, H. & Ströbe, M. (2005). Grief work, disclosure and counseling: do they help the bereaved? *Clin Psychol Rev, 25*(4), 395–414. doi:10.1016/j.cpr.2005.01.004

Ströbe, W., Ströbe, M. S. & Abakoumkin, G. (1999). Does differential social support cause sex differences in bereavement outcome? *Journal of Community & Applied Social Psychology, 9*(1), 1–12. doi:https://doi.org/10.1002/(SICI)1099-1298(199901/02)9:1<1::AID-CASP478>3.0.CO;2-X

Student, J.-C. (2012). 3.8 Kinderhospize: Palliative Care in einer spezifischen Situation. In *Handbuch Sterben und Menschenwürde* (S. 895–912).

Suess, G. J., Bohlen, U., Carlson, E. A., Spangler, G. & Frumentia Maier, M. (2016). Effectiveness of attachment based STEEP intervention in a German high-risk sample. *Attach Hum Dev, 18*(5), 443–460. doi:10.1080/14616734.2016.1165265

Sünderhauf, H. (2013). Kapitel: Kinderbetreuung durch getrennt lebende Eltern. In *Wechselmodell: Psychologie – Recht – Praxis* (S. 55–60).

Suttle, M., Hall, M. W., Pollack, M. M., Berg, R. A., McQuillen, P. S., Mourani, P. M., . . . Meert, K. L. (2023). The association between therapeutic alliance and parental health outcomes following a Child's Death in the pediatric intensive care unit. *J Pediatr Intensive Care, 12*(1), 3–11. doi:10.1055/s-0041-1727179

Suttle, M., Hall, M. W., Pollack, M. M., Berg, R. A., McQuillen, P. S., Mourani, P. M., . . . Human Development Collaborative Pediatric Critical Care Research, N. (2022). Complicated grief, depression and post-traumatic stress symptoms among bereaved parents following their child's death in the pediatric intensive care unit: A follow-up study. *Am J Hosp Palliat Care, 39*(2), 228–236. doi:10.1177/10499091211015913

Suttle, M., Hall, M. W., Pollack, M. M., Berg, R. A., McQuillen, P. S., Mourani, P. M., . . . Human Development Collaborative Pediatric Critical Care Research, N. (2022). Post-traumatic growth in parents following their child's death in a pediatric intensive care unit. *J Palliat Med, 25*(2), 265–273. doi:10.1089/jpm.2021.0290

Symoens, S. A., Bastaits, K., Mortelmans, D. & Bracke, P. F. (2013). Breaking up, breaking hearts? Characteristics of the divorce process and well-being after divorce. *Journal of Divorce & Remarriage, 54*(3), 177–196.

Symoens, S. A., Van de Velde, S., Colman, E. & Bracke, P. F. (2014). Divorce and the multi-dimensionality of men and women's mental health: The role of social-relational and socio-economic conditions. *Applied Research in Quality of Life, 9*, 197–214.

Terhell, E. L., Broese van Groenou, M. I. & Van Tilburg, T. (2004). Network dynamics in the long-term period after divorce. *Journal of Social and Personal Relationships, 21*(6), 719–738.

Thanhäuser, M., Lemmer, G., de Girolamo, G. & Christiansen, H. (2017). Do preventive interventions for children of mentally ill parents work? Results of a systematic review and meta-analysis. *Curr Opin Psychiatry, 30*(4), 283–299. doi:10.1097/yco.0000000000000342

Thimm, W. & Wachtel, G. (2002). *Familien mit behinderten Kindern. Wege der Unterstützung und Impulse zur Weiterentwicklung regionaler Hilfesysteme.* Weinheim und München: Juventa.

Thompson, S. F., Shimomaeda, L., Calhoun, R., Moini, N., Smith, M. R. & Lengua, L. J. (2022). Maternal mental health and child adjustment problems in response to the COVID-19 pandemic in families experiencing economic disadvantage. *Res Child Adolesc Psychopathol, 50*(6), 695–708. doi:10.1007/s10802-021-00888-9

Toller, P. (2011). Bereaved parents' experiences of supportive and unsupportive communication. *Southern Communication Journal, 76*(1), 17–34. doi:10.1080/10417940903159393

Tomalski, P. & Johnson, M. H. (2010). The effects of early adversity on the adult and developing brain. *Curr Opin Psychiatry, 23*(3), 233–238. doi:10.1097/YCO.0b013e3283387a8c

Tracy, M., Salo, M., Slopen, N., Udo, T. & Appleton, A. A. (2019). Trajectories of childhood adversity and the risk of depression in young adulthood: Results from the Avon Longitudinal Study of Parents and Children. *Depress Anxiety, 36*(7), 596–606. doi:10.1002/da.22887

Trivedi, J. K., Sareen, H. & Dhyani, M. (2009). Psychological aspects of widowhood and divorce. *Mens Sana Monogr, 7*(1), 37–49. doi:10.4103/0973-1229.40648

Tröster, H. & Brambring, M. (1992). Early social-emotional development in blind infants. *Child Care Health Dev, 18*(4), 207–227. doi:10.1111/j.1365-2214.1992.tb00355.x

Tsfati, M. & Segal-Engelchin, D. (2022). Lone parenthood in the COVID-19 context: Israeli single gay fathers' perspective. *Child Fam Soc Work.* doi:10.1111/cfs.12921

Twenge, J. M., Campbell, W. K. & Foster, C. A. (2003). Parenthood and marital satisfaction: A meta-analytic review. *Journal of Marriage and Family, 65*(3), 574–583. doi:10.1111/j.1741-3737.2003.00574.x

UNHCR. (2022). *UNHCR Mid-Year Trends 2022.* Retrieved from www.unhcr.org/refugee-statistics [14.05.2023]

UNICEF. (2020). *Humanitarian Situation Report 38: Latest statistics and graphics on refugee and migrant children.*
Usher, K., Durkin, J. & Bhullar, N. (2019). Eco-anxiety: How thinking about climate change-related environmental decline is affecting our mental health. *Int J Ment Health Nurs, 28*(6), 1233–1234. doi:10.1111/inm.12673
Uskun, E. & Gundogar, D. (2010). The levels of stress, depression and anxiety of parents of disabled children in Turkey. *Disabil Rehabil, 32*(23), 1917–1927. doi:10.3109/09638281003763804
V., B. A. d. P. Z. f. F. c. u. F. B. e. (2022). *Flucht & Gewalt; Psychosozialer Versorgungsbericht Deutschland 2022.* https://www.baff-zentren.org/shop.
Vaish, A. & Striano, T. (2004). Is visual reference necessary? Contributions of facial Versus vocal cues in 12-month-olds' social referencing behaviour. *Developmental Science, 7*, 261–269.
Vaskovics, L. A. (2011). Segmentierung und Multiplikation von Elternschaft: Konzept zur Analyse von Elternschafts- und Elternkonstellationen. In D. Schwab & L. A. Vaskovics (Hrsg.), *Pluralisierung von Elternschaft und Kindschaft. Familienrecht, -soziologie und -psychologie im Dialog* (Vol. Sonderheft 8, S. 11–40). Zeitschrift für Familienforschung.
Vaughn, B. E., Bost, K. K. & van IJzendoorn, M. H. (2008). Attachment and temperament: Additive and interactive influences on behavior, affect, and cognition during infancy and childhood. I J. Cassidy & PR Shaver (Hrsg.), Handbook of attachment. *Theory, Research and Clinical Applications.*
Velders, F. P., Dieleman, G., Henrichs, J., Jaddoe, V. W., Hofman, A., Verhulst, F. C., . . . Tiemeier, H. (2011). Prenatal and postnatal psychological symptoms of parents and family functioning: the impact on child emotional and behavioural problems. *Eur Child Adolesc Psychiatry, 20*(7), 341–350. doi:10.1007/s00787-011-0178-0
Veleminsky, M., Jr., Veleminsky, M., Sr., Fedor-Freybergh, P., Witzanyova, A. & Stastna, I. (2019). Attachment of family to child with disability. *Neuro Endocrinol Lett, 40*(3), 119–124. Retrieved from https://www.ncbi.nlm.nih.gov/pubmed/31816216 [23.06.2023]
Vig, P. S., Lim, J. Y., Lee, R. W. L., Huang, H., Tan, X. H., Lim, W. Q., . . . Krishna, L. K. R. (2021). Parental bereavement – impact of death of neonates and children under 12 years on personhood of parents: a systematic scoping review. *BMC Palliat Care, 20*(1), 136. doi:10.1186/s12904-021-00831-1
Vollmayr, B. & Gass, P. (2013). Learned helplessness: unique features and translational value of a cognitive depression model. *Cell Tissue Res, 354*(1), 171–178. doi:10.1007/s00441-013-1654-2
Volpe, J. J. (2009). Brain injury in premature infants: a complex amalgam of destructive and developmental disturbances. *Lancet Neurol, 8*(1), 110–124. doi:10.1016/S1474-4422(08)70294-1
von Kries, R., Kalies, H. & Papousek, M. (2006). Excessive crying beyond 3 months may herald other features of multiple regulatory problems. *Arch Pediatr Adolesc Med, 160*(5), 508–511. doi:160/5/508 [pii]10.1001/archpedi.160.5.508
Von Uexküll, T. (1995). System and crisis: A psychosomatic model of human development. *Psychiatry in Medicine, 3*(4), 417–424. doi:10.2190/x4cd-d3hq-qtph-pcae
Waite, L. J., Luo, Y. & Lewin, A. C. (2009). Marital happiness and marital stability: Consequences for psychological well-being. *Social Science Research, 38*(1), 201–212.
Walper, S., Entleitner-Phleps, C. & Langmeyer, A. N. (2020). Betreuungsmodelle in Trennungsfamilien: Ein Fokus auf das Wechselmodell. *Zeitschrift für Soziologie der Erziehung und Sozialisation, 40*(1), 62–80.
Watson, M. F., Bacigalupe, G., Daneshpour, M., Han, W.-J. & Parra-Cardona, R. (2020). COVID-19 Interconnectedness: Health inequity, the climate crisis, and collective trauma. *Family Process, 59*(3), 832–846. doi:https://doi.org/10.1111/famp.12572
Weinstock, L. M., Keitner, G. I., Ryan, C. E., Solomon, D. A. & Miller, I. W. (2006). Family functioning and mood disorders: a comparison between patients with major depressive disorder and bipolar I disorder. *J Consult Clin Psychol, 74*(6), 1192–1202. doi:10.1037/0022-006X.74.6.1192
Weiß, H. (2023). Sich-Einlassen mit dem ›Fremden‹ im Anderen und im Eigenen: Eine Grundlage der Arbeit mit Familien in Armut und Benachteiligung. In U. Wilken & J.-S. B.

(Hrsg.), *Elternarbeit und Behinderung: Partizipation – Kooperation – Inklusion* (S. 65–80). Stuttgart: Kohlhammer.

Weissman, M. M., Wickramaratne, P., Nomura, Y., Warner, V., Verdeli, H., Pilowsky, D. J., . . . Bruder, G. (2005). Families at high and low risk for Depression: A 3-Generation Study. *Archives of General Psychiatry, 62*(1), 29–36. doi:10.1001/archpsyc.62.1.29

Werner, E. & Smith, R. (1992). *Overcoming the odds: High risk children from birth to adulthood*: Cornell University Press.

Westrupp, E. M., Bennett, C., Berkowitz, T., Youssef, G. J., Toumbourou, J. W., Tucker, R., . . . Sciberras, E. (2021). Child, parent, and family mental health and functioning in Australia during COVID-19: comparison to pre-pandemic data. *Eur Child Adolesc Psychiatry*, 1–14. doi:10.1007/s00787–021–01861-z

White, C. N., Gunderson, J. G., Zanarini, M. C. & Hudson, J. I. (2003). Family studies of borderline personality disorder: a review. *Harv Rev Psychiatry, 11*(1), 8–19. doi:10.1080/10673220303937

Wiegand-Grefe, S., Halverscheid, S. & Plass, A. (2011). *Kinder und ihre psychisch kranken Eltern: Familienorientierte Prävention – Der CHIMPs-Beratungsansatz*: Hogrefe Verlag GmbH & Company KG.

Wiegand-Grefe, S., Sell, M., Filter, B. & Plass-Christl, A. (2019). Family functioning and psychological health of children with mentally Ill parents. *Int J Environ Res Public Health, 16*(7). doi:10.3390/ijerph16071278

Wijbenga, L., Reijneveld, S. A., Almansa, J., Korevaar, E. L., Hofstra, J. & de Winter, A. F. (2022). Trajectories of stressful life events and long-term changes in mental health outcomes, moderated by family functioning? the TRAILS study. *Child Adolesc Psychiatry Ment Health, 16*(1), 106. doi:10.1186/s13034–022–00544–0

Williams, K. & Dunne-Bryant, A. (2006). Divorce and adult psychological well-being: Clarifying the role of gender and child age. *Journal of Marriage and Family, 68*(5), 1178–1196.

Williams, N. (2012). Child welfare and the UNHCR: a case for pre-resettlement refugee parenting education. *Development in Practice, 22*(1), 110–122. doi:10.1080/09614524.2012.630980

Williamson, V., Creswell, C., Fearon, P., Hiller, R. M., Walker, J. & Halligan, S. L. (2017). The role of parenting behaviors in childhood post-traumatic stress disorder: A meta-analytic review. *Clin Psychol Rev, 53*, 1–13. doi:10.1016/j.cpr.2017.01.005

Wirtz, M. A. H. (2021). *Dorsch. Lexikon der Psychologie* (20. Aufl..). Göttingen: Hogrefe.

Witt, M. (2020). *Vom langen Weg zur kindeswohlorientierten Gleichberechtigung in der Erziehung. Die Vorteile, Vorurteile und Nachteile der Doppelresidenz (Wechselmodell)*. Zugriff unter https://www.researchgate.net/publication/346503787_Vom_langen_Weg_zur_kindeswohlorientierten_Gleichberechtigung_in_der_Erziehung_The_long_way_to_child-oriented_gender_equality_in_parenting_The_advantages_prejudices_and_disadvantages_of_shared_parentin [05.06.2024]

Witt, A., Rassenhofer, M., Fegert, J. M. & Plener, P. L. (2015). Hilfebedarf und Hilfsangebote in der Versorgung von unbegleiteten minderjährigen Flüchtlingen. Eine systematische Übersicht. *Kindheit und Entwicklung, 24*(4), 209–224.

Wolicki, S. B., Bitsko, R. H., Cree, R. A., Danielson, M. L., Ko, J. Y., Warner, L. & Robinson, L. R. (2021). Mental health of parents and primary caregivers by sex and associated child health indicators. *Adversity and Resilience Science, 2*(2), 125–139. doi:10.1007/s42844–021–00037–7

Wolke, D., Eryigit-Madzwamuse, S. & Gutbrod, T. (2014). Very preterm/very low birthweight infants' attachment: infant and maternal characteristics. *Arch Dis Child Fetal Neonatal Ed, 99*(1), F70–75. doi:10.1136/archdischild-2013–303788

Wolke, D., Samara, M., Bracewell, M. & Marlow, N. (2008). Specific language difficulties and school achievement in children born at 25 weeks of gestation or less. *J Pediatr, 152*(2), 256–262. doi:S0022–3476(07)00650–6 [pii]10.1016/j.jpeds.2007.06.043

Woodward, L. J., Clark, C. A., Bora, S. & Inder, T. E. (2012). Neonatal white matter abnormalities an important predictor of neurocognitive outcome for very preterm children. *PLoS One, 7*(12), e51879. doi:10.1371/journal.pone.0051879

Worden, J. W. (2018). *Grief Counseling and Grief Therapy. A Handbook for the Mental Health Practitioner* (5th ed.). New York, NY: Springer Publishing.

Worden, J. W. (2018). *Beratung und Therapie in Trauerfällen – Ein Handbuch*. Göttingen: Hogrefe.

Xing, L., Zhang, D., Cao, M. & Zhang, J. (2023). The relationship between NICU stress and neurodevelopmental outcomes of preterm infants: A multi-center prospective cohort study in China. *J Pediatr Nurs*. doi:10.1016/j.pedn.2023.04.018

Yabuki, Y. & Fukunaga, K. (2019). Clinical therapeutic strategy and neuronal mechanism underlying Post-Traumatic Stress Disorder (PTSD). *Int J Mol Sci, 20*(15). doi:10.3390/ijms20153614

Youngblut, J. M., Brooten, D., Glaze, J., Promise, T. & Yoo, C. (2017). Parent grief 1–13 months after death in neonatal and pediatric intensive care units. *J Loss Trauma, 22*(1), 77–96. doi:10.1080/15325024.2016.1187049

Yunitri, N., Chu, H., Kang, X. L., Wiratama, B. S., Lee, T. Y., Chang, L. F., . . . Chou, K. R. (2023). Comparative effectiveness of psychotherapies in adults with posttraumatic stress disorder: a network meta-analysis of randomised controlled trials. *Psychol Med*, 1–13. doi:10.1017/S0033291722003737

Ziegenhain, U. & Deneke, C. (2014). Entwicklungspsychopathologische Voraussetzungen der Erlebens- und Verarbeitungsweisen von Kindern psychisch kranker Eltern. In M. Kölch, U. Ziegenhain & J. M. Fegert (Hrsg.), *Kinder psychisch kranker Eltern* (S. 14–39). Weinheim: Juventa.

Ziegenhain, U., Fries, M., Bütow, B. & Derksen, B. (2004). Entwicklungspsychologische Beratung für junge Eltern. Grundlagen und Handlungskonzepte für die Jugendhilfe. In. Weinheim: Juventa Verlag.

Zinn, S. & Bayer, M. (2021). Subjektive Belastung der Eltern durch die Beschulung ihrer Kinder zu Hause zu Zeiten des Corona-bedingten Lockdowns im Frühjahr 2020. *Zeitschrift für Erziehungswissenschaft, 24*(2), 339–365. doi:10.1007/s11618-021-01012-9

Stichworte

A

ADHS 87
Alleinerziehende 21, 164
Angst 36, 37, 59, 68, 70, 88–90, 92, 99, 103, 104, 123, 126, 127, 144, 145, 148
Anpassungsschwierigkeiten 131
Apokalypse 70
Armutsrisiko 164
aversiven Kindheitserfahrungen 164

B

Bedürfnisse 103, 111
Beeinträchtigung 100, 102, 103
Behinderung 99, 100, 104, 105, 109
Betreuung 167
Bewältigung 74, 101, 102, 105
Beziehung 60, 105, 130
Beziehungen 103
Bezugsperson 145
Bezugspersonen 110
Bindung 88, 91, 92, 106, 107, 123, 126, 148, 151, 170
Bindungsstörung 91
Borderline 143, 144, 148
Bronchopulmonale Dysplasie 88

C

Care-Arbeit 62
Chancen 20
chronische Erkrankung 103
chronischen Krankheit 98
Coronavirus 56
COVID-19 56, 57

D

Depression 59, 104, 125, 148
Depressionen 36, 37, 68, 90, 127, 131, 143, 148, 171
Diagnose 99–101, 105

Distanzunterricht 61
Doppelresidenzmodell 167
Doppelresidenzmodells 168
Down-Syndrom 107

E

Ehe 20
Ehezufriedenheit 108
Einelternfamilie 164, 165
Einelternschaft 164
elterlichen Erkrankung 143, 144
Eltern 15, 18
Eltern-Kind-Beziehung 91, 152
Eltern-Kind-Interaktion 107, 108, 144
Eltern-Kind-Kommunikation 108
Elternidentität 100
Elternrolle 29
Elternschaft 15, 16, 18, 19, 21–23
Emotionen 125, 148
Emotionsregulation 38, 148
Entwicklung 84
Entwicklungsprobleme 110
Erkrankung 173
Erschöpfung 89
Erwärmung 69
Erziehung 22, 24, 25, 40, 41, 110
Erziehungsnormen 39
Erziehungsstil 92
Erziehungsstress 109
Exekutivfunktionen 87
Eziehung 42

F

Fachpersonen 100, 110
Familie 16, 19, 21
Familienbeziehungen 153
Familiengespräche 153
Familiengründung 20, 73
Familienleben 17
Fehlbildungen 106
Feinfühligkeit 151
Flucht 36, 37, 42

213

Flüchtling   36, 37
Förderung   105
Freiheit   27
Frühchen   83
Frühgeborenes   83, 84, 86
Frühgeburt   82
Funktionsfähigkeit   142, 144, 146, 150
Funktionsstörungen   143

G

Geburt   99, 108
Geburtenrate   20
Geburtsgewicht   83, 85–87, 90, 93
Gefährdung   150
Gefühle   13, 25, 79, 126
Gehirn   85
Gehirnentwicklung   84
Geschlechterverhältnis   18
Gesellschaft   18, 20, 72, 102, 104, 111, 122, 123
Gesundheit   174
Gesundheitsproblem   98
Gesundheitszustand   147
Gewalterfahrungen   148
Gleichstellung   21
Globalisierung   22
Glück   25–27

H

Hausarbeit   62
Helfernetzwerk   111
Helfersystem   109
Herausforderungen   33, 106
Hippocampus   38
Hirnentwicklung   91
Hirnfunktion   123
Hirnschäden   108
Hoffnung   101
Homeschooling   61

I

Identität   28–30
Informationsverarbeitung   87
Intensivpflege   85
Intensivstation   84, 88, 129, 131, 132
Interaktion   102, 105, 107
Interaktionen   144
Interaktionsmuster   147

K

Kernfamilie   21
Kinderbetreuung   19, 58, 62
Kindeswohl   150
Kindeswohlgefährdung   147, 149
Kita   61
Klimakrise   67, 69, 73, 74
Klimaschutz   75
Klimawandel   67, 68, 71, 73, 75
Kommunikation   107
Konflikte   28, 39, 171, 172
Kontrolle   25
Krankenhausaufenthalt   106
Krankheiten   122
Krankheitseinsicht   150
Krebs   122
Krieg   36, 41, 42
Krise   13
Krisen   13
Kritische Lebensereignisse   170
kritisches Lebensereignis   99, 173
Kultur   24

L

Lebensqualität   27, 110
Lebensstil   72
Lebenszufriedenheit   25, 30, 62, 103, 173
Leistungsgesellschaft   111
Leitbilder   17
Lernschwierigkeiten   103
Lockdown   56

M

Maßnahmen   59
Metabolische Syndrom   88
Migration   21
Multioptionsgesellschaft   19
Mutter-Kind-Interaktion   92
Mutter-Kind-Interaktionen   151
Mutterschaft   16

N

Nachhaltigkeit   72
Netzwerk   175
Normen   23

O

Öko-Angst   67, 69, 73

P

Paargespräche 153
Palliativversorgung 128
Pandemie 56
Partnerschaft 19, 109, 166
Partnerschaftskonflikte 109
Partnerschaftsprobleme 148
Partnerschaftsqualität 108, 109
Prävention 151–153
Prognose 83
psychischen Erkrankungen 142
psychischer Störungen 143
Psychopathologie 104, 146
Psychotherapie 14

R

Regeneration 103
Regretting Motherhood 30
Regulationsstörungen 87
Reifung 86
Reizverarbeitung 86
Residenzmodell 167, 168
Resilienz 41, 42
Ressourcen 110, 111
Risiko 57, 58
Rollen 15

S

Scham 99, 102
Scheidung 109, 165, 171–173, 175
Scheidungsrate 108
Schizophrenie 149, 150
Schmerzen 84, 85
Schuld 99
Schutzfaktor 41
Schutzfaktoren 173
Schwangerschaft 88
Selbsthilfegruppe 132
Sensitivität 106, 107, 152
Sondenernährung 87
Sorgerecht 165
soziale Unterstützung 175
sozialen Medien 22
Sprachentwicklungsverzögerung 107
Sterben 122
Stigmatisierung 133

Stress 15, 30, 36, 38, 40, 57, 59, 84, 90, 106, 108, 109, 131, 164, 171
Suizid 130
Suizidalität 37

T

Technologien 22
Tod 123, 127–129, 133
Trauer 89, 99, 101, 123, 125–131, 133
Trauerbegleitung 130
Trauerbewältigung 128
Trauerforschung 127
Trauerphasen 125
Trauerprozess 124, 125, 128, 130, 134
Trauerreaktion 129, 170
Trauerstile 133
Trauertherapie 132
Trauerverarbeitung 133
Trauma 36–42, 58, 88, 90, 110, 148, 170
Traumafolgestörung 39
Trennung 165, 170, 172–174
Trennungsfamilien 168

U

Umwelt 67, 71, 84, 86, 91, 123, 133
Umweltschutz 72, 76
Umweltzerstörung 69, 71, 73
UNHCR 36
Unterstützung 111, 132

V

Verhaltensauffälligkeiten 40
Verhaltensprobleme 87, 102, 106, 109, 145
Verlust 101, 125, 133
Vernetzung 132

W

Wahrnehmungsindex 57
Wohlbefinden 175

Z

Zufriedenheit 26, 28, 29

215